辉耀四海

影响世界的中华文明

武斌 著

内蒙古人民出版社

图书在版编目(CIP)数据

辉耀四海：影响世界的中华文明／武斌著. --呼和浩特：内蒙古人民出版社，2025.6
（走进中华优秀传统文化）
ISBN 978-7-204-17683-0

Ⅰ.①辉… Ⅱ.①武… Ⅲ.①文化史-中国-通俗读物 Ⅳ.①K203-49

中国国家版本馆 CIP 数据核字（2023）第 140408 号

走进中华优秀传统文化
辉耀四海——影响世界的中华文明

作　　者	武　斌
策划编辑	周承英　张桂梅
责任编辑	卢　炀
封面设计	琥珀视觉
出版发行	内蒙古人民出版社
地　　址	呼和浩特市新城区中山东路 8 号波士名人国际 B 座 5 楼
印　　刷	内蒙古爱信达教育印务有限责任公司
开　　本	710mm×1000mm　1/16
印　　张	23.75
字　　数	400 千
版　　次	2025 年 6 月第 1 版
印　　次	2025 年 6 月第 1 次印刷
书　　号	ISBN 978-7-204-17683-0
定　　价	138.00 元

图书营销部联系电话：(0471)3946278
如发现印装质量问题，请与我社联系。联系电话：(0471)3946120

CONTENTS 目 录

前 言

第一篇　智慧的传奇

第一章　陶、铜与铁　2

　　一　制陶工艺对朝鲜、日本的影响　2

　　二　青铜文化在朝鲜、日本的传播　5

　　三　冶铁和铁器制作技术的传播　10

第二章　绚丽的丝绸　15

　　一　新罗的"朝霞房"　15

　　二　日本的"染殿井"　18

　　三　丝绸西传与丝绸之路　21

　　四　波斯阿拉伯的丝织业　25

　　五　丝绸在罗马的风行　27

　　六　"丝绸皇帝"与养蚕缫丝技术西传　32

第三章　瓷器行天下　35

　　一　瓷器与制瓷技术在朝鲜半岛的传播　35

二　瓷器与制瓷技术在日本的传播　39

　　三　瓷器与制瓷技术在波斯阿拉伯的传播　45

　　四　瓷器在欧洲的风行　52

　　五　制瓷工艺技术在欧洲的传播　60

第四章　东方茶韵　66

　　一　茶文化在朝鲜的传播　66

　　二　茶道与日本文化　71

　　三　茶与欧洲人生活　77

第二篇　发明之光

第五章　天文与岁时　86

　　一　天文历法在朝鲜的传播　86

　　二　数学和天文历法在日本的传播　89

　　三　郑和下西洋"颁正朔"　92

　　四　传教士对中国天文学的研究与介绍　95

第六章　造纸术的传播与影响　98

　　一　"高丽纸"　98

　　二　"和纸"　102

　　三　怛逻斯战役与造纸术的西传　104

　　四　造纸术在欧洲的传播　108

　　五　纸与造纸术对世界文明的意义　113

第七章 "文明之母"印刷术　116

　　一　高丽刻印"八万大藏经"　116

　　二　日本"五山"的刻书事业　122

　　三　纸币与纸牌　125

　　四　欧洲的活字印刷技术　130

　　五　印刷术对近代西方文明的影响　134

第八章 火药与火器　138

　　一　火药与火器在朝鲜的传播　138

　　二　日本"铁炮传来"事件　141

　　三　火药与火器技术在阿拉伯的传播　143

　　四　火药与火器技术在欧洲的应用　147

　　五　火药火器对西方历史进程的影响　151

第九章 指南针与航海罗盘　154

　　一　罗盘在阿拉伯人航海中的应用　154

　　二　欧洲人的磁石与罗盘知识　156

　　三　罗盘的应用与大航海时代　161

　　四　传入欧洲的其他中国技术　164

第十章 普济世人的中医药学　170

　　一　中医药学在朝鲜传播与"东医学"　170

　　二　中医药学在日本传播与"汉方医学"　176

三　中医药学在阿拉伯的传播　181

四　传教士对中医药学的研究　183

五　种痘术的西传　187

第三篇　艺术神韵

第十一章　音乐与舞蹈　192

一　乐舞艺术在朝鲜的早期传播　192

二　宋朝乐工在高丽的活动　194

三　藤原贞敏在唐学琵琶　197

四　明清音乐家在日本的活动　204

五　传教士对中国音乐的研究　207

第十二章　书法艺术　210

一　书法艺术在朝鲜的传播　210

二　"东国真体"与明清书风　214

三　"三笔"与"三迹"　216

四　"禅林书法"的流行　220

第十三章　中国画风　224

一　古墓壁画与水月观音　224

二　李朝画坛的中原风　229

三　"唐绘"在日本　235

四　禅风与日本水墨画　239

五　中国画谱在日本的流传　244

第十四章　欧洲的"中国风"　247
　　　一　中国风格的图谱　247
　　　二　中国趣味与洛可可风格　251
　　　三　中国风格影响的欧洲绘画　255
　　　四　摹仿中国工艺美术的新时尚　259

第十五章　山水园林　265
　　　一　禅风影响下的日本造园艺术　265
　　　二　欧洲人对中国造园艺术的介绍　268
　　　三　风靡一时的"英—中花园"　277

第四篇　思想的魅力

第十六章　儒学在朝鲜的传播和影响　284
　　　一　孔子儒学在朝鲜的传播　284
　　　二　模仿中国的教育制度　287
　　　三　朝鲜的崇儒之风　292

第十七章　儒学在日本的传播和影响　297
　　　一　孔子儒学在日本的传播　297
　　　二　仿唐的教育制度　301
　　　三　禅僧与宋学　303

四　德川幕府的礼教政治　306

　　五　《论语》与算盘　312

第十八章　传教士对孔子儒学的发现与传播　316
　　一　利玛窦对孔子的传播　316
　　二　儒学是传教士的必修课　320
　　三　传教士对儒家典籍的翻译　323
　　四　《中国哲学家孔子》的流传与影响　327

第十九章　中华思想与启蒙运动　332
　　一　启蒙运动的"守护神"　332
　　二　勒瓦耶：孔子是中国的苏格拉底　337
　　三　莱布尼茨：中华民族使我们觉醒了　340
　　四　沃尔夫与孔子道德学说　346
　　五　伏尔泰发现了"新世界"　351
　　六　魁奈：可敬的欧洲孔子　355
　　七　启蒙思想家与孔子思想　359

前　言

一

公元630年，即唐太宗贞观四年，这一年的十一月，日本朝廷决定向唐朝派遣一个大型使团。日本使臣与其随员分乘两艘船，经过漫长的海上航行，抵达长安时，受到了唐朝朝野的热烈欢迎。他们以及随船而来的留学生、学问僧，担负的主要是一种文化使命，所以，他们一到唐都，便如饥似渴地拜求名师，虚心学习。他们身处文化中心的长安，与各界人士广泛接触交游，并经常参列宫廷的各种仪式，他们还利用多种契机，游览参观，耳濡目染，深深体验到大唐文化的灿烂辉煌。他们回国时，唐太宗特遣使臣专程护送。

日本从630年第一次正式派出遣唐使，一直延续到894年停止派遣，前后历日本26代天皇，达264年之久。期间，日本朝廷共任命遣唐使19次。其中，因故中止的有3次，实际入唐的共计16次。

对日本朝廷而言，派出遣唐使是十分重大的事，因为遣唐们承担着左右当时日本国运的大业，所以每次派遣，均需慎重地选择使节，同时，要严密组织和充分准备。日本朝廷高度重视遣唐使，表达了朝野对他们的殷切期望和对学习大唐文化的热烈之情。《续日本后纪》中说："政府对遣唐使的优待，已达到心碎的程度。"

遣唐使的经历如一首万行史诗，反映了日本人强烈的求知欲和不畏艰险的冒险精神。

遣唐使是中日文化交流史上最灿烂的一章，也是世界文化史上的辉煌壮举。遣唐使的规模之大，次数之多，历时之久，冒险犯难、艰苦牺牲之巨，都是罕见的。遣唐使以他们的满腔热情和血肉之躯，在茫茫大海上架起一座中华文化全面向日本传播的桥梁，为促进日本文化的全面繁荣做出了突出的贡献。

二

唐代是我国古代封建社会最强盛、最发达的朝代之一，中华文化在此时也达到了兴隆昌盛、腾达壮丽的高峰。此时，中国与世界各国开展了广泛的交流和互动，长安成为世界性大都市和中外文化交会融合的中心。唐朝的兴盛发达，帝都长安的雄伟壮观，中华文化的灿烂辉煌，以及经济发达和物产丰盈，都令世人钦慕景仰，吸引着世界各国人士。当时来中国的外国人，不仅有规模壮观的日本遣唐使团，也有来自新罗的遣唐使，还有来自中亚、波斯、阿拉伯等地的外国使节、宗教僧侣、商人和留学生等，出现了"万国衣冠拜冕旒"的盛大景象。

唐朝是中华文化向海外传播最广泛的时期之一，也是中华文化在世界舞台上威望最高、最令各国倾慕景仰的时期。

中华文化的伟大，体现在它的丰富辉煌，博大精深，源远流长，还体现在它在世界文明中举足轻重的地位、传播于各地的广泛影响以及对于人类历史的宝贵贡献。

中华文化是在与世界各民族文化的广泛交流中成长的。横贯欧亚大陆的丝绸之路，为各民族、各文化区之间的交往和交流提供了巨大的载体。中华文化具有全面开放的广阔胸襟和兼容世界文明的恢宏气度，通过丝绸之路，中华文化广泛地学习和吸收人类文明的一切优秀成果；也是通过丝绸之路，中华文化广泛地传播于世界各地。因此，中华文化就不仅仅属于中国，也属于世界，是世界文化重要的组成部分。

数千年漫长的历史发展中，中华文化滋养哺育了世世代代的中国人，塑造了中国人的精神世界和文化家园。同时，也持续地向海外广泛传播，近则泽被四邻，如朝鲜、日本和越南，世受华风濡染而成为东亚文化圈的成员；远则经中亚、西亚而传至欧洲，或越大洋而传至美洲，在上述地区引起了一阵文化激荡。中华文化以自己的光辉辐射四方，通过多个直接和间接的途径，广泛传播于世界各地，使中华民族的文化创造变为全人类的共同财富，促进了世界各民族文化的进步和繁荣。

中华文化向海外传播的历史相当悠久。早在中华文化的草创时期，就与外部世界有了初步的接触和交往，并在周边部分地区留下了文化传播的遗迹。随着中华文化自身的发展、成长和成熟，随着交通的发达、对外交往的扩大，中华文化向海外传播的内容更为丰富，传播的范围更加广泛，其所产生的影响也日益增大。

中华文化向海外传播的历史不仅极为悠久，而且源远流长，如滔滔江河，奔腾不息，数千年始终延续。中华文化向海外传播的历史与中华文化的发展史保持同步，是中华文化对人类文明的贡献，同时，中华文化也在不断发展和进步。

三

各民族之间的文化交流和文化传播，最为基础的内容是物质文化的交流，是物种和物产的传播。中华民族不仅发明了先进的农业生产技术，培育了水稻、黍粟、大豆等优良物种，丰富了人们的食物来源，而且还有一系列重大发明，创造了凝结中华民族智慧的众多物产，在制陶、制铜和铁器等方面独步世界，尤以丝绸、瓷器和茶叶的发明最为瞩目。

我国是世界上最先饲养家蚕、织制丝绸的国家。丝绸长期是中国向外出口的大宗货物。质地精良、色彩艳丽的各种丝织品源源不断地输往世界，深受各国人民的喜爱。随后，中国的养蚕缫丝技术及织造技术也传到国外，对各国的经济发展和服饰文化的变化产生了显著的影响。中国的瓷器益臻精巧，如千峰翠色，美不胜收，是具有较高审美价值的艺术品。中国瓷器远销世界各地，享有极高的声誉，受到广泛的欢迎。部分外国学者甚至称中国瓷器为"世界文化的窗口"。中国是世界上最早种茶、制茶和饮茶的国家，公元5世纪时茶叶输出到东亚国家，16、17世纪时传到西欧，茶叶成为与咖啡、可可并称的"世界三大饮料"之一。

丝绸、瓷器和茶叶，成百上千年来源源不断地输往各国，称为中国的"三大贸易"，是近代世界贸易体系中的主要输出产品，同时也长期主导了全球性的国际贸易，改变和丰富了各国人民的日常生活，成为最具代表性的中国文化符号。

中国古代的科技文化长期居于世界前列，并对世界文化的发展产生重大影响。中国古代科学技术在众多方面均处于优势地位，如天文学、地质学、数学、生物学、化学、医药学、冶金技术、建筑技术等均取得了一系列世人瞩目的重大成果，为人类文明做出了杰出的贡献。中国古代一系列辉煌的科技成果、重大发明，充分体现了中国人的聪明才智，是中华民族世世代代集体智慧的结晶。上述科技成果和重大发明使中华文化在物质文化层面上极为丰富多彩，达到了较高的水平。

中国古代的科学技术文化，突出体现在天文学、数学、医学和农学等方面，被称为中国古代"四大传统科学"。四大传统科学与中国人的日常生活密切相关，换言之就是在中国人的生活实践中总结和产生的，是中国人的生活经验和生活智慧，同时也服务于人们的生产生活。

中国古代科学技术中最引世界瞩目的是造纸术、印刷术、火药、指南针这"四大发明"。这"四大发明"的发明和发展以及在世界的传播，其意义已远远超出其自身的技术领域，对文化的传承、人类征服世界能力的提高，对世界历史的演变，都有着不可忽视的积极影响。"四大发明"是中华民族奉献给世界并改变了整个人类历史进程的伟大技术成果，反映和代表了辉煌灿烂的中国古代文明。

在古代，中国人不仅创造了发达的科技，而且在哲学、艺术、政治等许多领域也取得了辉煌的成就，同时，与科技类似，在较长的历史时期处于领先水平。

在文学艺术领域，中国传统文化艺术极为丰富多彩，出现了多种艺术形式，同时，发展水平也领先于世界。中国有神奇瑰丽的上古神话，堪与古希腊、古罗马神话相媲美；西安的兵马俑号称世界"第八奇迹"，蔚为壮观，反映了极高的雕塑艺术水平；中国的音乐、书法、绘画艺术，更是独树一帜，美不胜收，反映了中国人丰富的情感世界和中华文化的人文传统；中国的诗歌、散文、小说和戏剧，很早就达到极高的艺术水平，成为世界性的宝贵的文学艺术遗产；中国的园林艺术更是早入佳境，令人叹为观止。

带有东方神韵和审美精神的中国艺术，也广泛传播于海外，给世界艺术增添了东方的色彩。

以孔子儒学为主要代表的中国哲学，包含了极高的人生智慧，闪烁着人类文明的理性之光。孔子的儒家思想对中华民族的民族心理性格形成产生重大影响，成为中华民族传统文化精神的核心和象征。中国历史上的社会文化生活，中国人的精神世界，都与孔子密不可分。直到今天，孔子及儒家思想依然影响着我国的思想文化和日常生活。

孔子不仅是中国的孔子，也是世界的孔子。孔子及其儒家思想陆续传播到其他国家和地区后，也对当地的文化产生了较大的影响，对许多民族文化都有着强烈的吸引力和精神魅力。在东亚国家，儒学成为统治国家的指导方针及社会生活的行为准则，受到官方的推崇和支持。孔子和儒家思想对于很多国家的文化精神塑造养成也产生了较大的影响。

17世纪以后，欧洲来华的传教士接触了孔子的儒学思想，了解到孔子在中国社会生活中的重要地位，了解到孔子在中华文化中的巨大影响。他们将自己的发现传回欧洲，使孔子及其思想进入欧洲思想文化界的视野，为欧洲的思想文化提供了新的资源。这也推动了当时正在兴起的启蒙运动。这样，孔子及其儒学思想就直接参与了西方思想发展的进程，参与了世界历史的进程。孔子及其思想学说是世界思想文化和精神文明的宝贵财富。

四

中华文化在海外的广泛传播并产生广泛影响，首先在于中华文化的丰富性和先进性。长期以来，中华文明居于世界文化总体格局的领先地位。从公元前后至19世纪中叶的将近两千年间，中国的经济总量在世界经济总量中始终占比较大，在经济上和科学技术上也是推动世界发展的最重要力量。此外，中华文明的先进性不仅仅是某个领域、某个方面居于世界之先，从整体角度也拥有世界领先水平。在全球史的视野中来比较，18世纪欧洲工业革命前，中国的经济和文化水平曾经在世界上长期居于领先地位，中华文明是世界上最先进、最丰富的文明，是世界文化史上一座巍峨壮观、风光无限的高峰。在与世界各民族的交流交往中，中华文明向海外广泛传播，中华民族的伟大文化创造，如物质产品、科学技术、典章制度、文学艺术、宗教风俗、学术思想等，都曾在海外传播、流传和产生影响。中华文化以自己的光辉辐射四方，通过多种有效的途径，广泛传播于世界各地，使中华民族的文化创造变为全人类的共同财富，促进了世界各民族文化的进步和繁荣。

丰富的、先进的中华文化具有强大的自信和力量，同时也具有广阔胸襟和恢宏气度。中华文化在海外的广泛传播，充分证明了中华文化的开放性和开拓性。中华文化不是在自我封闭中，而是在与世界各民族文化的广泛交流中得以发展的。虽然中国历史上也有过海禁、闭关锁国的时期，但其持续的时间较短。纵观中华民族的发展史，开放的时代远远超过封闭的时代。即使在封闭时代，也并非完全割断了与外部世界的联系，没有完全中断与其他文化的接触和交流。中华文化具有积极、主动地向海外开拓的内在动力，播辉煌于四海，大规模地输出、传播，影响世界各民族文化，使中华文化的优秀成果被吸收和融合于其他民族文化体系中，为文化发展提供源头活水和动力。

中华文化向海外传播的历史，也就是中国人、中华文化走向世界的历史，是参与世界文化总体对话的历史。这是一部辉煌壮丽、博大厚重并且具有永久魅力的历史，是一部风光无限、高潮迭起、深邃凝重而又光彩照人的历史。中华文化在走向世界、参与世界文化总体对话的过程中，使自己获得了世界性的文化价值和文化意义。同时，由于中华文化的参与，世界文化格局才更加丰富多彩、万千气象，世界文化的总体对话才显得如此生动活跃、生机盎然。

总之，在几千年的人类文明发展的历史上，中华文明以其丰富多彩、博大精深的文化创造，以其源远流长、生生不息的强大生命力独放异彩，成为一座巍峨壮观、风光无限的高峰。同时，以优雅的英姿、独特的风貌，播扬全世界，展现它的世界性辉煌。

中华文明在世界文明的发展历史上具有巨大的影响力。这也是中华文明顽强生命力的集中体现。

第一篇 智慧的传奇

第一章 陶、铜与铁

一 制陶工艺对朝鲜、日本的影响

随着农业和畜牧业的发展，由制造生产工具发展起来的手工业劳动，在种类和规模上都出现了新局面，出现了制陶、制玉、编织、骨牙器和装饰品的生产等，引起了历史上的第一次技术革命，产生了制陶、养蚕制丝、制玉和冶铜等技术发明。

在世界各地的新石器遗址中，都发现了大量的陶器。陶器的发明和使用，是人类自掌握取火技术和饲养家畜、栽培植物后或同时取得的时代性进步，是新石器时代的重大发明之一。陶器反映了人类定居生活稳定性，在人类智力发展和文化进步的过程中具有重要意义，同时也被视为新石器时代的主要标志。

早在旧石器时代晚期，大约在距今 18000—14000 年，华南和华北地区就出现了陶器。早期陶器表现了若干原始阶段的技术特征，比如烧制温度低、壁厚、器型和技术简单等。到了新石器时代，制陶技术较为成熟，仰韶文化和屈家岭文化的彩陶、大汶口文化和龙山文化的黑陶，其造型、纹饰和色彩之精美，可视为当时陶器的代表。

在文化面貌的比勘上，陶器生动地展现了历史进程和地域差异。中国和朝鲜半岛出土的陶器在样式和风貌上均颇为相似。釜山东三洞遗址出土的距今 7000 年前的素面压印纹陶器，其深腹的造型，方格和折带等纹饰以及红褐

朝鲜乐浪郡时期瓦质陶器　1—3 世纪

夹砂的胎质均可在黄河下游新石器时代遗址中找到相同的标本。

朝鲜咸镜北道雄基曾出土过丹涂彩色陶器，咸镜北道的图们江流域地区也发现了很多黑色陶器。朝鲜史学界中有学者认为，这些陶器也许与中国新石器时代晚期的彩陶文化和它的末期的黑陶文化存在密切的联系。黑陶文化显然是来源于大陆的东夷地域，它在黄河下游的大汶口文化晚期已经有了相当繁荣的规模，而到公元前 16 世纪龙山文化的晚期，黑陶工艺水平达到了高峰，代之而起并引领风骚的是磨光白陶。日本和朝鲜地区无文土器的产生主要受到了这种精美的黑陶、白陶风采的影响，从而放弃了以纹饰装潢的土器制作手法。

朝鲜半岛"无文土器"的出现是在公元前10世纪。其特征是较小的平底、大口、鼓腹的瓮、壶、豆以及碗、罐、假圈足缸等。尽管该时期朝鲜半岛出土陶器的器型皆较简单，但瓮、壶、罐、碗、盆、豆等器物的形制与大陆东部商代晚期遗物共通的部分尤为明显。在朝鲜的考古学上，箕子进入朝鲜的时代正是从有文土器到无文土器转变的时代。

"绳纹文化"是日本新石器时代的文化，因这一时期陶器上的绳纹式花纹而得名。绳纹文化可能持续了较长的时期，有人认为延续了四五千年[1]，也有人认为经历了一万年左右漫长的岁月[2]。这一文化延至公元前3世纪，分布于北海道到冲绳的日本全境。

日本弥生时代人面壶形陶器

绳纹陶器采用泥条盘筑法制造，器形和花纹、陶色在不同时期和不向地

---

[1] [日]坂本太郎著，汪向荣等译：《日本史概说》，商务印书馆1992年版，第16、20页。

[2] [日]家永三郎著，刘绩生译：《日本文化史》，商务印书馆1992年版，第8、13页。

区具有不同特色。绳纹早期尖底钵形器居多,绳纹前期以平底的圆筒形陶器、钵形陶器为普遍,口缘为波状。绳纹后期,各地盛行磨消绳纹陶器,器形多样,如壶、盘、瓮、钵、土坛等。日本绳纹陶器受朝鲜的影响,而朝鲜的制陶技术又受中国的影响,因此,中国的制陶术从绳纹时代便已传到日本。

在中日交往的初期,中国的陶器和制陶技术便传到了日本。雄略天皇七年(463年),日本派人到百济招募汉人工匠("新汉人")。此次来日本的汉人至少有8个"部",其中陶部是制作陶器的手工业技术集团。他们带来新的制陶技术,生产的一种灰色无釉陶器被称为"须惠陶器",此后,该技术传播到日本各地。须惠器是百济和新罗的陶工向日本陶工传授的技术,所以器型、技法和制作风格与朝鲜三国时代的百济、新罗器物相似。在须惠器的发展过程中,也可见中国的灰陶及黑陶的影响。素地炭化成灰色和黑色的土器,中国早在殷商时已生产。周至汉代的陶器也多为灰色或黑色。素地碳化土器、砖、瓦等普通烧制品也和绳纹、弥生器相似,呈红褐色。中国上古时代陶器的主体为灰黑色,通称灰色陶器。受其影响,朝鲜在乐浪时代也制作灰色土器,朝鲜三国时期的土器仍属此范畴[1]。

二 青铜文化在朝鲜、日本的传播

约公元前11世纪,朝鲜半岛便已进入青铜时代。这恰好与周武王封箕子于朝鲜的时间大体吻合。

在朝鲜境内出土的许多铜器,例如琵琶形青铜短剑、突脊曲刀都与在辽宁出土的铜器相同或相似。朝鲜考古学家都宥浩说:"朝鲜罗津草岛的青铜文化,可能同中国的辽宁地区有联系。"[2]朝鲜科学院历史研究所编著的《朝

---

[1] 关涛、王玉新:《日本陶瓷史》,辽宁画报出版社2001年版,第41页。
[2] 杨昭全、孙玉梅:《朝鲜华侨史》,中国华侨出版公司1991年版,第32页。

鲜通史》也指出:"在朝鲜出土的青铜器中,有很多中国系统的细型铜剑、铜铧、铜镞等武器和铜铎、装饰品、铜镜等,有时,它们与中国古钱一起出土。"[1]韩国学者金贞培对青铜器文化所表达的两地之间的联系说得更为具体,他指出:

> 韩国的青铜器遗物,例如细型铜剑和细文镜等,具有全国性的分布,成为其源流的遗物多数在辽宁地区发现……
>
> 可以认为这些在辽宁出土的数量很大的铜剑是韩国出土的铜剑的祖形。由于这些铜剑在迄今所知道的资料中可以算是式样最古老的,所以我认为在辽宁找关系是妥当的……
>
> 在韩半岛(朝鲜半岛)内,平壤、春川、全南、高兴郡等地都有辽宁式的铜剑出土。这种辽宁式铜剑一直分布到韩国的西南端,有着非常巨大的意义。在辽宁和韩半岛(朝鲜半岛)发现上述铜剑,暗示我们在种族和文化上关系非常密切……辽宁发现的铜剑是在石室墓和土扩墓中出现的,这和韩国出土的情况是相同的。由此看来,形成这种同一文化的产物的当时的民族构成和文化的传播似乎就是可以进一步理解的了。[2]

在内蒙古赤峰夏家店发现的青铜文化和辽西地区"青铜器铜剑墓"以及山东、江苏商代遗址出土的青铜器的众多特点,在朝鲜半岛产生了广泛的影响。如辽西地区出土的曲刃銎柄式剑、曲刃短茎式剑(即韩国学者所称的

---

[1] 朝鲜科学院历史研究所:《朝鲜通史》上卷,吉林人民出版社1973年版,第4页。

[2] [韩]金贞培著,高岱译:《韩国民族的文化和起源》,上海文艺出版社1993年版,102—104页。

公元前 3—2 世纪朝鲜的多钮细纹镜

琵琶形短剑）与朝鲜半岛岗上墓出土同类器物几乎同出一范[1]。在朝鲜半岛出土很多的"细型铜钊"在中国江苏、安徽淮河下游的淮夷地域中早已有发现[2]。在朝鲜乐浪文化遗址中，出土了许多青铜器，有铜博山炉、碗、铜甑、铜礁、斗、铜鉴、金铜笔立附砚箧、金铜饰漆盖附圆形砚、铜水滴、铜蜀台、

---

[1] 靳枫毅：《论中国东北地区含曲刃青铜短剑的文化遗存》，《考古》1982年第4期。

[2] 葛介屏：《安徽阜南发现殷商时代的青铜器》，《文物》1959年第1期。

案隅金具等。其中青铜博山炉也是中原汉墓中常见的随葬品。

日本的青铜器和铁器是同时出现的，金属器与水稻大致同时在绳纹时代晚期传到日本。青铜器以山形县三崎山遗址（后期）出土的青龙刀为最早，铁器的传入则以福冈县曲田遗址（晚期）的铁斧为最早。至于金属器的源头，日本学者大多主张来自朝鲜南部，中国学者则认为九州岛北部和朝鲜南部同时盛行青铜武器，难以确定先后顺序，也难以确定影响者与被影响者。吉野里发现的铜矛铸型，袋部筑有节带及两侧有耳的技术是中国铜矛的传统技术。考虑到水稻农耕出现的地点和时期基本与铜铁器具相同，则两者的传播路线也应联系密切。因而至少是早期的金属文化，主要从中国江南通过海上航路传入日本九州岛一带。然后，金属文化与水稻农耕一并从九州岛再向本州岛东传。

1984年在根岛县簸川郡斐川町的荒神谷遗址中，一次性出土了358件青铜剑。次年，又在该遗址附近发现了16个铜矛和6个铜铎。1986年春开始挖掘的佐贺县吉野里遗址，也发现了丁字把铜剑。尤其引人注目的是1985年在长崎椎浦遗址中，发现几个马车车轴上的青铜饰器，经鉴定，属中国秦代前后之物。这说明在秦汉时代，中国青铜器在日本流传的种类已发展到工具、兵器和生活用品、祭祀品等。同时传入日本的，还有与日常生活密切相关的青铜器具，如货币、装饰品、铜镜等。九州岛和本州岛的弥生遗址，如长崎县原之辻（chí，日本地名用字）遗址、福冈县御床松原遗址、京都府函石浜遗址、大阪市爪破遗址等，均发现过王莽时代的"货泉"。王莽所建的新朝时值王朝交替的混乱期，因而形成移民高潮，"货泉"的发现证明当时有部分避乱汉人抵达日本。由于弥生时代尚无货币经济的基盘，这种"货泉"便失去了原有的价值。

在出土的青铜器中，铜镜的出土数量最多，对弥生文化的影响也最大。铜镜在中国有两种用途，一是作为日常生活用品，主要供妇女梳妆之用；二是作为祈福辟邪的宝器，或挂于门厅，或随葬墓中。铜镜传到日本后，作为生活用品的功能基本消失，但作为祭祀宝器却备受青睐。这一时期的遗址出土的铜镜有两种，一种是汉镜，是经朝鲜输入的，在北九州，是作为随葬品而出土的，大约从160个遗址中出土320余面汉镜，几乎囊括汉代流行过的所有镜式。另一种是多纽细文镜，这种铜镜不同于一般铜镜，是凹镜，不能用来照物。这是西汉以前制作的青铜镜。在福冈县系岛郡前原町一座古墓中，出土了中国汉镜42面，有4面在日本所有出土的汉镜中是最大的，而且有一面是极其罕见的"内行花纹镜"。这座墓葬的时间大体在2世纪上半叶。

日本铜矛　弥生中期

　　青铜武器主要盛行于九州岛，弥生前期多为中国和朝鲜半岛的舶来品，数量较少；中期以后出现大量仿制品，数量激增。仿制品虽然还保持着舶来品的形状，但已经失去武器原来的本质，亦即形虽武器实乃宝器。在日本制造的青铜剑器身扁平，尖端锋利，刃在铸造后未经加工，根本无法切割，可能不是作为武器，而是作为非实用的礼器，因而学术界将之称为"武器形祭器"。

在北九州曾发现了这一时期的铸模。

中国金属冶炼技术也在日本得到推广。冶炼技术发展的重要标志是铜铎。铜铎的形状好像是从侧面压成扁平状的寺钟,小的高度在12厘米左右,大的高达150厘米。日本所发现的铜铎都是自己生产的,没有舶来品。这种铜铎的形制,普遍认为起源于中国战国时代的乐器编钟。铜铎最初是鸣响或奏乐之器,与中国的青铜乐器(如编钟)应有某种关联。在发现的几例铜铎内部带有下垂的舌,可能其原来的用途是用作乐器。但是,超过1米的大型铜铎,徒具乐器之形,其实不具备鸣响奏乐的功能,而具有祭器或礼器的性质。

迄今为止,在日本九州和畿内地区共发现300多个铜铎,经测定,均为日本本土之青铜制品。日本学者认为,铜铎的制作技艺和金属冶炼水平,是大陆文化在日本传播的产物,是中国先进的生产技术在日本开花结果的象征。梅原末治等学者指出:"铜铎之见于日本,无疑意味着中国秦汉人的东渡。"

三 冶铁和铁器制作技术的传播

世界上最早制造铁器的,是小亚细亚的赫梯人,时间在公元前1400年左右。铁器发明后,因赫梯国王严禁冶铁术外传,所以一段时间内,铁的产量极少,价格也很昂贵,铁器只被当作珍贵礼品在部分国家的宫廷中传送。直到公元前13世纪赫梯王国灭亡,铁的垄断才被打破,人类历史上的铁器时代才真正来临。最早出现在西方的制铁技术,沿着中亚北方草原通道和南方绿洲通道向东传播。

铁的使用在人类历史上发挥了十分重要的作用。铁器使用的时间虽然比青铜器晚,但它质地坚硬,能够冶炼成钢,适合于制作工具、武器等物品。铁金属在地球上的储量远比铜金属大,分布也较为广泛,原料多且易于获得,所以铁制品的成本比铜金属要低廉得多,大量制造的铁制农具使大规模水利

第一篇 智慧的传奇

工程的兴建和用畜力耕田等成为可能。铁还为手工业工人提供了坚固和锐利的多种工具，极大地促进了手工业和建筑业的发展。在世界各民族的古代文化中，铁器出现以后，在工农业生产领域快速普及，使人类社会分工更细，衍生出很多新行业、新产业，在人类历史上起到了重大的作用。

中国在春秋时期开始冶铁和使用铁器。春秋中期后，铁器逐渐普遍使用。中国最早的关于使用铁制工具的文字记载，是《左传》中的晋国铸铁鼎。铁器坚硬、韧性高、锋利，胜过石器和青铜器。当人们可以广泛使用这种铁质工具时，青铜工具便逐渐被取代，冶铁业在当时工业发展中占据重要位置，战国时期后，进入迅速发展期。所以，在考古学上，相对于石器时代和青铜器时代，将战国至汉代前称为"铁器时代"。

冶铁业在中国出现的时间虽然比西亚和欧洲要晚，但一经出现，便取得飞速发展，居于世界领先地位，并在很长时期中一直居于世界冶金技术的前列。

战国时代，随着燕昭王的扩张政策，燕国的铁器也随之进入辽东。燕国的秦开将军率领攻打东胡的军队远征至朝鲜半岛北部的清川江，嗣后，燕人卫满建立了卫氏朝鲜，燕国的铁器文化也随之传入朝鲜半岛。

朝鲜的铁器文化最初开始于中国战国系铁器的传播，主要集中在清川江以北地区，以细竹里—莲花堡类型文化为代表。据出土的以斧（镬）、细长的锹、锄（梯形具）、半月形刀等铸造品为中心的农耕具以及矛戈形锻造品武器的类型特征推测，类似于燕下都战国时代晚期的铁器，可以视为是燕国铁器文化的延伸。公元前2世纪，铸造铁器传播范围已推广及清川江以南大同江载宁江流域，"到公元前2世纪，铁制武器、铁制工具占比较大，这样，到古朝鲜末期，铁制工具占据了较大的比重。"[1]

汉在朝鲜置四郡后，铁器文化的发展有了相当程度的突破。在半岛北部，

---

[1] 朝鲜社会科学院考古研究所编：《朝鲜考古学概要》。引自张波、樊志民主编：《中国农业通史》（战国秦汉卷），中国农业出版社2007年版，第345页。

辐射到图们江流域。在半岛南部也传播到东南洛东江流域。乐浪文化也出土了相当多的铁制武器和农具。在半岛南部也发现了诸多锄、镰等农具和马具。"在中国铁器文化的影响下,朝鲜已逐渐奠定了独立制造铁器之基础,这是朝鲜铁器文化在公元后急速发展的关键要素。"[1]在朝鲜"乐浪文化"出土的文物中,有铁环头刀、环头刀、铁剑、铁戟、漆鞘铁刀等多种铁制兵器。

在弥生文化阶段初期,就有中国铁器传播到日本。例如在工具方面,有铁斧、枪刨、刀等;在农具方面,有锄头、镰和掐谷穗用的刀形铁器;在武器方面,有箭头、铁刀、铁戈等,上述工具均得以广泛应用。《三国志·魏书·倭人传》记载:"兵用矛、楯、木弓,木弓短下长上,竹箭或铁镞,或骨镞。"这说明弥生人已经使用铁器。

铁器最早出现在绳纹晚期,弥生时代逐渐普及。在熊本县玉名郡斋藤山贝家出土弥生前期板付式陶器的层位中发现斧刃,又在下关市续罗木、大坂府四池等弥生前期遗址中发现了铁器。弥生时代前期的铁器是从中国或朝鲜直接输入的,当时日本人并未掌握制铁技术。福冈县系岛郡前原町的旧怡土村一带,部分弥生时期的古代遗迹,都是古伊都国的遗迹。从这些遗址中发现了铁器。其中有被日本考古学者推定为公元1世纪左右中国东汉时期的素环刀、铁斧、透明玻璃玉、管玉、杯子等。

随着同中国、朝鲜的经济、文化交流,日本人逐渐学会了铸铁和锻铁技术,掌握了制作铁制工具的方法。在大分县佐伯市下城的一所竖穴式房屋遗址中发现的铁滓和风箱以及锻造铁器的半成品,说明这所房屋可能是专门制造铁器的场所。所以在日本考古发现的铁器成品,主要分为舶来品和仿制品两种。日本登吕和爱知县瓜乡等处遗址中,发现了木匠使用铁制工具的痕迹。弥生人一旦掌握了冶炼技术,便开始设法获得铁材,自己锻制各类工具。

---

[1] 张波、樊志民主编:《中国农业通史·战国秦汉卷》,中国农业出版社2007年版,第345页。

铁制农具及其制造技术在日本的传播，引发了日本农业的变革，有学者称之为日本历史上的"第一次技术革命"[1]。

汉代，冶铁和制作铁兵器的技术传入西域。汉代的铁器名扬世界各地，原因是冶铸技术先进，铁器精良。铸铁技术应用早是中国冶铁技术上突出的长处。西汉时铁剑长度在80厘米到118厘米之间，钢剑的刃部经过淬火，坚实锋利。这些锋利的武器正是西域各国所缺少的。汉代有不少铁器输出，主要是由于战争传入西域的兵器。当时西域各国铸造铁器的技术不精。汉建昭三年（公元前36年），陈汤到西域时见到"胡兵"的武器不如汉朝的军队，"矢刃朴钝，弓弩不利，今闻颇得汉巧"。这些"胡兵"的弓矢和铁兵器和汉朝军队所配备的长柄的矛、戟、弓弩与剑相比，相对落后。在公元前3世纪左右，匈奴人已经开始使用铁器。匈奴人的铁器文化不仅受到汉族文化的影响，

朝鲜加耶铁制甲胄　5世纪

---

[1] 张波、樊志民主编：《中国农业通史·战国秦汉卷》，中国农业出版社2007年版，第353页。

而且可以推测当时的铁匠大多是来自中原的汉族匠人。

安息也从中国输入许多铸铁产品,包括长把平底铁锅和一般锅以及各种钢铁兵器。木鹿是中国钢铁的集散地,安息骑兵所用武器由这里入境,所以古罗马史学家普鲁塔克(Plutarchus)称安息骑兵武器为"木鹿武器",所用刀剑用中国钢铁锻铸,以犀利著称。

中国铁器还通过安息传入罗马。古罗马博物学家普林尼(Pliny the Elder)曾称赞中国钢铁是优良卓越的产品,说"在各种铁中,赛里斯铁名列前茅"。不论他是亲见或是得自传闻,中国铁器是当时世界各地质量最好的铁器,当是事实。英国汉学家裕尔(Henry Yule)认为普林尼说的这种铁是铸铁(Cast-iron),他说:"铸铁技术像许多中国技术一样,是非常古老的一种。"英国学者艾兹赫德(Samuel Adrian M. Adshead)指出:"中国在汉代时期由于一开始就掌握了铸铁技术,所以能够生产大量的优质钢,其冶炼方法和后来的贝西默炼钢法(Bessemer process)大体相似,即熔化铁的同时脱掉部分碳;而西方初期掌握的锻铁技术只是通过木炭熔铁生产有限的劣质钢。大马士革和托莱多(Toledo)刀片就是转化中国技术的产品,后来给十字军留下了深刻的印象。当小普林尼(Gaius Plinius Caecilius Secundus)不无羡慕地称赞中国铁(Seric Iron)时,他想到的可能是中国的钢。"[1]

---

[1] [英]艾兹赫德著,姜智芹译:《世界历史中的中国》,上海人民出版社2009年版,第12—13页。

第二章 绚丽的丝绸

一 新罗的"朝霞房"

丝绸以其美轮美奂的色彩和风情万种的姿韵,被称为"东方绚丽的朝霞",是飘扬在世界大地的"金丝带"。

桑蚕丝绸是中国文化最伟大的一项发明,是中华文明的特征之一。中国是世界上最早饲养家蚕和缫丝制绢的国家,曾经是唯一从事这种手工业的国家。换言之,丝绸是中国对于世界物质文化最大的贡献。

中国人养蚕、缫丝和织绸,可能在几千年前的新石器时代便已开始。传说黄帝的妻子嫘祖发现桑树上蚕吐的丝柔软细长,可以用来编成织物遮体御寒。于是,她教导人民把蚕养起来,缫丝织绸,以制衣裳。据现代考古发掘的结果,一般认为中国丝织物开始出现于中国东南地区的良渚文化(约前3300年—前2300年)时期,此时的中国先民已经成功地驯化了野生桑蚕,使其成为可以饲养的家蚕,并利用蚕所吐的丝作为原料,织造丝绸之物。最晚在殷商时代,我国劳动人民已充分利用蚕丝的优点,并且改良了织机,还发明了提花装置,能够用蚕丝织成精美的丝绸。《诗经》中有不少桑事织衣的诗篇,这是中国中原地区丝织发达、分布之广的一个记录。

在汉代,丝织业得到了进一步发展。这主要是由于养蚕技术的改进和缫丝、织造、印染等技术的提高,生产规模较大,花色品种繁多,产品数量也尤为可观。在当时,丝绸生产是人民生活的重要组成部分,凡宜蚕之地,每

辉耀四海——影响世界的中华文明

《天寿国绣帐》残片　日本奈良中宫寺藏

第一篇 智慧的传奇

家每户均种桑养蚕,并以绢缴纳赋税。左思在《蜀都赋》中说成都的产丝:"百室离房,机杼相和。贝锦斐成,濯色江波。"汉代丝绸还大量外销,成为中国进行国际贸易的大宗出口货物。到了唐代,丝织业有了更大规模的发展。无论官营或私营的丝织业都很发达,产品种类也较多,质地优良,产地遍布全国,尤以关东、巴蜀及吴越地区为盛。

中国的丝绸及养蚕制丝技术在中朝交通之初就已经传到了朝鲜。商朝末年,箕子到朝鲜半岛时,可能就带去了养蚕制丝技术。《汉书》说"箕子去之朝鲜,教民以礼仪、田蚕之作"。到汉朝时,朝廷在朝鲜北方设郡置县,大量中原移民到朝鲜,促进了朝鲜半岛的开发与发展,养蚕制丝业作为重要的经济门类也得到持续发展。同时,也传播到了半岛南方的三韩地区。《后汉书·东夷传》说辰韩"土地肥美,宜五谷,知蚕桑,作缣布""马韩人知田蚕,作绵布"。

朝鲜的养蚕制丝和丝绸织造业的发展,是在8世纪新罗统一之后。新罗设有官营的朝霞房(专织朝霞绸)、染宫、红典、苏芳典、攒(扎)染典、漂典、锦典、绮(缟)典、机概典等丝绸生产专业工场,其生产的品种有朝霞绸、鱼牙绸、野草罗、乘天罗、小文绫、二色绫、纱、絁等。装饰手法有染缬、刺绣、金银泥、金银丝、孔雀羽等,染色色彩亦十分丰富,其中如红花染、扎染和夹缬、锦绫织、金银泥等均来自中国。

新罗时出产的丝绸产品已经流传到中国。有关文献记载,新罗向中国进贡的丝绸包括了绢、絁、帛、绫、缎、锦等,品种丰富,与中国的产品很接近。在唐代宗时,允许流通的纺织品中有一种叫"高丽白锦"。五彩氍毹是新罗国的一种特产,制度巧丽,冠绝一时,"每方寸之内,即有歌舞伎乐、列国山川之象",当微风吹入室中时,可见氍毹上"蜂蝶动摇,雁雀飞舞,俯而视之,莫辨真假"。

最具特色的产品是"朝霞绸",以颜色鲜红、艳如朝霞而得名。美国学者谢弗（Edward H. Schafer）认为："'朝霞'是一组很常见的词组，它是指在来自下方的光线的照射下，白云所显示出的耀眼的淡红色的光彩""正是因为这种创新绸具有朝霞般美丽的色彩，它才会被称为'朝霞'。"[1]

到高丽时，所生产的特色产品是"金罽"，这是一种金线和丝、毛的混纺织品，可能是由中国东北民族室韦和蔑劫子国的毛锦发展而来，不但厚实保暖，可以做成衣袍被褥，而且精致美观，可用来装饰鞍马刀剑。

二 日本的"染殿井"

在早期的中日交往中，便有大量丝绸以多种方式传入到日本，且之后历代仍不断有大量中国丝绸输入日本。特别是唐代，中日交通频繁，通过遣唐使以及留学生、学问僧等人员携带，以及唐日之间的民间贸易中，均有大量丝绸制品传入日本。当时流传到日本的唐锦数量十分可观，正仓院和法隆寺等地点至今还珍藏着大量唐代丝绸产品，其中有蜀红锦、大窠双联对龙纹绫、四天王狩狮纹锦、七条织成树皮袈裟等。据说正仓院珍藏的染织珍宝，超过了10万件，如果再加上法隆寺收藏的丝织物，可以囊括中世纪的各类丝绸。唐代销往日本的"广东锦"，采用"染花经丝"技术织成，是现代印经织物的前身，正仓院至今仍有收藏。

唐以后历代出口到日本的货物中，丝绸始终占据重要位置。直到清代，还有大宗的丝绸制品和生丝向日本出口。

日本的养蚕制丝业和丝绸制造业在中国移民的直接参与下发展壮大。早先徐福东渡携带"百工"，其中必然有养蚕制丝和织造丝绸的工匠。所以，中国的养蚕制丝技术早在徐福东渡时便已传入日本。据日本史料记载，仲哀

---

[1] [美]谢弗著，吴玉贵译：《唐代的外来文明》，中国社会科学出版社1995年版，第439页。

天皇八年（199年），有一位名叫功满王的中国人，把蚕种从朝鲜半岛的百济传到日本。到3世纪时，很多中原汉族人移民到日本，其中有一族称为"秦人"。养蚕和制丝业是秦人主要从事的职业之一。秦人抵日本后，分住畿内各地，从事养蚕制丝业。从此，中国的养蚕和制丝技术在日本得到广泛传播，促进日本丝织业快速发展。

日本雄略天皇七年（463年），日本派人到百济招募汉人工匠（"新汉人"）。这次

四天王狩狮纹锦（局部）　日本奈良法隆寺藏

来日本的汉人中有专门从事丝织的"锦部"。日本雄略天皇十二年（468年），天皇派人去南朝刘宋王朝请求支援技工，刘宋朝廷派遣了汉织、吴织、兄媛、弟媛等工匠赴日本。中国织、缝工匠的到来，有力地促进了日本衣缝工艺的发展，日后的飞鸟衣缝部、伊势衣缝部就是在此基础上形成的。大阪府池田市的"染殿井"和西宫市的"染殿池"，都是汉织、吴织来日本传授丝织技术的传说地。池田市还建有汉织姬、吴织姬的伊居太神社和吴服神社，秦

山上还有一棵"晒绢松"。

由于历代不断有中国移民和技术工匠的加入，日本丝织业自3世纪后半期开始不断发展，到了8世纪以后的飞鸟、奈良时代达到繁荣，绯襟、薄物、阿波绢、常陆绸、博多织、兜罗绒等优良特产陆续出现。丝绸产品的质量优良，正仓院所存有的大量锦绫织物也是日本本土所产。现藏于正仓院中的一些三重经平组织鸟兽联珠纹锦，是日本国因循中国传统织法所制成的西域风题材的纹锦。日本学者松本包夫在《日本的美术——正仓院的染织》中，编入近百幅正仓院染织图，融合了中国的图纹精华，唯有色彩上相当日本化，色彩以赤地、紫地、缥地、绿地等色为主。《延喜式》中载有各种织物用料、染色配方，均可说明中国丝绸技术对其启蒙的影响。

到室町时代，日本还在引进先进的中国织锦技术，并在邻近京都的一座寺院中设立缂丝织机生产，应用在和服腰带的织造上。其后在桃山时代，有中国织工来到日本并传入织金锦技术，这使织品设计更为大胆丰富，仿刺绣效果的织锦大为风行。

中国文化对日本人的服饰和纺织技术的发展产生了较大的影响。在中日交通之初，日本人的服装相对粗陋，不知裁缝技艺。《三国志·魏书·倭人传》中说："男子皆露紒，以木棉招头，其衣横幅，但结束相连，略无缝。妇人披发屈紒，作衣如单被，穿其中央，贯头衣之。"主要阐述了较早较多受到中国文化影响的筑紫倭人，穿的只是将整块布用线连起来的衣服，或在一块布中间开了一个口，从开口处把头伸出来的一种衣服，其他位置便可想而知。由于大量中国移民进入日本，使日本的养蚕、丝绸业快速发展，生产出丰富多彩的中国南方式样的美丽纺织品，使日本人的服装大为改进。同时，由于中国文化的刺激，大和朝廷也想要在日本实现汉人所说的"衣冠之邦"，以致雄略天皇在遗诏中把"朝野衣冠，未得鲜丽"作为未竟之理想而表示遗憾。

从曹魏时起，日本丝绸就不断流入中国。史书记载有所谓倭锦、倭缎，是对日本丝绸的泛称。到宋朝，日本细绢已经是"薄致可爱"，而其所贡美浓絁、水织絁等动辄数百匹，可见生产技术和规模均得到了稳定的发展。

三 丝绸西传与丝绸之路

古代连接东方与西方的交通大道被称为"丝绸之路"，显然与丝绸有十分密切的关系。丝绸是中国最早的、持续时间最长的、分布地区最广的大宗出口货物。经丝绸之路运往中亚和西亚乃至欧洲的中华物产长期以丝绸为主，西方世界最初也是通过丝绸认识中国、了解中国的。

早在周代穆王西征时，就带有精美的丝织物作为礼品送与"西王母"。秦时，中原的丝织品已经通过游牧民族的贩运远销到中亚一带。汉代以后，丝绸之路开辟，为中国丝绸的大量西传创造了交通的便利条件，中原王朝与西域诸国交聘不断，往来频繁，各民族商旅不绝于途，将中国精美的丝绸制品源源不断地运往西域，同时也由此转运到其他地区。

在汉代，中国丝绸的西传主要通过三种渠道，即中国朝廷将丝绸作为礼品向西域各民族的赠赐、中国朝廷与西域各民族的以物易物贸易，以及奔走在丝绸之路上的商人的活动。

中国王朝以丝绸作为一种国际礼品赠赐给西域民族，是一种很常见的做法。特别是汉朝，向西域各民族赠赐的丝绸往往数量较多。张骞及其他汉使节出使西域时，都曾携带大批丝织品作为礼物赠予所到国家。很多中国的丝织品是通过对西域民族的赠送而流入西方。

不仅如此，中国王朝还以丝绸与西域民族进行易物贸易。汉代运丝的商队通常由政府官办，称为使节，实际上是官办的贸易队伍。汉朝每年都派出成批使团并携带大量缯帛前去贸易。中国商队最远曾到达地中海东部地区。波斯和叙利亚的商队也由此东行，进入葱岭，至新疆境内交换货物，尤其是成批转运从内地西运的丝绸。因而，中国丝绸的大量外销西传，与往来于丝绸之路上的各国队商密切相关。

汉代西域通道大开，出现中国丝绸大量输入西域的盛况。丝绸在唐代仍是输往西域的主要物品。由于丝路畅通，贸易发达，大量中原生产的绫、罗、锦、绢等丝织品输到西域各国，各国以丝绸相尚，丝绸在西域已大量应用于日常生活。唐代对西域的丝绸贸易是十分发达的。中国丝绸输到此地后，又进一步远销至西亚和欧洲。

随着大量丝绸贩运到西域，以及西域与中原内地交流日益频繁，中原的养蚕缫丝和织造技术也传播到西域地区。有一则关于蚕种传于阗的故事，说的是汉代于阗（今新疆的和田）瞿萨旦那王欲至东方访求蚕桑种，东国王不许。瞿萨旦那王乃向东国公主求婚，并遣使告公主，说于阗"素无丝锦桑蚕之种"，不能以衣服馈送。公主知国法禁携桑蚕出境，便私藏桑种于帽中，带至于阗，于阗始有蚕丝。《大唐西域记》卷十二《瞿萨旦那国》也记载了这一故事。

这个故事还可以通过考古资料得到印证。斯坦因曾在新疆丹丹乌里克遗址剥下并带走了几幅壁画，其中有一幅就是《东国公主传入蚕种》。这幅壁画是约8世纪的作品，上面描绘着一个中国公主戴着一顶大帽子，一个侍女正用手指着它。研究者指出：这幅画所画的就是那位传播养蚕制丝方法的"丝绸女神"。

关于"东国公主传入蚕种"的故事，为中原的养蚕制丝技术传入西域提供了一个线索。部分研究者指出：上文说的于阗"东国"，据研究者认为可能是鄯善国。鄯善国在汉代时已有桑的栽培，鄯善王尤是汉朝的外甥，先有蚕桑极有可能[1]。东汉明帝时，匈奴大军兵临于阗，迫于阗每年缴纳罽絮。絮即敝绵，说明1世纪初于阗已经知道栽桑养蚕。于阗初传桑蚕，只能漂渍绵纩，后来才能缫丝织帛。

---

[1]　沈福伟：《中西文化交流史》，上海人民出版社1985年版，第92—93页。

另外，考古发现也说明最晚3世纪时，在西域地方已经有了蚕桑。尼雅遗址曾发现多处枯干的桑树，也曾在此处发现了一枚蚕茧，经专家鉴定是家蚕。尼雅遗址中发现的木简，年代最晚的一枚是晋武帝泰始五年，即公元269年，因此断定该遗址废弃的年代在269年之后。这也充分说明在269年之前，此地已有育蚕植桑。

5世纪时，天山以南的高昌、龟兹、疏勒都能纺织丝锦了。在史籍中，有高昌"宜蚕"的明确记载。出土的吐鲁番文书也显示高昌有丝绸制造业。在吐鲁番文书中，还出现了"丘兹锦""高昌所作丘兹锦""疏勒锦"等专名。根据这些文书，可以肯定高昌的蚕桑业和缫丝织造业已经实现了规模化发展，同时发展的水平也相对较高。在高昌出土的考古发掘中，出现了大量的精美的丝织物。花色品种多样，有精美绝伦的织锦，有红地团花纹、彩条纹、龟背"王"字纹、对鸡对兽"同"字纹、棋纹，也有连珠天马骑士纹、鹿纹、双人、猪头、小连珠对鸭纹等图案。在织造技术上，

"五星出东方利中国"锦护膊 汉晋 新疆民丰县尼雅1号墓地8号墓出土 新疆维吾尔自治区博物馆藏

"千秋万岁宜子孙"锦枕 汉晋 新疆民丰县尼雅1号墓地3号墓出土 新疆维吾尔自治区文物考古研究所藏

不仅有经线显花，也有纬线显花。华丽的织锦，除了大量来自中原以外，还有很多本地产品或西方的产品。

在中亚地区的粟特人生活的地区，也有丝绸的生产。丝织业是粟特地区的重要手工业，昭武九姓安国是丝绸的重要产区，撒马尔罕发展成为世界丝织品生产中心之一和最重要的丝绸集散地。在唐代，粟特织锦已经颇具影响力。粟特人的康国所产的赞丹尼奇锦运销范围北达挪威，南至拜占庭，西达波斯。

养蚕制丝技术传到西域后，丝绸织造业在各地均有所发展。丝绸之路所经之地，不仅成为丝绸的国际贸易的中转站和集散市场，而且成为丝织品的重要产地。西域国家的纺织业是在其毛纺织基础上发展起来的，所生产的丝织品以锦类为主，染色、提花、刺绣等一如毛纺。上述织锦传入中国后，人们泛称"胡锦""西锦"等。这些"胡锦"在织造技术上延续了毛纺的特点，采取斜纹组织和纬线起花等手段，原料上以混纺为特色，多加以金、银丝线和毛、麻等，花纹图案则基本属于西域传统文化的内容，结构形式多连珠团窠或几何图形内填加动植物纹。波斯的"冰蚕锦"、女蛮国的"明霞锦"、龟兹和高昌的"龟兹锦"、疏勒的"疏勒锦"等,都是西域著名的丝织品。到宋元时期,中亚地区的多种装饰盖布、马被、丝绸、褥垫、镶金织锦、绸缎、谢纳尔、塔夫绸、撒马尔罕的薄绒驰名世界[1]。

四 波斯阿拉伯的丝织业

自古以来,波斯就是丝绸之路的主要通道,并且长期垄断国际市场贸易,所以丝绸在古代波斯以及阿拉伯世界也十分流行。罗马人最早接触丝绸就是通过安息人。通过波斯,丝绸传到阿拉伯地区,同时也成为颇受欢迎的物品。伊斯兰教先知穆罕默德曾说过:"请你们牢记,身上切勿穿戴丝绸或锦缎服装,桌上切勿陈设金银花瓶。那些不入教门者于本世纵情享受这种欢乐,而我们却将这种乐趣留给来世。"据说,穆罕默德曾被别人披上了一件丝服,但他在祈祷时又改变了主意,立即就甩掉了。但是,阿拉伯人对于丝绸有一些自己的看法,认为穿丝绸服装可以预防皮肤病,虱子、跳蚤、臭虫等害虫绝不会侵入。从阿拔斯哈里发时代起,富人和强人都以使其丝绸长袍倍增而炫耀其奢华。《古兰经》甚至声称,不穿丝绸的人就不能进入安拉的天堂。据《天方夜谭》中的故事说,当时的丝绸贸易飞速发展,开罗、大马士革、巴士拉的贵妇人不断去拜访那些丝绸商人,并精心地挑选她们所心爱的物品。16世纪时,奥斯曼帝国的豪华王苏里曼(Soliman le Magnifique)有感于丝绸风行造成的社会奢华风气,便自己身穿棉布衣,禁止穿戴丝绸、金银丝织锦等服装。但他去世的第二天,所有豪华服装又一次出现。

养蚕制丝技术很可能由西域继续西传,直接传入中亚的费尔干那和波斯。

---

[1] [俄]普加琴科娃著,列穆佩译:《中亚古代艺术》,新疆美术摄影出版社1994年版,第133—134页。

辉耀四海——影响世界的中华文明

连珠花鸟纹波斯锦 唐代 甘肃博物馆藏

波斯以墨桑养蚕，取得成功，之后又纺织锦绮。《魏书·西域传》载：康国产锦，丈夫多衣锦袍。波斯出产锦绫，王公贵族亦多衣锦袍。

大约5世纪时，波斯已拥有自己的丝织业。波斯是继中国之后的世界第二大丝绸工业国。波斯在5、6世纪就以产绫锦闻名，《魏书》《隋书》等多次提到波斯出产绫锦。玄奘在《大唐西域记》里也说波斯是"工织大锦"。波斯锦主要有两个特点：一是织造技术上采用斜纹组织和纬线起花；二是其花纹图案独具风格，以联珠动物纹最为典型。萨珊王朝的艺术发展最精彩的就是丝织品，色彩和图样十分丰富。

波斯锦大约在 6 世纪进入中国。据《南史》卷九七《西域传》记载，梁朝普通元年（520 年），西域滑国所献物品中有波斯锦一项。这是有关来自波斯的这一织品输入中国的最早记载。波斯锦还通过中国传到了日本。法隆寺里现在还收藏有 7 世纪的萨珊图式织锦。

中国的丝绸织造技术也传到了阿拉伯地区，西亚的报达、古尔只、毛夕里、忽鲁谟斯等，也都发展成为重要的丝绸产区或集散地。阿拉伯"蕃锦"包括重锦、百花锦、碧黄锦、兜罗锦等，在唐代中期以后，颇为中原所瞩目。唐宋曾一再有阿拉伯人进献中原的记载。其中重锦一件有 20 囊驼之载重，必须分裁 20 块运输。阿拉伯产的百花锦多做帷幕，"其锦以真金线夹五色丝织成"。

五　丝绸在罗马的风行

中国的丝绸可能在古希腊时代就传到了西方。虽然没有出土文物的证据，但在古希腊女神的雕像中，在绘画和其他雕塑艺术作品中，却若隐若现地看到中国丝绸飘忽的影子。早在公元前 5 世纪，中国的丝绸就已经越过阿尔泰山，来到了中亚地区，那么，也有可能沿着那时已经开辟的草原丝路，由希腊人所称之为斯基泰人的商队将中国的丝绸运抵希腊，成为希腊人所喜爱的一种珍贵的衣料。到亚历山大大帝东征时，他一定在沿途接触过精美的中国丝绸。

在公元前后，丝绸就传到罗马，同时可在较短的时间内为罗马人所熟悉。据说著名的罗马统治者恺撒曾穿着绸袍出现在剧场，引起轰动，甚至被认为奢侈至极。据说恺撒还曾用过丝质的遮阳伞。埃及女王克利奥巴特拉（Cleopatra）曾身穿华丽的绸衣出席宴会。1 世纪中叶，罗马作家罗卡纳

（Lucanus）记述这位绝代女王："她白皙的胸部透过西顿衣料显得光耀夺目，这种衣料本由细丝精心织成，经罗马工匠用针拆开，重加编织而成。"[1]

罗马城中有专售中国丝绸的市场，罗马贵族们不惜重金高价竞买中国丝绸。中国丝绸风行于罗马宫廷和上层社会，几百年中，元老院的议员一向以能穿中国的丝袍为荣。锦衣绣服既成富室风尚，绸幕丝帘也被教堂袭用。

到东罗马帝国时期，这种奢靡之风有增无减，东罗马的首都拜占庭，"对丝绸的需求相对于其他奢侈品来说似乎还倾向于增加。拜占庭人在往日罗马的奢华传统之上，还为奢华服饰增添了一种别具一格的东方情趣"。"拜占庭—罗马时代需要丝绸，既是为了显示它对色彩的强烈和日新月异的热爱，也是为了服务于成为其社会形式的特点的那种神圣的和繁文缛节的盛大辉煌。随着时间的推移，丝绸的使用越来越普及于社会下层。"[2]这时的地中海沿岸居民对远东奢侈品所形成的嗜好，远甚于罗马时代流行的风尚。

4世纪后期的罗马史家马赛里奴斯（Ammianus Marcellinus）说到丝绸在罗马帝国的流行："服用丝绸，从前只限于贵族，现在已推广到各阶级，不分贵贱，甚至于最低层。"他还描述了401年，还在襁褓中的皇帝狄奥多西二世（Flavius Theodosius）受洗时的盛况：君士坦丁堡"全城人的都头戴花环，身穿丝绸袍服，戴着金首饰和各种饰物，没有人的笔墨能形容全城的盛装"。[3]

丝绸在罗马的风行，正好适应了当时罗马帝国席卷全社会的奢靡之风。换言之，来自远方的中国丝绸，参与创造了罗马的浮华、奢侈、追求时髦的社会风尚。"在这样一种挥霍浪费和追求虚伪等高雅时髦的气氛中，丝绸就

---

[1] 沈福伟：《中国与非洲——中非关系二千年》，中华书局1990年版，第27页。

[2] [英]赫德逊著，李申、王遵仲译：《欧洲和中国》，中华书局1995年版，第86、87页。

[3] [英]赫德逊著，李申、王遵仲译：《欧洲和中国》，中华书局1995年版，第50、87页。

以风驰电掣般的速度而席卷古罗马。"[1] 在罗马，丝绸及其织品创造了一种时髦的服装，掀起了一场时尚的狂澜，使整个社会趋之如鹜。"不论是精细轻便的丝织衣物，还是豪华的室内装饰的锦缎织品，这一潮流迅速传播。之后的 2 个世纪，每个人都至少穿着半丝织的衣物，否则会被视为苦行僧。纯丝绸制品已经成为追赶时髦的'必备之物'，但它价格昂贵，并非人人都穿得起。中国的丝绸赢得

古罗马庞培古城壁画　身着丝绸服装的女神梅娜德　意大利那不勒斯博物馆藏

了赞誉。其洁白光泽和独一无二的品质可以绣上各种色彩的图案，从最生动的到最温馨的，从橘黄色、紫晶色、色雷斯鹤的色彩、海水的颜色抑或是奇幻的色彩：'万里无云，温和的西风带着潮湿的气息徐徐吹来。'"[2]

法国学者于格（François-Bernard Huyghe）和 E. 于格（Édith Huyghe）指出："丝绸并不是一种简单的豪华产品，也并不仅仅是罗马帝国的罗马人所迷恋的一种珍品，这是一次文化革命。随着丝绸产品，便出现了两大现象，它们后来

---

[1]　[法]布尔努瓦著，耿昇译：《丝绸之路》，山东画报出版社2001年版，第29页。

[2]　[美]让－诺埃尔·罗伯特著，丘进译：《从罗马到中国——凯撒大帝时代的丝绸之路》，广西师范大学出版社2005年版，第198页。

庞贝壁画中的罗马贵妇人

与西方的历史建立了密切的联系。这就是追求异国情调与时尚。追求远来事物以及新鲜事物的情趣，似乎是微不足道的小事。然而，当它们渗透于时代精神中时，它们便会改变历史，如经济史和行为史。"[1]

丝绸在罗马的风行，产生了较大的社会影响。部分罗马人为透明的丝袍可能会引起道德败坏而焦虑不安，而另一些人则担心购买奢侈品可能会损害帝国的经济。许多哲学家和道德学家都对丝绸服装的透明感到不安，认为会引起社会的道德败坏。罗马的风纪检查官们就曾批评这种服装过于下流猥亵。哲学家塞涅卡（Lucius Annaeus Seneca）一方面肯定了丝绸对罗马人生活的影

---

[1] [法]F.B.于格、E.于格著，耿昇译：《海市蜃楼中的帝国——丝绸之路上的人、神与神话》，喀什维吾尔文出版社2004年版，第72页。

响,说:"没有丝国的贸易,我们何能蔽体。"另一方面,他也说道:"我看到了丝绸衣服,如果您称它们为衣服,那些衣服一点都不能为着装人提供身体保护,也不能保持着装人的端庄,虽然穿着衣服,但没有一个女人敢诚实地发誓说她不是裸体的。很多衣服均是高价从不懂商业的国家进口,目的是使我们的已婚妇女除了在街上展示的,再无其他身体部位可以在卧室内向她们的丈夫展示。"[1]

公元1世纪的罗马博物学家普林尼在其著名的《自然史》中充分论述了中国丝绸对于罗马经济和社会的重要影响:

……有识者已深慨(罗马的)奢侈之风,由来渐矣。至于今代,乃见凿山以求碧玉,远赴赛里斯国以取衣料……据最低之计算,吾国之金钱,每年流入印度、赛里斯及阿拉伯半岛三地者,不下一万万赛斯透司[2]。此即吾国男子及妇女奢侈之酬价也[3]。

普林尼说的"赛里斯"是当时罗马人所指称的中国。普林尼的上述论说,不仅盛赞中国丝绸之美,还特别强调了丝绸作为最高级的奢侈品,使罗马金银大量外流,造成外货入超的严重影响。近代历史学家中也有人认为罗马帝国的灭亡实由于贪购中国丝绸以致金银大量外流所致。

如果将罗马帝国的灭亡归结于丝绸和其他奢侈品的流行,相对简单。但是,以丝绸的流行为代表的整个罗马社会的腐化、奢靡之风,从内部腐蚀着社会的肌体,其可能也是导致罗马文明覆灭的原因之一。

---

[1] [英]埃兹赫德著,姜智芹译:《世界历史中的中国》,上海人民出版社2009年版,第41页。

[2] 赛斯透司(Sesterces)是古罗马货币名称。

[3] 张星烺:《中西交通史料汇编》第1册,中华书局2003年版,第123—124页。

六　"丝绸皇帝"与养蚕缫丝技术西传

虽然丝绸在罗马流行了几百年，但罗马人并不知道丝绸生产的价值，而且也不知道它到底来自何方。罗马与中国的丝绸贸易一直被波斯人所控制和垄断。528年，东罗马与波斯之间发生战事，使中国丝绸运销欧洲暂时受阻。从经济的角度看，这场战争的原因即为争夺丝绸贸易的控制权。这场战争波斯中断了丝绸贸易，导致拜占庭丝织业陷入危机。

东罗马决定努力寻求自己生产蚕丝的办法，以摆脱受制于波斯的被动地位。

养蚕制丝技术传入到欧洲，起源于一个波澜起伏的故事。东罗马历史学家普罗科比（Procopius）的《哥特战纪》记载，552年，有几位印度僧侣向东罗马皇帝查士丁尼（Iustinianus I）建议在他的国家自行产丝，并把蚕子带到拜占庭，教会东罗马人饲养蚕。普罗科波的记载说：这些僧人"把一批蚕卵带到了拜占庭。依我们上述的方法炮制，他们果然成功地将蚕卵孵化成虫，同时，用桑叶来喂养幼虫。从此以后，罗马人中也开始生产丝绸了"。[1]

另据8世纪拜占庭史学家泰奥法纳（Théophane de Byzance）所述，蚕卵是一位波斯人传入拜占庭的。这位波斯人来自赛里斯，他把蚕卵藏在竹杖中离开赛里斯，并将之一直携至拜占庭，在那里孵化成蚕。

从上述普罗科波和泰奥法纳和记载中可以得知，是印度人或波斯人在6世纪时将蚕卵和养蚕技术直接从中国传至拜占庭的。于是，拜占庭也继波斯之后而能养蚕缫丝。同时，首次使用西方生长的蚕所吐的丝作纺织丝绸的原料。地中海沿岸的气候适宜养桑业，桑种在此地可正常而茁壮地成长。由

---

[1] [法]戈岱司编，耿昇译：《希腊拉丁作家远东古文献辑录》，中华书局1987年版，第96—97页。

于拜占庭政府有了桑蚕,各种能工巧匠也不乏其人,所以他手中就真正掌握了一张王牌。

由于查士丁尼在推动东罗马帝国养蚕业的发展,所以他被称为"丝绸皇帝",人们认为是他将养蚕、种桑、缫丝机织绸技术引进了拜占庭,并使东罗马帝国依靠丝绸生产发财。中国的养蚕制丝技术从此传播到欧洲和阿拉伯地区。

在查士丁尼皇帝的推动下,拜占庭的养蚕业首先在叙利亚得到发展,叙利亚长期以来便集中了许多原来加工来自中国的丝绸和生丝的纺织厂家,到6世纪末,本地生产的蚕丝便可满足多个厂家对原料的需求。9至10世纪,拜占庭的丝绸生产达到极盛。

到公元7世纪,东起日本,西到欧洲,西南到印度,均有丝绸生产,空间分布广泛,基本上奠定了今天蚕丝产区的格局。而从中国开始发明养蚕制

拜占庭斯织物残片 约5—6世纪

丝和织造丝绸,至此已经有了将近4000年的历史。

后来,阿拉伯人占领了叙利亚,将养蚕制丝技术传到了西班牙。10世纪以后,西班牙的养蚕业和丝织业开始兴盛起来。西班牙的养蚕业和丝织业在16世纪以前一直很兴旺,是西班牙三大支柱产业之一。12世纪养蚕制丝技术传到西西里。1146年,西西里国王俘获了一批拜占庭的希腊工匠,他们拥有蚕桑技术,于是就在西西里开始了丝绸的生产。随后,蚕桑业又由西西里传播到意大利和欧洲其他地区,丝织业在欧洲长期建立起来,而意大利成了欧洲蚕丝的主要产地。养蚕制丝业的发展,对意大利各城市经济的巨大发展做出了不小的贡献。

除了桑蚕技术,缫丝和丝织提花技术也对欧洲的纺织技术产生了重大影响。据考证,中国纺织工具如缫丝车、纺车、踏脚织机及其生产技术传入欧洲的最主要的时期是在宋元之间。欧洲因学习借鉴了以上技术而使它们本身的纺织技术显著提高,由此推动了机械和技术的革新。以此为基础,近代欧洲的纺织工业革命才有可能兴起。

第三章 瓷器行天下

一 瓷器与制瓷技术在朝鲜半岛的传播

瓷器是中国人的伟大发明之一，是中华文化发展历史进程中产生的最重要的物质文化成果之一。从瓷器的发明以及千余年的发展进程中，处处体现着由中华文化所孕育的中国人的创造智慧和开拓精神。中国瓷器在世界上享有崇高的声誉。中国古代制瓷技术和艺术上的成就，以及向世界各地的传播和影响，推动了世界陶瓷和文化的发展，因而中国被世人誉为"瓷器之国"。典雅适用的瓷器已成为世界各地使用最广泛、最受欢迎的生活用具，中国陶瓷已经成为人类文化艺术宝库中一宗巨大的财富。

瓷器与中华文化有着千丝万缕的联系。作为一种物质文化成果，它是古代中国人贡献给人类的一项伟大发明，体现着中华民族的创造智慧和科技水平。同时，它又是一种综合的艺术，成为许多文化形式的物质载体，体现着中华文化的精神蕴涵和艺术意境，体现着中国人对美的感受、趣味和创意。瓷器是一种综合表现中华文化的特殊物质形态。因此，当瓷器大量外销，传播到世界各地时，不仅给各国人民提供了一种方便适宜的生活用具，而且向他们展示了中华文化的风采和光辉。正如美国学者罗伯特·芬雷（Robert Finlay）所说："一千多年之间，瓷器是全世界最受喜爱、歆羡，也是最被广泛模仿的产品。从公元7世纪瓷器发明问世以来，它始终居于文化交流的核心。在欧亚大陆，瓷器是一大物质媒介，跨越遥远的距离，促成艺术象征、主题、图案的同化与传布。"[1]

中国瓷器很早就传入了朝鲜半岛。目前发现实物较早的是在韩国忠清南道出土的晋代天鸡壶、四系壶等越窑瓷器。在韩国还曾发现唐代长沙窑的青釉褐彩贴花壶，壶上有"卞家小口，天下有名"字样，是典型的长沙窑器物。1973年，在庆州市朝阳洞野山麓出土了一件唐三彩三足罐。在庆州雁鸭池太子宫遗址，发掘出土了若干唐代越窑青瓷和邢窑白瓷玉璧底碗的残片。

宋代，中朝之间的民间贸易十分发达，宋商到高丽进行贸易多携带瓷器。在海州所属的龙媒岛、开城附近及江原道的春川邑等地区都有宋代瓷器出土，其中有不少名窑的瓷器精品，如磁州窑白地黑花瓶、耀州窑刻花注碗、临汝窑印花碗、龙泉窑碗、青釉刻花蓖划纹碗及景德镇青白瓷等，其中以青白瓷数量较多。

明清时期仍有大量瓷器传入朝鲜半岛。据记载，明宣德皇帝曾两次赠送给朝鲜世宗数桌白瓷和青花瓷。明清时期的官方贸易和民间贸易，中国瓷器仍是输入朝鲜的大宗货物。

唐三彩传入朝鲜半岛后，对当地的制陶业产生了较大影响，因而出现了"新罗三彩"。据传新罗三彩是被请到新罗首都的唐朝工匠指导新罗匠人制作的，因此在风格上更多地融如了本民族的特色。

9世纪以后，朝鲜半岛才开始进入制瓷阶段。新罗商人张保皋引进了中国青瓷及其烧制技术，青瓷烧制技术就此广泛传入西海岸和南海岸。尤其是康津，它与张保皋海上活动的中心莞岛相距不远，加上具备适于制造青瓷的条件，如瓷土、水资源、木材等物产丰富，又便于利用海运将产品运往庆州与其他地区，这为青瓷的制作与销售提供了极其优越的便利条件。

此后，中国的制瓷技术大规模传入朝鲜半岛，并在当地产生了较大的社

---

[1] [美]罗伯特·芬雷著，郑明萱译：《青花瓷的故事》，台湾猫头鹰出版公司2011年版，第21页。

会影响。从如今朝鲜出土及传世的瓷器中可以看到越窑、汝窑、定窑、磁州窑都对当时的高丽王朝产生了较大影响。正是在中国瓷器的直接影响下,朝鲜半岛才发展起自己的制瓷业。

从9世纪后期到11世纪,是朝鲜半岛模仿中国瓷器的时代,这一时期模仿的主要是越窑和邢窑的产品,之后又仿龙泉窑、耀州窑、磁州窑等。随后,高丽瓷全力模仿中国汝窑的天青色釉,并逐渐从模仿过渡到本土化。11世纪末至12世纪初,高丽青瓷与中国陕西耀州窑、湖南长沙窑、广州西村窑及河北定窑、磁州窑进行了交流。

高丽青瓷瓜形瓶 12世纪

于是新增了白瓷、黑瓷等品种,青瓷上出现了阴刻纹、阳刻纹、铁画纹、堆花纹等各种纹样。

传说早期发展中,高丽陶工是在中国陶工指导下开始生产青瓷的。这些中国陶工来自中国杭州的越窑,他们教会高丽陶工有效率造窑的方法以及精准地控制窑火的技术。实际上,高丽青瓷窑炉为全盘移植越窑的龙窑结构,其装烧工艺、产品造型和花样纹饰等均受越窑的影响。

12世纪初，可能是受到镶嵌漆器的启发，高丽出现了镶嵌青瓷。镶嵌青瓷纹饰的题材，多为野趣浓厚的野菊、云鹤、蒲柳水禽等。除纯青瓷、镶嵌青瓷外，还有堆花纹青瓷、画青瓷、辰砂青瓷、画金青瓷等，达到高丽青瓷最辉煌的时期。12世纪的青瓷铁绣花已经具有鲜明的高丽风格，装饰图案多是牡丹、菊花、花树、蔓草、杨柳等。这种装饰图样最初很类似宋代磁州窑铁绣花，后逐渐变得线条简略，形成鲜明的民族特色，俗称"绘高丽"。"绘高丽"与宋代广州西村古窑的青瓷铁绣花非常近似，也许是广州青瓷铁绣花的技术传至浙江，再传至高丽，从而产生"绘高丽"的形式。"绘高丽"是在宋瓷基础上发展而成，却有高丽的独特性。到12世纪上半叶，"绘高丽"的造型和装饰已经呈现出规整精巧的特点。

南宋时期太平老人撰《袖中锦》一书，在"天下第一"条中列举宋代各地以及与宋并世的契丹、西夏、高丽等国的著名特产，其中提到"高丽秘色"，

高丽白瓷牡丹纹梅瓶 12世纪

是仿照越窑青瓷的釉色烧制的青釉瓷器，南宋时与定窑白瓷同被评为"天下第一"。

高丽青瓷传世完整器皿较多，造型规整，设计奇巧，制作工艺高超，其中有仿汝窑形制的盏托、注碗与盘等器物。高丽青瓷的主要窑址在今韩国全罗南道的康津郡和全罗北道的扶安郡。两地曾发现成百的从初创期到末期的多种青瓷碎片的堆积层。朝鲜峰泉的圆山里窑址，与越窑的炉长短、结构和宽度等方面都十分相似。

青花瓷在朝鲜半岛的出现应不晚于14世纪中期的李朝早期。据史书记载，宣德三年（1428年），明朝使节尹风献青花瓷给世宗，青花瓷就成了李朝宫廷用瓷。李朝皇家用瓷中已有本国官窑烧造的青花瓷，但其制品全面模仿明初青花瓷的造型和装饰，所用青料也来自中国。

15世纪后半叶，李朝官窑青花器逐渐采用李朝的绘画形式，器物上的边沿图案逐渐简化以至消失，仅留主题纹样，表现出李朝青花瓷独特的风格，但松竹梅等中国传统题材仍然是这一时期青花瓷的主要表现对象。17、18世纪时的李朝青花瓷已表现出鲜明的民族情调，器物造型多带棱角，口沿薄巧，青花色调淡雅，绘画运笔轻盈，画面凝练集中，留有较多的空白，散发出一种朴素、飘逸的诗意，但其画面内容依然蕴含着浓郁的中华情结，梅兰菊竹、潇湘八景、高士、鱼隐等中国青花瓷上常见的题材依然是这一时期李朝青花瓷画面的主题，并且经常采用中国陶瓷装饰中习见的"开窗"样式。

二 瓷器与制瓷技术在日本的传播

在唐代，中日两国往来频繁，因而可能有许多陶瓷制品通过馈赠、往来人员携带以及商贸等方式运往日本。在日本曾有大量唐代瓷器或瓷器碎片出土。福冈市博多津太宰府鸿胪馆遗址，是日本平安时代中国输入品登陆港口的贸易会馆，遗址出土的陶瓷残片约2500片，其中有晚唐和五代的越窑、长沙窑、定窑、邢窑的产品。日本出土最多的唐代中国瓷器是越窑产品，全国有50余处遗址均出土了越窑瓷器，碎片达3000余片，造型有碗、碟、盒子、唾盂、水注、盏托等。

中国唐代盛行的三彩釉陶器主要是用作随葬的明器。传入日本后，却成为颇具唐风的寺院祭器，也深受奈良贵族等上层社会喜爱，成为珍贵的实用器。日本出土的唐三彩的种类有三足炉、罐、长颈瓶、火舍式香炉、陶枕、碗（杯）、盒、俑。

在宋代，中日之间的民间贸易十分发达，销往日本的中国瓷器数量颇大。目前已知的日本出土的中国宋代瓷器较多，出土地点散布在日本各地，达40个县以上。绝大多数出土瓷器属于北宋后期到南宋时期。出土的瓷器以青白瓷、青瓷为主，此外，还有黑釉、褐釉及低温绿釉三彩等。出土器物以盘碗器皿最多，瓶、壶、罐、盒子、水注、经筒也有一定的数量。其中青白瓷绝大部分是景德镇的产品，青瓷中龙泉窑产品占大多数。元代青花瓷器在日本多有发现。明代输往日本的瓷器数量更多，至今留存在日本的明代外销瓷也较多。到江户时代的长崎贸易，中国商船所载货物，瓷器仍为其大宗。

中国制瓷工艺和技术传入日本的时间也较早。早在唐代，唐三彩传入日本后，奈良宫廷就研究唐三彩的制造方法，使用与唐三彩基本相同的工艺，烧造成了造型和釉色方面都酷似唐三彩的陶器，称为"奈良三彩"。三彩陶器藏品最丰富的是集中在奈良正仓院的57件作品，被称之为"正仓院三彩"。有学者推测，可能是在第七、八次遣唐使后，从长安、洛阳等地携带回的唐三彩器物和烧制技术，推动了奈良三彩的产生。很可能在唐三彩器物传到日本时，也有中国陶工去日本传授烧造三彩的工艺，或者是有日本工匠来中国学习技艺。因此，奈良三彩在造型上不仅与唐三彩十分相似，而且其鲜艳流淌的釉面、光艳美丽的色调也与唐三彩器物尤为相似。

日本博多遗迹出土的龙泉青瓷　南宋中期

虽然奈良三彩基本上是仿造唐三彩，但在胎质、釉色和造型等方面仍有差异，具有一些自己的特色。比如：奈良三彩的胎色白，胎体轻薄，上有明显的旋削纹，不见化妆土；内外施釉，有绿、白、黄三色，绿色为主，釉层薄而透明，能见胎上旋削纹；装饰采用洛阳唐三彩的失蜡法釉斑，呈不规则形，唐三彩则圆润划一。唐三彩色泽鲜艳亮丽，透明度高；奈良三彩的色泽浑浊暗淡。在形态上，它基本上没有神像人俑或马和骆驼等的造型，而是多为日常的容器，或是摹仿铜合金佛用器具烧制成的壶、瓶、钵、盘、碗等。上述情况与产地原料不同、材料提炼的精细程度和烧制技术的水平有关，但也与不同民族之间审美观的差异密切相关。绚烂艳丽的唐三彩流露出不加掩饰的热烈奔放的大唐气度，而奈良三彩在追求高贵华美的同时，却又显得含蓄内敛，从而形成浓郁的日本风格，表现了日本陶工在模仿过程中的自主创造。

9世纪进入平安时代后，从大唐传来的白瓷和越州窑的青瓷，种类多为日常用的碗、盘等餐具。越窑青瓷的输入对日本陶瓷业产生了极大的刺激，引起了日本社会的广为惊叹。再加上平安贵族和僧侣间饮茶之风的兴起和茶器以青瓷为上的需求，又有奈良三彩烧制色釉陶器的技术基础，自此，日本的陶制餐具从原先模拟金属品的须惠器、三彩陶器，开始转向模仿中国青瓷制的餐具样式。但当时日本人无法烧制出与青瓷媲美的瓷器，他们只是在原来三彩技术的基础上，又吸取中国的灰釉技法，烧制出了灰釉陶器。这些灰釉陶器与越州青瓷相比较为粗砺。但是越州青瓷的传入大大拓开了日本人陶器形态的种类。

宋代是中国陶瓷技术发展的高峰时期，其技术和工艺也传到日本。1224年，日本人加藤四郎左卫门（加藤景正）因感到本国"土器"之"巧不如殊邦"，便随日僧道元入宋，到浙江天目山，道元从师于如净禅师习禅，加藤四郎则到当地的窑厂学习制造陶瓷技术。此窑厂可能是兴盛于东晋和南朝初期，此后渐趋衰落的以黑瓷生产为特色的德清窑。6年后，道元和加藤四郎回国，道元带回茶道文化，加藤四郎则带回先进的陶瓷技艺。于是，茶道和茶陶一同传入日本。加藤四郎在尾张的濑户开窑。他烧制的陶器，在茶褐色的底上施黄釉，创制了具有中国宋代风格的"濑户烧"，为日本制陶技术开辟了新纪元。加藤四郎左卫门因此被奉为日本"陶瓷之祖"。室町时代，除了濑户以外，信乐、常滑、丹波、备前、越前等地也能制造陶器，被称作日本的"六大古窑"。

进入16世纪，随着饮茶习俗的普及，中国式的陶瓷器日益为人喜爱，需求量明显增加，甚至在统治阶级中出现了以收藏、夸示名贵茶器为荣的风气。因此，日本一方面不断地从中国大量输入瓷器，另一方面也开始试制新瓷器，出现了大量日本自制的青花瓷器。中国的青花瓷对日本大规模自制青花瓷器影响显著。明正德年间，日本伊势松坂人伊滕五良大辅随日本的僧人了庵、桂悟来到中国。伊滕五良大辅在景德镇住了5年，学习了青花瓷全套的制瓷技术，并在景德镇亲手制作了上万件瓷品，于正德十年（1515年）回国，同时带走了大量的瓷土和釉料。回国后，他在肥前的伊万里开窑，把中国的青

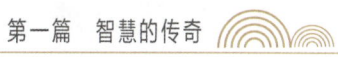

日本彩绘山茶纹大酒壶　江户时代初期

花制瓷技术带到了日本，开始了日本青花瓷器的制作年代，被日本人尊称为"瓷圣"。

另外，京都的田中长次郎向阿米夜学制陶，在千利休的指导下，烧制出窑温低而质软的"乐烧茶碗"。后来，随着茶道的多种不同的需要（煎茶或抹茶等），出现了多种瓷器。

1616年，流寓日本的朝鲜陶工李参平在有田町的泉山发现瓷石，日本第一次成功烧制出胎质坚硬洁白且有透明性的瓷器。从此日本将制陶业改为制瓷业，开始生产日本最早的白瓷，称为"有田烧"，从此日本的陶瓷业得以正式发展。有田瓷器成为日本瓷器的鼻祖，李参平也被尊为"陶祖"。

李参平是在1597年至1598年间的"文禄庆长之役"中，被日军从朝鲜带回日本的陶工之一。"文禄庆长之役"时，有大约800名朝鲜陶工被掳到日本。朝鲜陶工由于掌握了精湛的制陶技艺，分别成为日本西部诸武将和九州各地大名的陶匠，从事陶瓷烧造，促进了日本陶瓷事业的蓬勃发展，所以这场战役又被称为"陶瓷之战"。起初，李参平在现今多久地方进行陶器的制作，后来他为了寻找生产优质瓷器的原土，离开了很久。1616年，他在有田的泉山发现了理想的陶石，便带领18名朝鲜窑工定居下来，并开始瓷器的烧造。而在有田地区，早在"文禄庆长之役"时便已有许多从朝鲜被带回的陶工在此制作陶器。自从李参平在泉山发现瓷石矿以后，有田的窑业在数十年间急速发展。而由于这种迅速发展的盛况，造成因燃烧用的柴火不足而滥垦滥伐的现象，以致到1637年，佐贺藩为了保护山林裁掉了826名陶工。此后，官方严格管理有田的陶瓷器生产，确立了以瓷器为主的生产体制。

到了江户初期的宽永年间（1624—1643年），有田的柿右卫门和丰岛左卫门从经常出入长崎的商人那里得到了中国赤绘的调色法，在吸取中国制瓷经验的基础上，烧制成红、黄、绿三色花纹的瓷器。这种"赤绘技术"更加带动了"有田烧"的发展。由于"有田烧"瓷器从有田北面15公里的伊万里港装船运出，故通称为"伊万里烧"。

伊万里青花初期仿制朝鲜李朝青花风格，纹样多画简练的松、竹、梅、菊、柳、葡萄、卷草或山水等，笔调粗放，画法写意。釉色白中透青，青花呈色灰蓝，器型以碗、壶、瓶为主。后来，伊万里青花中出现了完全仿制明代青花瓷的作品，如户栗美术馆收藏的青花双耳扁壶造型、装饰完全仿制永乐青花扁壶。同时，受明代天启青花和所谓"祥瑞"器的影响，伊万里青花瓷纹样出现了简洁、疏朗或通体装饰两种倾向。青花山水纹钵就具有明显的天启青花山水风格，体外壁以轻佻的笔触，写意的笔法，不事雕琢地描绘出远山、近水，还有那些影影绰绰的小桥、树木、花草、人物、飞鸟，画面空灵悠远，给人以无限遐想。在模仿中国青花瓷的同时，伊万里青花瓷也融进了日本陶工的创意。

江户中期以后，"伊万里烧"色彩更加华丽，成为日本瓷器的代表作，并且成为向欧洲出口的大宗产品，在欧洲市场上颇受欢迎。甚至一度出现了中国窑口仿制"伊万里烧"的情景。

17世纪晚期的伊万里青花除大量出口外，还供国内的宫廷和王公贵胄所用，纹饰多以江户等地的版画为样本，但青花色调似受康熙青花的影响，色调自深到浅呈丰富的渐变状态，与精心留出的空白成对比。"锅岛青花"和"蓝九谷"是最具日本民族风格的日本青花瓷。蓝九谷与初期的伊万里相比，瓷色更白，器形精巧，绘工精致。锅岛青花瓷作为佐贺藩主的御用器，选用有田泉山最优良的瓷土为原料，由手艺最高的技工精制而成，品种有白地青花、青瓷青花、青地白花等。此外，还有"萨摩烧""萩烧"等，也是当时比较著名的日本瓷器。

三　瓷器与制瓷技术在波斯阿拉伯的传播

在古代中国与波斯的贸易关系中，瓷器历来是主要货品之一。沿海陆两路通达顺畅的商道,伴随着浩瀚大漠中来往商队的驼铃声声和茫茫大海中来往商船的风帆远影,中国瓷器源源不断地运到波斯。直至今日,那些联结东方和西方的沙漠绿洲上的古老城镇和那些接受海运物资的波斯湾沿岸旧港口,仍有很多古代的遗址,在这些遗址中发现了许多中国古瓷。

运到西亚地区的瓷器,除了通过海路运输外,还有一部分是通过传统的丝绸之路运输的。瓷器易碎,陆上运输极易颠簸破损,且体积大,运输量有限。所以中国瓷器的输出多以海路为主。

唐代是中国瓷器发展成熟并开始外销的时期。唐代以及以后历代来到中国的波斯人、阿拉伯人一定见过瓷器这种精美绝伦的器皿。例如9世纪到过中国的阿拉伯商人苏莱曼在《中国印度见闻录》中,就把薄似玻璃的陶瓷作为中国的一大特产介绍给读者。他说:

> 他们(中国人)有精美的陶器,其中陶碗晶莹得如同玻璃杯一样:尽管是陶碗,但隔着碗可以看得见碗里的水。[1]

法国汉学家伯希和(Paul Pelliot)认为,苏莱曼这一简短的叙述是"西方关于瓷器的头一次描述"。另外,波斯作家塔利比在关于珍宝的著作中也介绍了中国瓷器。他说:

> 有名的中国瓷器是些透明的器皿,能制煮食物的罐、煎食物的锅,也能做盛食物的碗,以杏色的为上,胎薄、色净、音脆,奶白色的次之。[2]

塔利比所说的杏色瓷器,大概是指唐代著名的外销瓷——长沙铜官窑的产品。

伊斯兰学者贝鲁尼讲述了一个与中国瓷器有关的故事,他说:在赖伊时,

---

[1] 穆根来等译:《中国印度见闻录》,中华书局1983年版,第15页。
[2] 沈福伟:《中西文化交流史》(第2版),上海人民出版社2006年版,第187页。

伊斯兰工笔画所绘中国瓷器运输过程 土耳其托普卡帕宫博物馆藏

他遇到了一位从事商业的朋友，他曾宴请贝鲁尼。在商人的家里，贝鲁尼看到了房间里有碗、碟、瓶、盘、壶、饮具、浇罐、盆、灰碗、香炉、灯、灯架和其他一些器物。每种不止一件，且所有的器物都是中国制造的瓷器。他于是感慨地说："我很惊奇他对如此众多的奢饰品的渴望。"

中国瓷器源源不断地流向波斯，波斯人民也很喜爱和珍视这些来自中国的珍品。伊朗人至今仍把瓷器称为"秦尼"（Chī nī，意为中国的或中国生产的）。由于中国瓷器的传入，也推动了陶瓷业在波斯的兴起和发展。中国瓷器输入波斯不久，波斯就开始模仿中国瓷器的样式和花纹。波斯人吸取了中国陶瓷的特点，结合波斯的具体情况加以发展，烧制出为波斯人民喜爱的有自己民族风格特色的陶瓷器。

从8世纪起，受中国唐三彩技术的影响，波斯烧出了带有伊斯兰色彩的铅釉陶，被称为"波斯三彩"。波斯三彩有捺纹彩釉陶和彩釉陶两种装饰手法。

捻纹陶是在器壁上以细小的点线构成复杂纹样，然后再作彩釉敷饰。彩釉陶是先刷一层白色陶衣，再施以绿、黄、紫褐三色釉，釉彩透明，在烧制中互相交融，自然天成。在9至10世纪，伊朗高原东部的呼罗珊一带是伊斯兰陶器工艺的另一个中心。三彩釉陶和两河流域的产品在装饰风格上基本一致，另一种白底绿黄斑的彩陶器具有自己的特色。10至11世纪，伊朗的阿莫尔生产刻纹彩釉陶，在白色胎上刻以各种细纹装饰，有花瓣纹、缠枝纹和几何纹，线条流畅圆柔，再涂以绿、褐等釉彩，呈现瑰丽而潇洒的风格。此时的阿克孔多的陶器，则形成了一种以褐色、绿色和黄色为主的三彩装饰的风格。

11世纪的波斯学者欧麦尔·海亚姆（Umar-I-Khaiyam）曾在一首诗中写到波斯的制陶业和所生产的陶器：

> 昨晚我走过一家陶罐作坊，
> 巧手上的陶土时时改变模样，
> 我发现——粗心人是不留意的，
> 父辈的尸土就在每个陶工手上。
> 这陶罐也像我们，曾经是不幸的恋人，
> 他也曾深深陷入发卷编织的情网，
> 你看那陶罐上的把手，
> 那手呵，也曾勾在情人的颈上。[1]

但当时波斯仿制的陶器，无论在技术上还是在工艺上都与中国瓷器均存在较大差距。当时的波斯人对中国瓷器的生产原料和制作工艺并不十分了解，只是道听途说的一些传闻，并未完全掌握瓷器的生产技术和工艺。但是，不可否认的是，中国瓷器的大量传入，对于发展波斯的制陶业起到巨大的推动

---

[1] 马文宽：《伊朗塞尔柱伊斯兰陶器及与中国瓷器的关系》，《故宫学刊》2005年总第2辑，第140页。

波斯蓝彩束颈瓶 14-15 世纪

作用。

到了元代，中国瓷器更大量地输入波斯，又给当地的陶瓷制造业以新的启发和刺激。当时波斯的画家多有模仿中国的作品，喜欢采用中国的龙、凤、麒麟等纹饰。

中国瓷器也很早就传到了阿拉伯地区。著名的波斯历史学家贝哈基在1059年写成的一部著作中提到早期中国瓷器运往巴格达的情景：在哈里发哈仑·拉希德在位时，"呼罗珊总督阿里·伊本·伊萨向哈里发哈伦·拉希德进献过20件精美的中国御用瓷器，以及数达2000件的中国民用陶瓷。这在哈里发宫廷中从未见过。"呼罗珊地区位于伊朗东北部。这条史料证实，在公元8至9世纪之交，已有相当数量的中国瓷器经呼罗珊流入巴格达。

9世纪以后的阿拉伯文献中已有关于输入中国瓷器的记载。阿拉伯古典地理学家伊本·胡尔达兹比赫在《道里邦国志》中历数中国沿海著名港口，在出口货物中提到瓷器等。

阿拉伯学者扎希兹在《商务的观察之书》中提到一份换货的协议，其中一款是从中国贩运来的"多彩瓷器"。瓷器成了中国出口货物中不可缺少的项目。10世纪上半叶，忽鲁谟斯的拥有多艘海船的船主沙赫里雅尔在《印度珍闻录》中记载了一件轶事：一位资金很少的犹太商人约在883年或884年前往东方，912年至913年回到阿曼城（此当指苏哈尔城），带回了100万迪纳尔的金钱、丝绸和大量瓷器，已成巨富。他献给阿曼统治者"一只颈口闪闪发出金光的黑瓷瓶"。这是一件精制的青瓷瓶，产地应属越窑。在占有红海东岸哈里、亚丁、席赫尔、阿伯阳、米尔巴特等地的伊本·齐亚德977年的财政收入报告中，除上百万货币外，还有大批麝香、樟脑、龙涎香和中国瓷器。中国瓷器在波斯湾、阿拉伯半岛已经成为畅销货。1001年巴格达哈里发一次赠给当地一位官员的礼物中，就有300件中国瓷器。

中国瓷器在阿拉伯是极受珍视的贵重物品，阿拉伯人多以珍藏中国瓷器为荣。阿拉伯学者塔努基提到：哈里发西瓦格在位时，用 30 件中国瓷坛盛装麝猫香，香气历久不绝。其中最大的一只广口瓷坛特别沉重，须由数名奴仆使用扁担、筐架抬运。阿拉伯大文学家伊斯发哈尼在著名的《乐府诗集》中有诗篇记述，哈里发穆泰瓦基勒在位时期，一位诗人的好多件瓷器被一头为了欢度宰牲节（古尔邦节）而育肥的公羊所撞碎，这位诗人十分惋惜，他特别痛惜其中一支灯盏，称之为"一个中国的瓷盏，富于想象力的画工在上面绘画了图形纹样"。

据文献记载，巴格达的统治者哈伦·拉希德和法蒂玛王朝哈里发穆斯坦希尔都收藏有大量中国瓷器。

在伊拉克的考古发掘显示，早在公元 820 年以前，就有大量中国陶瓷运抵波斯湾。在今伊拉克境内，从南到北的各处古代遗址均出土了大量唐宋古瓷。在叙利亚的哈马遗址，也发现了部分中国古瓷。在阿拉伯半岛各地也有中国古瓷的发现。

阿拉伯国家的陶瓷工艺，在世界陶瓷艺术史上占有重要的地位。阿拉伯人很早就掌握了陶瓷上彩上釉的技术，后来又将波斯人烧制五色琉璃的技巧加以调整和优化，发明了彩瓷加工法，取代了传统的镶嵌细工。上述工艺对中国的制瓷技术产生了较大影响，促进了明代瓷器工艺艺术的大发展。

青花是我国传统的颜色釉，它是用氧化钴作着色剂，在坯体上描绘各种花纹，然后施透明釉，经高温（1300℃左右）在还原气焰中一次烧成的。我国早在唐代就已经开始了青花瓷器的制作，但还属于原始阶段。到了元代，青花瓷器的制作有了突飞猛进的发展，无论在造型、画面装饰还是工艺制作方面都日渐成熟。明代开始引进了伊斯兰"苏麻离青""回青""霁红料"等色料，特别是"苏麻离青"的使用使这一时期的青花瓷色泽浓重明艳。"苏麻离青"是来自伊拉克萨马拉的钴蓝料。明代永乐年间，郑和从伊斯兰地区带回一批"苏麻离青"料后，随后便开始大量进口这种颜料。

另一方面，中国的外销瓷大量输往阿拉伯地区，得到了当地王公贵族以及一般平民百姓的喜爱，他们对中国瓷器的偏爱和需要，又形成了外销瓷器的大市场。而这一地区大批的陶瓷订货，使具有典型伊斯兰文化色彩的阿拉伯、波斯陶瓷式样、纹饰及风格，引入了中国瓷器的制造工艺，使青花瓷器的造型发生了较大变化。

四　瓷器在欧洲的风行

《马可·波罗游记》是最早向欧洲介绍瓷器的书籍。马可·波罗在游记中说，泉州城附近有个生产瓷器的"迪云州"（Tiungay）即德化。这个城市"制造碗及瓷器，数量多，且美观性强。除此港外，他港皆不制此物，购价甚贱"。他还描述了制造瓷器的方法，这也是欧洲人关于中国瓷器制作方法的最早的记载。据说马可·波罗回国时还曾将在中国购买的瓷器带回威尼斯。

不过，直到15世纪，瓷器在欧洲还是极其稀有的珍品。通常是从东方统治者手中获得的外交礼物，或者在极少见的情况下由旅行者从东方带回。

瓷器初入欧洲时，人们把它看得十分神秘，并产生了许多神话般的传说。在中世纪，中国瓷器被认为可以保护人免受毒药的侵害，认为青瓷器碰到毒药马上会变黑，可以防毒。有人认为瓷器有一种魔力，用它吃饭喝水，可以使身体强壮。文学家的这种富有浪漫色彩的幻想，更增加了人们对瓷器的神秘感。

16世纪初，葡萄牙人开启了中国瓷器大量销往欧洲的道路。达·伽马（Vasco da Gama）回国时，将带回来的东方物产以及一些瓷器献给了葡萄牙国王曼努埃尔一世。这一时期，瓷器在中葡贸易中占有极其重要的地位，同时也是欧洲社会最珍贵的礼物。葡萄牙率先开始与中国进行瓷器贸易，将精美的中国瓷器运销欧洲后，迅速在欧洲各国掀起了追求中国瓷器的热潮。欧

乔凡尼·贝利尼和提香《诸神之宴》 美国华盛顿国家美术馆藏 位于画面后排中心位置的女神和男神手上和头上的是中国明代样式的瓷器

洲人狂热地赞美中国瓷器,将购买、搜集中国瓷器视为"寻求黄金"。西班牙、荷兰、法国、英国、丹麦等国纷纷建立东方贸易公司,派出大型商船,来中国发展瓷器贸易。

随后的3个世纪中,中国瓷器销售到欧洲的数量达到3亿件之多,此外,还有巨量的瓷器销往东亚及东南亚各地。300年间,中国瓷器每年外销欧亚高达300万件。

在欧洲人大量采购中国瓷器的过程中,也对瓷器的购买提出了更为细致的要求，他们希望瓷器的造型、纹饰风格和内容能够按照自己的意愿去设计。他们将欧洲流行的器皿造型、纹样介绍过来，以使景德镇生产的日用陶瓷更符合欧洲人的审美习惯和要求。后来，部分艺术家、画家直接参与瓷器的图样设计，委托东印度公司到中国定做。针对欧洲市场，景德镇的陶工们制作了一批图案性、装饰性强的青花瓷器，除了传统的花鸟、瑞兽及人物等纹饰图案外，还常见有西方国家的族徽、外国文字、罗盘、经书、喷水图及西洋风景画，边饰开光或镂雕，内绘枝花或硕果。造型有深壁花口大碗、壶、折沿花口盘等。瓷器制作得非常精细，胎体薄而讲究，令欧洲人非常喜欢。这种按照西洋风格装饰的瓷器被称为"克拉克瓷"。

从乾隆时期开始，为了适应外销需要，国内出现了洋彩瓷器，即在瓷器装饰方面仿照西洋画法。蓝浦在《景德镇陶录》中说："洋器，专售外洋者，有滑洋器、泥洋器之分。商有粤东人，贩去与鬼子互市，式样奇巧，岁无定样。""式样奇巧"，说的是外销瓷的款式奇特；"岁无定样"则说明外商在每年进货时都会提出一些新的要求。欧洲人对瓷器的要求是既要保留一定的中国特色，又要适应西方人的审美习惯。中国陶工们也以该标准为依据生产外销瓷。

为了适应大规模外销的需要，往往是将在景德镇烧好的素净瓷器运往广州，在广州由熟练工人在订货商的指导下，准确地绘制欧洲订货人所需要的纹饰。在外销瓷大规模发展时，在外销瓷的主要港口——广州，发展起来一个瓷器艺术的新品种，即"广彩"。

瓷器传到欧洲后，引起了人们狂热的追捧，特别是在宫廷王室贵族社会中，出现了一大批瓷器爱好者。作为非西方文化的艺术品，中国古陶瓷在世界上获得的广泛认同和青睐独一无二，它的价值和品味已经可以比肩于西方任一类别的艺术品，甚至是西方历史上那些声名显赫的艺术大师的作品。特别是在17至18世纪，收藏和展示东方瓷器，成为欧洲王室和贵族奢华生活的重要形式之一。

葡萄牙国王曼努埃尔一世（Manoel I）是一位东方文物的狂热爱好者。1512年，他送给里斯本的哲罗姆修道院12件瓷器和一套20件的瓷器。次年，他又送给他的妻子一套瓷器，他的母亲同样拥有一些瓷器。对于葡萄牙统治者而言，瓷器无疑是一种深受喜爱且非常稀有的礼物。1610年成书的《葡萄牙国王记述》中对中国瓷器充满赞美之言："这种瓷瓶是人们所发明最美丽的事物，看起来要比所有的金、银或水晶瓶都更为可爱。"

在葡萄牙的桑托斯宫（Santos Palace）有一个"瓷器屋顶"，天花板上覆盖着260余件青花瓷盘，大多是16至17世纪的克拉克瓷。桑托斯宫从1501年起便是葡萄牙国王曼纽埃尔一世的住所，1589年以后属于兰卡斯特雷（Lancastre）家族所有。这个青花瓷装饰的天花板是17世纪后25年建造的，上面的瓷器曾是国王曼纽埃尔一世的收藏。在里斯本的阿纳斯塔西奥·贡萨尔维斯博物馆，收藏有379件主要是16至17世纪的中国青花瓷。

西班牙国王卡洛斯一世（Carlos I）曾通过有关从事东方贸易的商人向中国订购了印有王族徽记和花押字的瓷器，纹章瓷由此在欧洲盛行起来。西班牙国王菲利普二世（Philip of Spain）是16世纪欧洲最著名的艺术赞助人，他收藏有1500幅画，无数手稿、版画、锦帷、钟表、珠宝以及各种奇珍异兽标本。菲利普二世去世时，已拥有全欧洲最多的中国瓷器。据一份1598年的清单显示，总数共达3000件瓷器，多数为餐具，包括上菜盘、水酒瓶、酱汁碗、大口罐等。

在比利时的安特卫普，由于和葡萄牙的贸易联系，瓷器也十分流行。著名画家阿尔布雷希特·丢勒（Albrecht Durer）在1520—1521年曾居住在安特卫普，他的朋友、葡萄牙代理商若奥·布兰道（Joao Brandao）送给他3件瓷器。布拉班特省和安特卫普的财务总管洛仑兹·斯特尔克（Lorenz Sterck）也赠给他"一个象牙哨和一件非常美丽的瓷器"。丢勒显然受到中国明代青花瓷的影响，这种影响在他的画作中可见一斑。

第一次对陶瓷的准确描绘，可以在一幅巨大的由乔万尼·贝利尼（Giovanni Bellini）创作的作品中看到，那就是他的《诸神的盛宴》，该作品创作于1514年，画面中有两个青花碗和一个带有镀银托架的盘子。碗是明代15世纪晚期和16世纪早期最典型的器物。在碗外侧的双层口沿之间，是由六朵莲花组成的饰带，内部有由五朵牡丹在一个起伏的花茎上组成的图案，边上是较小的繁盛的花和叶子。这种碗被广泛出口到东南亚和中东地区，并被葡萄牙人带到欧洲。据考证，画中瓷器的实物可能是属于1498—1508年曼努克·苏尔坦家族（the Mamluke Sultans）的外交礼品。画家是应痴迷中国瓷器的阿方索一世公爵（Duke Alfonso I d'Este）请求而创作的。16世纪的许多欧洲画家，都喜欢在自己的作品的背景中画几件中国瓷器，有的画家还在作品中写上几个汉字。

德国的德累斯顿茨温格尔宫是欧洲最大的瓷器艺术博物馆，其前身是奥古斯都大力王收藏的茨温格尔宫瓷器走廊。费里德里希·奥古斯都二世（Friedrich August I）是罗马帝国萨克森选帝侯，也称"奥古斯都大力王"，于1697年担任波兰国王。1715年前后，奥古斯都开始系统收藏中国瓷器。1717年，他得知北部普鲁士摄政王威尔·汉姆一世收藏了一批体量巨大的中国青花瓷。为了获得这批青花瓷，奥古斯都决定用波兰·萨克森部队的一个兵团（约600名龙骑兵）来换取威尔·汉姆一世的151件大型青花瓷。这批瓷器后来被称为"近卫花瓷"或"龙骑兵瓷"，也有人称之为"萨克森国王的血罐"。同年，他还将自己的波兰行宫改造成为"瓷器宫殿"，用来集中展示，中国、日本的瓷器和刚刚问世的德国迈森瓷器。1727年，奥古斯都又在易北河畔建造"日本宫"，并将他的部分瓷器精品转至此处，用于装饰富丽堂皇的"瓷器塔"。在奥古斯都收藏的顶峰时期，茨温格尔宫共有东方瓷器24100件，其中中国瓷器约17000件，日本瓷器和朝鲜瓷器7100件。

德国德累斯顿茨温格尔宫的迈森瓷器走廊

对于中国瓷器的爱好和收藏不仅是在上层社会的皇室和贵族之间流行，这种风气也流传到了民间。英国作家斯威夫特（Johathan Swift）说，他有段时间爱上了瓷器，简直像是疯了。英国诗人盖伊（John Gay）在一首诗中提到一个爱好古瓷的夫人：

> 古瓷是她心中的爱好所在：
> 一个杯子、一只盘、一个碟子、一只碗，
> 能够促动她肠中的火焰，
> 给她欢乐，或叫她不得安闲。[1]

---

[1] 范存忠：《中国文化在启蒙时期的英国》，上海外语教育出版社1991年版，第79页。

在17世纪，中瓷器被视为一种新奇的珍玩，只有少数大宫廷，才有比较大量的瓷器陈列。但到接近18世纪时，亦或是由于瓷器大量地供给，亦或是由于个人趣味的要求，瓷器逐渐成为普通的家庭用品，特别是在热饮（包括饮茶）成为社会流行风尚后，精美绝伦的各种瓷器，深入社会的不同阶层，走进人们的日常生活，为欧洲人的日常生活创造了便利条件。

法国学者丹尼尔·罗什（Daniel Roche）在其著作《启蒙运动中的法国》中，讲到当时大量进口中国瓷器对法国社会各阶层审美心理和社会心态的影响。他指出：

> 这就是一种给人以安全感的奢饰品，一种可以抵御命运打击的储备和家庭能力的证明，一种护身符。瓷器将展现一种崭新的风格："是一种从小心谨慎和战战兢兢中清理出来的，一种克服了实用性暴政的、没有任何杂念的奢华。"社会也会感觉到，就是其自身的主人也可以陶醉于日新月异的变革所带来的乐趣中。这就是瓷器首先进入了地位稳固、知识渊博的家庭的原因。然而新兴富人和小资产阶级继续拷问银器的优越之处。老的社会阶层已经拥有了银器，期待从瓷器中获得其他东西，诸如猎奇思想、美学兴趣，寻找新的舒适生活的情趣、对讲究生活的追求。"无论是瓷质的勺子还是盐瓶，瓷器都是悠悠耐心和好奇的标志与见证，它见证了资产阶级缓慢的、连续性的发展，瓷器餐具以一种突然的方式反映了更加迅速的事件的爆发和对新感觉的寻找。本身脆弱性所包含的完美性元素定义了18世纪某种短暂思想中的永恒。"来自遥远国度、具有易脆性，这种双重特点使得瓷器在启蒙运动社会里确认了一种对世界的拥有，无论是从社会关系还是从地缘上都可以扩大它的影响。[1]

---

[1] [法]丹尼尔·罗什著，杨亚平等译：《启蒙运动中的法国》，华东师范大学出版社2011年版，第590页。

丹尼尔·罗什还提到，在当时的法国，瓷器已经深入人们的日常生活，成为人们日常生活中不可缺少的组成部分。他说："瓷器市场的发展与其他市场因素相关，但要根据顾客喜好的变化做调整。"虽然进口数量从摄政时期到路易十六统治时期保持不变，但是产品种类却减少了（茶杯、碟子、罐子、碗、高脚杯和茶壶）。瓷器就这样与个人生活融为一体，该迹象也有一定的美学和商业意义。从产品种类的减少可以看到更大范围的普及，甚至是社会性的约定俗成。[1]

瓷器在日常生活领域的广泛影响，不仅仅改变了人们的餐具、茶具等日常使用品，还作为居室的陈设、装饰，装点了人们的生活环境。瓷器成为富贵人家的必需品，尤其是饮茶时，非此不足以表示其为时髦人物。瓷器流行之所以遍及全欧，不仅在于进餐使用，也因为当时刮起了另一股新的消费时尚风，瓷器恰逢气盛，被纳为其中一大要素，这股时尚风亦即室内布置的兴起，以设置"瓷器室"（Porcelain room）、陈列中国瓷器为时尚，该新趋势主要是因精英阶级建构了大量的宽敞宅邸而生。

到18世纪初，这种以瓷器装饰房间的风尚，从上层社会传到了民间，很多普通家庭也将中国瓷器作为重要的家庭居室的陈设。18世纪英国经济学家亚当·斯密（Adam Smith）就曾提到，他在爱丁堡和巴黎的人家中看到大量白色的中国瓷器。瑞典人甚至反凭自己的想象就在家中布置了一个"中国厨房"，厨房的墙壁和餐桌均用中国瓷器装饰，他们称之为"瓷器厨房"。

瓷器被认为是来自中国的礼品，它引起了人们强烈的热情。18世纪法国有一首诗写道：

　　去找那种瓷器吧，

---

[1] [法]丹尼尔·罗什著，杨亚平等译：《启蒙运动中的法国》，华东师范大学出版社2011年版，第589页。

它那美丽在吸引我,在引诱我了。

它来自一个新的世界,

我们不可能看到更美的东西了。

它是多么迷人,多么精美!

它是中国的产品。[1]

  出口到欧洲的瓷器,包括专门为向西方出口而生产的广彩瓷器,由于其丰富的装饰和绘画,深受欧洲人欢迎,出口量最大,并且对欧洲人的审美观念和艺术风格产生了重大影响,从而对近代欧洲艺术的洛柯柯风格起到了刺激、启发和推动的作用。明清时代的外销瓷大部分是以中国传统纹样装饰,装饰的主题、题材和形式均采用中国传统模式,以传统人物、山水、鸟兽、花草、典故、传说、乡俗、物产等为主题,内容十分丰富,体现了中国传统瓷绘装饰艺术的特色和中国文化中深厚的人文精神,基本呈现了一部有关中国的百科全书。在照相技法尚未问世的18世纪,西方国家对中国形象的了解,是通过写实的绘画作品,而瓷器则是其中更为主要的信息来源。众多充满异国情调的东方图画,让欧洲人领会了另外一种审美情趣,一时间成为追捧的对象,以至于在欧洲形成了持续一个多世纪的"中国风"和"洛可可艺术风格"。

五 制瓷工艺技术在欧洲的传播

  中国瓷器在欧洲的销量不断增长中国的制瓷工艺技术也传播到欧洲各国,从而刺激和推动了欧洲仿效中国建立自己的制瓷业。

  从名称的角度来看,"瓷器"在古代法语中"pou rcelaine"和"porcelaine"含义不同,不仅指中国瓷器,也指贝壳。同名异义的原因可能是因为白色陶

---

[1] [英]赫德逊著,李申、王遵仲译:《欧洲与中国》,中华书局1995年版,第259页。

瓷闪光的表面使欧洲人想起了贝壳（cypraea），认为这些瓷器一定是用贝壳制作而成。这种制作技术在当时的欧洲还鲜为人知。在《论世界的知识》中重新提及马可·波罗的看法，其中写道"泥土在制成容器前要放40年，以使其成熟。父亲准备泥土而由儿子来完成，并制作出各种容器"。文章中还提到：如果瓷器破了，"它需要用山羊奶煮沸泥土来修理"。葡萄牙人杜瓦特·巴博萨（Duarte Barbosa）曾长期生活在印度，他对亚洲包括对中国的了解远远超出同时代的欧洲人，但他在1516年完成的《东方纪事》手稿中记载说到瓷器的制作：中国人在这块土地上生产大批的瓷器，瓷器在世界各地都是大商品。制作瓷器要把海螺和鸡蛋壳磨成粉末，加蛋清及其他原料揉成一团，放在地下藏一段时间。这种泥团被视为遗产和财富，因为到时间后就会出现形态各异的普通或精美的瓷器。瓷器胎做好后再上釉、绘画。[1]英国哲学家培根（Francis Bacon）在《新工具》中也认为：天然物质若埋入土中可改变其性质，并特别引用中国人的"瓷土做法，就是为了实现该目标。据说他们将这类物质大量埋入地下，时间长达四五十年，当作一种人造矿藏传供子孙之用"。可见，此时的欧洲人对瓷器制造的了解并不深入。

17世纪时，随着传教士进入中国内地，对于瓷器的制作也建立了较为深入细致的认知。18世纪初的法国传教士殷宏绪，在中国制瓷技术向西方传播中发挥了重要作用。殷宏绪本名叫恩脱雷克利斯（Pere Francois Zavier D. Entrecolles），是法国耶稣会派来中国的传教士。殷宏绪在江西设立了一座教堂，于1699—1719年间，一直在此传教。在此期间，他曾多次在景德镇了解瓷器生产情况。1712年，他写信给耶稣会中国和印度传教会巡阅使奥里（Orry），报告有关景德镇和瓷器生产的情况。他说自己"有机会了解这种备受推崇并被运往世界各地的华丽的瓷器在此地的生产工艺"。他除了到窑厂现场观察外，

---

[1] 澳门《文化杂志》编：《16和17世纪伊比利亚文学视野里的中国景观》，大象出版社2003年版，第14页。

还听取当地许多教友的介绍,其中有从事瓷器生产的,也有做瓷器生意的人。此外,他还阅读了很多有关瓷器的中国古代文献。所以,他说:"我认为对这门技艺有了全方位的相当准确的了解,从而使我比较有把握来谈论它。"[1]

殷宏绪的报告书简《中国陶瓷见闻录》,刊登在该会出版的《耶稣会传教士写作的珍贵书简集》第12期上。他首先介绍了自己对景德镇的印象,而后详细介绍了瓷器的生产工艺概况,他表示:"我仅向您介绍它的配料,它的准备工作,它的品种及各自的制作方法,给瓷器带来光泽的釉及瓷器的质地,装饰瓷器的色彩及上色工艺,它的烧烤及温控措施等。"[2]

殷宏绪在他的《见闻录》中,生动、具体地介绍了景德镇有关人口、城镇、物价、地理、治安等情况以及胎土、釉料、成形、彩绘、色料、匣钵制造、装器入窑、烧成等瓷器生产制作情况,使欧洲人第一次读到有关神秘的景德镇及其瓷器制作技术的真实的第一手材料。关于制造瓷器的重要原料高岭土的知识,也是由殷宏绪首次介绍到欧洲。

殷宏绪的《见闻录》发表后,在欧洲引起巨大的反响,同时,欧洲的瓷器制造商和匠师们纷纷托人来询问更详细的技术细节。当时,法国、荷兰、意大利、英国等国有很多仿造中国瓷器的陶瓷工场,很多工场在生产中都遇到了一系列技术上需要攻克的难点。1720年,殷宏绪从江西升调到北京。为了回答欧洲制瓷业人士提出的问题,他于1721年底再度来到景德镇,对当地的瓷业生产情况作了一个多月的调研工作。在深入调查的基础上,写成了《中国陶瓷见闻录补遗》,更加细致地介绍了景德镇制瓷技法。这篇报告刊登在《耶稣会传教士写作的珍贵书简集》第16期上。殷宏绪的这两篇关于中国瓷器生产技术的考察报告,对当时欧洲正在蓬勃发展的陶瓷工场而言,是极为宝贵

---

[1] [法]杜赫德编,吕一民译:《耶稣会士中国书简集——中国回忆录》第2卷,大象出版社2001年版,第87页。

[2] [法]杜赫德编,吕一民译:《耶稣会士中国书简集——中国回忆录》第2卷,大象出版社2001年版,第91页。

18 世纪英国生产的瓷器八方盘

的技术资料。

殷宏绪关于景德镇的书简,又称《饶州书简》,为西方世界首度提供了瓷器及制瓷技术和生产的既正确又全面的报导。

欧洲最早开始试图揭开瓷器制造的奥秘,并进行制瓷试验的国家是意大利。据说早在 1470 年,威尼斯人安东尼奥(Antoin di San Simeone)就用波隆那(Bologna)的粘土制出了一批类似瓷器的物品。16 世纪初,另一位威尼斯人伦纳德·佩灵格(Leonardo Peringer)试图用制造玻璃的方法来制作瓷器。但是,上述试验只是仿制瓷器。佛罗伦萨在马里奥·德·美第奇(Fracesco

Mario de Mwdici)大公爵统治时代（1574—1584年），创建了一家陶器工场，试行仿造中国硬胎瓷器，并生产了欧洲制成的第一批原始瓷器，这是一种有玻璃质感的石胎瓷器，被称为"美第奇"瓷。

葡萄牙是最早大规模进口中国瓷器的国家，仿制中国瓷器的时间也较早。在16世纪末，葡萄牙已经仿制出一种彩陶器。1619年，在里斯本已经建立了仿制中国风格的瓷器工场，同时产品数量也可充分满足国内外市场需求。

1584年，荷兰的陶器匠师们通过东印度公司，直接从中国采购白色釉料和青花颜料来仿造中国青花瓷器，并获得成功。在17世纪，德尔费特借鉴佛罗伦萨的有色陶器制法，以生产专门模仿中国青花瓷器的白釉蓝彩陶器而闻名。中国瓷器的纹样，如龙、凤、麒麟、虎、蝴蝶、蝙蝠等动物纹样，梅兰竹菊、荷花池塘、岁寒三友、牡丹、芭蕉等植物纹样，山水园林、风俗故事、仕女婴戏、刀马人物等风景人物纹样，以及云纹、水波纹等，都出现在德尔费特的釉陶产品上。德尔费特生产的瓷器远销欧洲，受到热烈欢迎。当时，欧洲人将这种白釉蓝彩陶器直接称为"德尔费特"（Delft），一直沿袭至今。

在欧洲瓷器发展的历史上，德国的波特格尔（Johann Friedrich Bottger）是一位十分重要的人物，他在制瓷技术方面取得了决定性的成功。1707年，波特格尔来到萨克森，受到萨克森选帝侯奥古斯都二世的支持，开始试制瓷器。1708年，波特格尔制造出一种红色的瓷器，1709年烧制出无釉的硬质瓷器和有釉的瓷器，成为欧洲硬瓷生产的开端。对此，奥古斯都二世十分兴奋，他在德累斯顿的每个教堂的门上都贴出了告示，自豪地宣称萨克森艺术家已经能够制造真正的瓷器了。"让我们相信，我们已经掌握了白瓷器以及红色炻石的秘密，我们将超越东印度（中国）的瓷器，无论在艺术上、质量上还是造型的变化上。"[1]1710年，皇室在迈森建立了一所瓷厂，任命波特格尔为瓷厂的"管理人"，负责出产彩瓷。1713年，迈森瓷场烧制出的高品质白

---

[1] 袁宣萍:《17至18世纪欧洲的中国风设计》，文物出版社2006年版，第92页。

瓷，再一次轰动欧洲。此时，"中国瓷器不仅在装饰方面，而且在造型方面，依然是欧洲的典范，像我们从迈森瓷所看到那样，它的模特儿就来自中国。"[1]

1714年，第一批迈森的瓷器在莱比锡博览会上展出，自此名声大噪，生意兴隆，瓷器业不久就成为萨克森最重要的工业部门。到1733年，迈森的瓷器工场已经拥有700名员工。

波特格尔参与创办的迈森瓷厂在发展欧洲的陶瓷工艺中起了重要的作用，而且至今它仍然是世界上最著名的瓷厂之一。

---

[1] [英]简·迪维斯著，熊寥译：《欧洲瓷器史》，浙江美术学院出版社1991年版，第37页。

第四章 东方茶韵

一 茶文化在朝鲜的传播

茶叶是世界三大无醇饮料中饮用价值最高、最普遍的天然饮料,现在全世界有50多个国家生产茶叶,100多个国家和地区进口茶叶,饮茶已经成为许多人日常生活的重要组成部分。溯本求源,各国的茶树种子、茶叶名称和有关茶的文化,都是直接或间接从中国传播而来。

中国是世界上最早发现茶树和利用茶树的国家,是世界茶文化的发祥地。早在3000多年前,中华民族的先民就已经发现了茶叶的特殊功能,随之开发和发展了植茶制茶的技术,并从南方陆续推广到全国各地,使饮茶成为中华民族具有普遍性的饮食习俗。与此同时,先民还开发了许多优秀的茶叶品种,进而形成了饮茶的一系列方法和规范,形成了一种特殊的茶文化。茶文化不仅是关于饮茶的习俗和礼俗,还和中华文化的其他要素有着密切的联系,是中国传统文化的重要组成部分。与中华文化的许多要素和成果相似,饮茶习俗和茶文化在中国普及不久,就陆续传播到国外,经历了东西方的璀璨之旅,惠及许多国家和地区的友人,为各国人民提供了美味的健康饮品和精致的茶文化。

中国的饮茶习俗和茶叶种植技术很早便传到朝鲜半岛。在吉安的高句丽古墓壁画中,有一幅《行茶图》,详细地描绘了当时的饮茶情形。由此可知当时在高句丽已有饮茶习俗,同时,饮茶也被作为招待客人的重要方式。在唐代，很多新罗的留学生和学问僧到中国学习，他们都有可能接触和了解中国人的饮茶习俗，并在回国时将茶和茶籽带回新罗。曾在大唐为官的新罗学者崔致远有书函称，其携中国茶及中药回归故里，每获新茶，必为文言其喜悦之情，以茶供禅客或遗羽客，或自饮以止渴，或以之忘忧。他的《谢新茶状》中详细描述了茶的产地景观、茶的制法及茶器的使用等内容，措辞优美典雅，如"绿乳、金鼎、香膏、玉瓯"等，还提到茶有解渴、提神等功效。

据《三国史记》记载，新罗兴德王三年（828年），新罗国遣唐使金大廉于唐土得茶籽，植于地理山。地理山即今庆尚南道的智异山，至今此处仍是韩国有名的茶园。金大廉当年所获得的茶籽的原产地是中国浙江天台山，栽种在朝鲜智异山双溪寺附近，后广为栽种，使得今全罗南道、全罗北道和庆尚南道交接的智异山成为韩国优质的名茶产区。

新罗的饮茶方法是采用唐代流行的饼茶煎饮法：茶叶碾成末后，在茶釜中煎煮，用勺盛到茶碗中饮用。崔致远在唐时，曾作《谢新茶状》，其中有："所宜烹绿乳于金鼎，泛香膏于玉瓯"的诗句，描写的便是煎茶法。崔致远为创建双溪寺的新罗国真鉴国师（755—850年）撰写的碑文中记："复以汉茗为供，以薪爨石釜，为屑煮之曰：'吾未识是味如何？惟濡腹尔！'守真忤俗，皆此之类也。"真鉴国师曾于804至830年在唐留学，"为屑煮之"乃将茶碾成粉末，用石釜煎茶。崔致远于唐僖宗时来唐，当时正值唐代煎茶法盛行，所以他回国后带回的正是唐朝的煎茶法。

新罗统一初期，开始引入中国的饮茶风俗，接受中国茶文化，但那时饮茶仅限于王室成员、贵族和僧侣，且用茶祭祀、礼佛。新罗统一后不久，中国茶文化全面输入，饮茶由上层社会、僧侣、文士向民间传播、发展，并开始种茶、制茶。

高丽王朝时期是朝鲜半岛茶文化和陶瓷文化的兴盛时期。这一时期的入华高丽僧人也把中国的茶文化带回高丽。元丰八年（1085年），高丽王族高

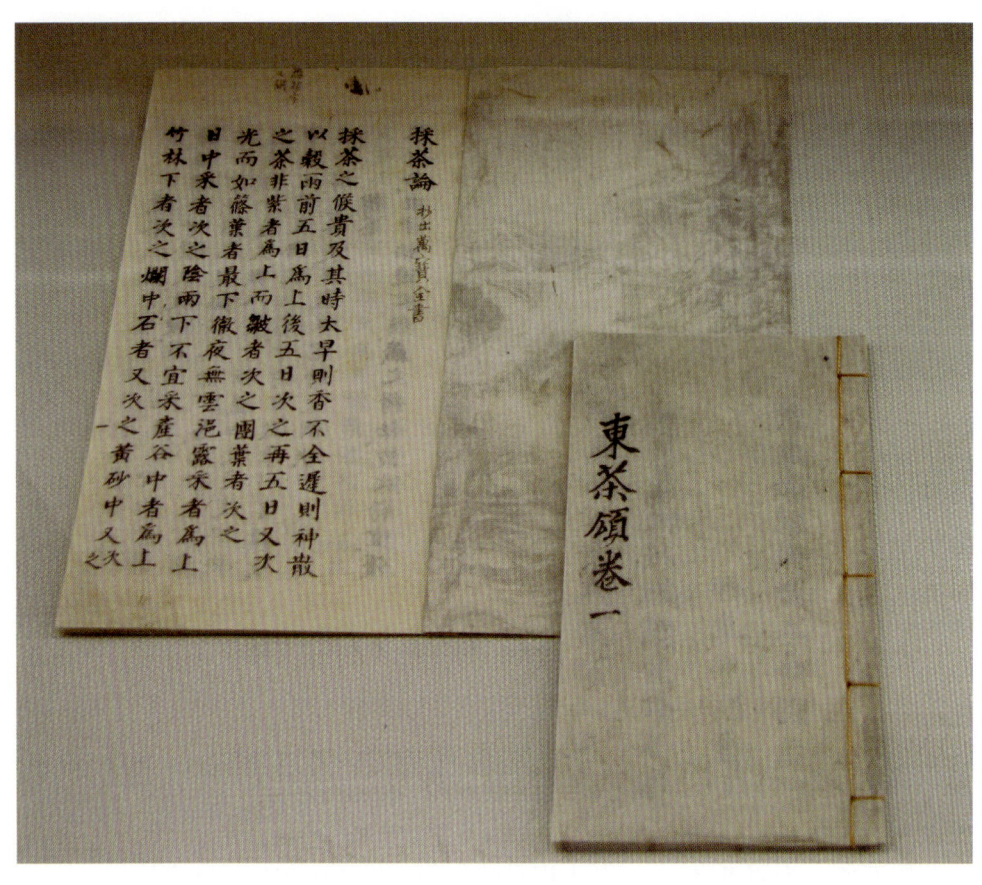

韩国有关茶的文献

　　僧义天自明州入宋，在华期间大量搜集经书，深受"茶禅一味"的影响，归国后成为高丽佛教天台宗与禅茶祖师。高丽的茶道——"茶礼"便于这一时期形成，并普及于王室、官员、僧道、百姓中，每年两大节日"燃灯会"和"八关会"必行茶礼。朝廷的其他各种仪式中也都行茶礼。

　　高丽以佛教为国教，佛教气氛隆盛。中国禅宗茶礼传入高丽后成为高丽佛教茶礼的主流。中国唐代怀海禅师制订的《百丈清规》、宋代的《禅苑清规》、元代的《敕修百丈清规》和《禅林备用清规》等陆续传到高丽后，高丽的僧人遂效仿中国禅门清规中的茶礼，建立了高丽的佛教茶礼。如流传至今的"八正禅茶礼",它以茶礼为中心,以茶艺为辅助形式。表演者席地而坐,讲究方位与朝向。僧侣们还会将茶礼用于自己的修行。流传至今的高丽"五行献茶礼",核心是祭祀"茶圣炎帝神农氏",规模宏大,参与人数众多,内涵丰富,是朝鲜茶礼的主要代表。

高丽末期,饮茶习俗盛行,各种官方和民间的礼仪活动均行茶礼,日常生活中也以饮茶为趣。高丽文人李奎报有《访严师》一首,其中说到饮茶:

> 我今访山家,饮酒本非意。
> 每来设饮筵,厚颜得无沘。
> 僧格所自高,为是茗饮耳。
> 好将蒙顶芽,煎却惠山水。
> 一瓯辄一话,渐入玄玄旨。
> 此乐信清淡,何必昏昏醉。

李朝时期,中国的茶道传入,并被茶礼所采用。朝鲜茶文化通过吸收、消化中国茶文化后,进入稳定发展时期,饮茶之风更为盛行,散茶壶泡法和撮泡法开始流行。始于新罗统一、兴于高丽时期的韩国茶礼,随着茶礼器具及技艺化的发展,茶礼的形式被固定下来,更趋完备。朝鲜朝晚期,在丁若镛、崔怡、金正喜、草衣大师等人的热心维持下,茶文化再度兴盛。

"草衣禅师"张意恂通过40年的茶生活,领悟了禅的玄妙和茶道的精神,著有《东茶颂》和《茶神传》,成为朝鲜茶道精神的总结者,被人们尊崇为朝鲜的"茶圣"。他在52岁时撰写的《东茶颂》,是朝鲜茶文化的一部里程碑式的经典之作,犹如陆羽的《茶经》和荣西的《吃茶养生记》,有着崇高的地位,被誉为"韩国的茶经"。《东茶颂》分为10段,开头引用《楚辞·九章·橘颂》来赞美茶的德行堪比橘之异于众木而嘉惠人间,接着讲茶的原产地、生态；第二段讲天仙、人、鬼都爱重茗饮；第三段讲述历史上的名茶和典故；第四段讲朝鲜茶不输中国茶。第五段讲朝鲜的甘泉水；第六段讲学茶的九大项目；第七段讲佳树种神山（智异山），再加上点茶三昧手，就会散发奇特的芳香；第八段讲制茶、泡茶喝饮茶的境界；第九段讲品茗环境；第十段讲好山、好水、好茶，要招待什么样的客人。

草衣禅师在《东茶颂》中热情地宣扬中国的茶文化，介绍了陆羽《茶经》中的许多内容，并加以阐述和发挥。他提倡"中正"的茶礼精神，茶人在凡事上不可过度也不可不及，劝人要有自知之明，不可过度虚荣，不可知识浅薄却到处炫耀自己，什么也没有却假装拥有很多。人的性情暴躁或偏激也不符合中正精神。所以中正精神应在一个人的人格形成中成为最重要的因素，从而从消极生活方式转变为积极生活方式，使悲观的生活态度变成乐观的生活态度。他认为，这种人才能称得上是"茶人"。他还在山里建造了一座草屋——一枝庵，专门用来招待客人喝茶品茗。后世，"一枝庵"成了朝鲜近代茶礼的发祥地，受到后世茶人的普遍景仰。后来朝鲜的茶礼归结为"清、敬、和、

草衣禅师像

乐"或"和、敬、俭、真"四个字。

二　茶道与日本文化

中国的饮茶之风是唐代传入日本的。此时，有许多日本的使臣、留学生和学问僧陆续来到中国，有的人在中国居留很长时间，与中国人朝夕相处，耳闻目染，接触到茶叶和饮茶习俗。特别是在寺院内，饮茶已经成为一种很普遍的活动。所以，在中国寺院留学的日本学问僧们在回国时，就将中国的茶叶和茶文化也带了回去。据《奥仪抄》记载，天平元年（729年）四月，圣武天皇曾"召集百僧于禁庭，使讲大般若经，赐茶"。圣武天皇召僧人在皇宫讲《大般若经》4天，期间两度喝茶，以示慰问，被称为"行茶"，很可能圣武天皇所赐的茶就是遣唐使所带来的礼品茶。又记载当时有高僧行基一生建寺院49所，并在各寺院中种植茶树。《东大寺要略》中说："圣武之朝，行基植茶。"这应该是日本种植茶树的最早记录。延历十三年（794年），桓武天皇迁都山城平安京，在皇宫主殿设置茶室。

对发展日本种茶和饮茶风俗有重大贡献的，是入唐学问僧永忠。永忠是775年随第15次遣唐使赴华留学的学问僧。777—805年，永忠在长安西明寺进修佛学和中国文化，时间长达近30年。回国后，永忠被任命为崇福寺和梵释寺的大僧都。弘仁六年（815年）四月，嵯峨天皇行幸近江国滋贺韩琦，在梵释寺停留，大僧都永忠亲自煎茶奉献。大概天皇饮用后很满意，两个月后便令畿内、近江、丹波、播磨等国植茶，每年进献。在当时的首都，一条、正亲町、猪熊和大宫的万一町等地也设有官营的茶园，种植茶树以供朝廷饮用。有些贵族还在自己的宅院中种植茶树。

浙江天台山地区是著名的茶叶产地。天台山的僧人以茶助修佛，茶事兴盛，茶与寺庙、茶与佛教深度融合，佛家茶礼及"以茶供佛"得到广泛的继承和弘扬。所以，自唐代起，天台山很多寺院兴起茶礼。而且，植茶、采茶、制茶、煮茶、点茶、观茶、品茶、供茶诸事都在寺僧中蔚然成风。入唐僧空海回国后带回天台山茶籽，献给嵯峨天皇。在空海回国后住持的第一个寺院——奈良宇陀郡的佛隆寺中，仍然保存着由空海带回的石碾及茶园的遗迹。与空海同时入唐的最澄到天台山学法的同时，也学会了植茶技术以及中国佛教的茶礼。他精通茶道，通晓茶禅真味和寺院供茶的种种仪轨。他在此后所创立的佛教寺院中积极推广唐朝寺院茶风。最澄回国后，把从天台山带回的茶籽播种在位于京都比睿山麓的日吉神社。此处便成为日本最古老的茶园之一。至今在京都还有一块"日吉茶园之碑"，其周围仍生长着一些茶树。碑文记载了最澄在天台山携回茶种辟园种植的历史，这也是中国茶种在国外传播的最早文献记载。

由于嵯峨天皇和朝廷的提倡，在当时的日本宫廷贵族和寺院中，饮茶成风，为一时时尚。"9世纪初，茶作为一种先进的精神文化的载体从中国传入日本，所以日本的上层人士起初就以特别珍重的态度来对待茶。"[1]此时的茶文化，是以嵯峨天皇、永忠、最澄、空海为主体，以弘仁年间（810-824年）为中心而展开的，这一时期也是日本古代茶文化的黄金时代，学术界称之为"弘仁茶风"。

宋时天台山饮茶之风盛行。天台山上的国清寺是中国佛教天台宗的发源地，也是日本天台宗的祖庭。寺中僧人崇尚饮茶，并且在寺院周围植茶极盛，国清寺内制订"茶礼"，并设"茶堂"，选派"茶头"，专承茶事活动，种茶饮茶是僧人的必修课之一。天台山上所产茶叶之佳，有所谓"佛天雨露，帝苑仙浆"之说。日本入宋僧成寻、荣西、道元等人都曾在天台山参禅学法，所以也对天台山的饮茶文化耳濡目染。

荣西曾两次到中国求法。在宋期间，荣西不仅拜师、参禅修行，还亲身

---

[1] 滕军：《中日茶文化交流史》，人民出版社2004年版，第38页。

京都建仁寺为纪念荣西带回茶叶推广的功绩而立的茶碑

体验了宋代吃茶风俗，对茶的药效深有感受。绍熙二年（1191年），西荣归国时，带回一些茶种，他将茶籽播种在九州平户岛上的富春院后山上，至今仍留有一小块茶园，并立有"荣西禅师遗迹之茶园"字样的石碑。同年，荣西又在离平户不远的东背振山的灵仙寺播种植茶，不久便繁衍了一山，出现了名为"石上苑"的茶园。至今在其废墟上仍留有茶园，并有石碑注明"日本最初之茶树栽培地"。1195年，荣西又在博多创建圣福寺，并在寺内植茶。至今寺内仍留有茶园。

1207年，荣西在京都邂逅了名僧明惠上人，荣西向明惠推荐饮茶，明惠于是在其住持的京都拇尾山高山寺开辟茶园，令众僧饮茶并大量植茶树。现在，京都拇尾山高山寺依然留有一片茶园，立有"日本最古之茶园"碑。

高山寺还珍藏着一个黑釉小陶罐，传说是荣西赠送给明惠的，当时陶罐里有5枚荣西从天台山带回来的茶籽。

《吃茶养生记》为荣西晚年所作，其得益于他在天台山万年寺获得的制茶、饮茶的体验。《吃茶养生记》大部分参考了《太平御览》和其他唐宋有关茶书、药典。该书以养生为主线，着重说明茶在医药上的效能，说茶能养生延年，解闷提神。但与北宋蔡襄的《茶录》、宋徽宗《大观茶录》风格迥异，充分反映了他对饮茶的独特认识和在中国的切身体验。《吃茶养生记》开宗明义说："茶也，养生之仙药也，延龄之妙术也。山谷生之，其地神灵也；人伦采之，其人长命也。天竺唐土同贵重之，我朝日本曾嗜爱矣。古今奇特仙药也。"《吃茶养生记》介绍了"吃茶法"，还在书中记述了茶的名字、树形、叶形、功能和采茶时节、采茶样、调茶样等，对茶文化在日本的传播起到重大作用。后世把荣西的《吃茶养生记》和陆羽的《茶经》、美国人威廉·乌克斯（William H.Ukers）的《茶叶全书》等并列为"世界三大茶书"。

荣西积极地宣传、推广种茶和吃茶，输入中国茶、茶具和点茶法，以茶之风风靡了僧界、贵族、武士阶级，甚至是平民，茶园得到不断扩充，名产地也不断增加。荣西奠定了现今日本茶道的基础，因此被誉为"日本陆羽""日本茶祖"。而这位日本茶祖传播茶文化的根基是天台山及其寺院茶风。可以说，没有天台山的好茶，没有天台山庄严的寺院茶风和精深的佛教文化，就没有后来的日本茶道。

随着日本饮茶风习日盛，在日本禅僧和武士中逐渐形成和流行所谓"唐式茶会"。"唐式茶会"就是很多人聚集喝茶，兼作种种余兴，也就是一种聚会、游乐和消遣的形式。"茶会的内容颇有中国趣味、禅宗风趣，因此，可能是最初由元僧从元朝传来日本，只流行在禅林中，不久便在与禅宗关系

《茶会图》 日本江户时代

最深的武士社会中广泛传播。"[1] 而"唐式茶会"的流行，使日本食物的烹调、住宅的建筑、室内的装饰以至庭院的建筑艺术、戏剧等均受到了巨大的影响。

15世纪中叶，日本僧人村田珠光将来自中国的饮茶风习，发展成为"茶道"。

在第八代将军足利义政建造的东山殿建筑群中，有一个著名的同仁斋。同仁斋的地面是用榻榻米铺满的，一共用了四张半。这四张半榻榻米的面积，

---

[1] [日]木宫泰彦著，胡锡年译：《日中文化交流史》。商务印书馆1980年版，第503页。

成为后来日本茶室的标准面积。全室榻榻米的建筑设计，为日本茶道的茶礼形成起到决定性的作用。日本将这种建筑设计称作"书院式建筑"，将在这样的"书院式建筑"中进行的茶文化活动称作"书院茶"。书院茶是在书院式建筑中进行，主人在客人前庄重地为客人点茶的茶会。书院式建筑的产生使唐宋艺术品与日本式房室融为一体，并且使立式的禅院茶礼变成了纯日本式的跪坐茶礼。书院茶将外来的中国文化与日本文化有机结合，在日本茶道史上占有重要的地位。

村田珠光是日本著名禅师一休大师的弟子。他取各种茶会之长，一改当时社会流行"斗茶"之奢靡之风，按照禅宗寺院简单朴实、沉稳寂静的饮茶方式，制定了"茶法"，并简化当时茶室的规划，改在小房间举行茶会，茶室陈设也崇尚幽雅简朴，茶道所用茶具均为日本自造的陶瓷器。该方式被称为"草庵茶法"。村田珠光倡导顺应天然、真实质朴的"草庵茶风"，认为茶道的本质应在于清心寡欲，将茶道之"享受"转化为"节欲"，体现了陶冶身心、涵养德性的禅道核心。珠光创立的"草庵茶道"，使之成为一种沏茶、品茶的庄重仪式，茶的民间化、茶与禅的结合、贵族茶与民间茶的结合，是茶道形成的三大关键性工作，通过村田珠光的一生实践得以完成，因而他被称为"茶道宗祖"。

后来，有"茶圣"之称的千利休集茶道之大成，将茶道从单纯的风俗习惯，提升到艺术、哲理的境界，对茶道的发展作出重大的贡献。他主张茶道是毕生修养的方法，规定了茶道的方式和要求，从而使茶道体现出日本民族的文化风格。茶道讲究遵循"四规""七则"。"四规"指"和、敬、清、寂"，乃茶道之精髓。"和、敬"是指主人与客人之间应具备的精神、态度和辞仪。"清、寂"则是要求茶室和饮茶庭园应保持清静典雅的环境和气氛。"和、敬、清、寂"的茶道是具有独特审美价值的日本文化精品，也可以说是禅宗日本化之后结出的清香典雅的艺术奇葩。"七则"指的是：提前备好茶，提前放好炭，茶室应冬暖夏凉,室内插花保持自然美,遵守时间,备好雨具,时刻把客人放在心上等。

另一方面,千利休又简化了茶道,使之更接近普通民众的生活,从而促进了茶道的普及。由中国传播的饮茶风习,就发展成为具有独特日本风格的一种生活艺术,成为日本传统文化的一部分,与日本人的日常生活紧密相连,成为日本文化的一个精神意象。

三 茶与欧洲人生活

唐代时,我国茶叶传播至西亚阿拉伯地区。当时,回纥人用马来交换茶叶,在供自己饮用的同时,又将部分茶叶贩卖至阿拉伯国家及土耳其。

早在中世纪到中国的西方旅行者们,就已经注意到在中国普遍流行的饮茶习俗。苏莱曼写于9世纪下半叶10世纪初的《中国印度见闻录》中就提到了中国人的饮茶习俗。

1596年,荷兰人开始在爪哇开展贸易,大约在1606年,第一批茶叶运到荷兰。这被认为是茶叶第一次作为商品进口到欧洲。1637年前后,茶叶已经被大规模进口到欧洲[1]。

在17世纪和18世纪初,荷兰是欧洲国家中最大的茶叶贩运国和茶叶经销商,几乎独占长达80年之久的茶叶贸易。1651—1652年,阿姆斯特丹举办茶叶拍卖活动,使茶叶成为独立商品。阿姆斯特丹也因此成为欧洲的茶叶供应中心。荷兰从中国进口的茶叶,除满足本国的消费外,还贩卖至欧洲其他国家和北美殖民地。18世纪20至90年代,茶叶贸易在荷中直接贸易中始终占据绝对重要的地位,茶叶占荷兰东印度公司输入中国商品的70%至

---

[1] [法]亨利·柯蒂埃著,唐玉清译:《18世纪法国视野里的中国》,上海书店出版社2006年版,第19—20页。

80%，有时甚至超过85%。

欧洲饮茶风在18世纪已很盛行。茶叶贸易的巨大利润吸引欧洲国家竞相加入茶叶贸易的行列。英国东印度公司是当时世界上最强大的跨国公司，从18世纪开始支配了世界各地的茶叶贸易。英国人茶叶消费的普及正是东印度公司业务拓展的结果。在它的全盛时期，它掌握着中国茶叶贸易的专卖权，操纵着茶叶贸易，限制茶叶输入英国的数量，控制着茶叶的价格，垄断了茶叶的国际市场。由英国东印度公司运销的中国茶叶，17世纪70年代占广州全部外销茶的33%，到17世纪80年代增至54%，17世纪90年代激增至74%，19世纪初达到80%。英国东印度公司不仅造就了世界上最大的茶叶专卖制度，也是茶叶宣传的原动力。宣传促成了英国的饮料革命，使英国人放弃咖啡选择饮茶。英国东印度公司依靠茶叶得到迅速发展。与其他中国商品相比，茶叶的利润最大。通过茶叶贸易，东印度公司以及后来的各大商行赚取了巨额利润，英国政府也从中获取了大量的税收。

在当时及其前后，除了英国的东印度公司外，还有部分欧洲国家的东印度公司从事茶叶贸易，比如法国、丹麦也派船到亚洲收购茶叶。专门运输茶叶的船队逐渐建立后，数量越来越多的茶叶箱在设有"东印度公司码头"的"世界各大港口卸货，如里斯本、洛里昂、伦敦、奥斯坦德、阿姆斯特丹、哥德堡，偶尔也有热那亚和里窝那"。[1]

持续了3个多世纪的茶叶贸易，为从事这种远程贸易的欧洲各国、东印度公司以及其他商人创造了超额的利润，积累了前所未有的财富，为以后近代资本主义的发展奠定了雄厚的基础。

近代西方大规模的茶叶贸易，是以在欧洲人中普遍流行饮茶为基础的。饮茶，不仅仅是消费、一种饮料，而且成为一种生活方式，成为一种普遍流

---

[1] [法]布罗代尔著，顾良、施康强译：《15至18世纪的物质文明、经济和资本主义》第1卷，生活·读书·新知三联书店1992年版，第295页。

外销画《中国的茶叶贸易》

行的民间文化。

在欧洲，首先是荷兰人充分认识到茶叶的好处，成为最早开始饮茶的国家。在荷兰，茶叶最初不是被当作饮料，而是被视为药物放在药店出售，药师会在茶叶中加上珍贵药材，所以茶的价格也较高，普通人甚至无法接受茶叶的价格。饮茶的荷兰人主要是来往东方的商人、水手及达官贵人，每个富贵之家都有自己的茶厅。到17世纪后半期，茶叶已经成为荷兰食品杂货店中的商品，而且不论是有钱人或是贫穷人，都可以随时买到，同时也具备消费能力，因而在民间得以流行。很多人家专辟茶室品茗啜茶，将此视为一种高尚的消遣。

荷兰开始流行饮茶之后不久，这种饮料就传到了邻国。1650年，法国宫廷的首席大臣马扎林主教（Cardinal Mazarin）因痛风养成了饮茶的习惯，于是，饮茶才在法国流行开来。路易十四从1665年开始喝茶，他也认为喝茶有助于缓解痛风的病情，更有趣的是，他听说中国人和日本人从来不曾罹患心脏病。路易十四时代的史学家、法国书简作家的代表人物德·塞维涅夫人编辑了一份《茶的缪斯》月刊，她在作品中也经常提到喝茶。18世纪时，茶在巴黎已经成为一种风尚。杜·德芳夫人曾在一份信中说："从这个时期起，我就喜欢茶叶了，所有人都欣赏茶壶。"作家让利斯的夫人也写道："他每天连续饮茶，自认为具有洛克或牛顿的智力。"[1]

几经宣传和实践，激发了法国人对中国茶的向往和追求，使饮茶从皇室贵族和有闲阶层中，逐渐普及到民间，成为人们日常生活和社交不可或缺的一部分。有人评论说：中国茶叶在巴黎所受的欢迎程度，犹如西班牙人对巧克力的热爱。18世纪20年代，法国让维埃神父写了一首《茶颂》，诗中写道：

  只要在巴黎城的人都喜欢茶，

  我的名字到处都会受到颂扬。

  《美食代理人》一书却未出现这一切。[2]

---

[1] [法]安田朴著，耿昇译：《中国文化西传欧洲史》，商务印书馆2000年版，第522页。

[2] [法]安田朴著，耿昇译：《中国文化西传欧洲史》，商务印书馆2000年版，第521页。

英国油画 《喝茶的家庭》 约 1727 年

  英国流行饮茶与查理二世国王的凯瑟琳王妃关系密切。凯瑟琳是西班牙国王胡安四世的女儿。1662 年,她嫁给了查理二世。在她带来的嫁妆中,有一箱茶叶。她使饮茶成为英国宫廷的时尚,并经常在宫廷中举行茶会。不久后,这种习惯又从宫廷传播至英国上流社会。

  英国最早的茶叶零售是在咖啡馆中开展的。1657 年,在伦敦的交易巷,有一家咖啡馆开始卖茶叶,这是英国首次公开出售茶叶。店主 Thomas Garway 是当时著名的贸易商和烟商,他以茶叶及冲泡的方式出售。首次卖茶的海报和价目表，现仍保存在伦敦博物馆中。海报突出强调茶叶的保健功能，可以说是英国第一份"茶叶宣言"。

继 Thomas Garway 的咖啡馆之后不久，伦敦陆续有一些咖啡馆开始茶叶零售业务和提供饮茶服务。苏丹王妃咖啡馆首先为顾客提供了饮茶服务，并于1658年9月23日在伦敦《政治快报》上刊登了一则广告，这是英国最早标明日期的有关茶的公开报道。

18世纪，伦敦的咖啡馆实际上成了茶馆。据说1700年，伦敦就有超过500家的咖啡店卖茶。而在18世纪上半叶，伦敦大约有2500家咖啡馆卖茶和提供饮茶服务。1706年，在伦敦建立了首家红茶专卖店"汤姆咖啡馆"。除此之外，伦敦的药房也贩卖茶叶作为治疗伤风感冒的新药，随后，玻璃行、绸缎店、陶瓷商、杂货店也开始卖茶。18世纪中叶出现了茶叶专卖店。1783年，英国共有33778个获得许可的茶叶经销商，至1801年，共有62055个茶叶经销商。换言之，在当时的英国，每174个人中就有一个茶叶经销商。茶叶成为英国全民共饮的大众饮料。

饮茶习俗的形成也带动了中国瓷器的流行。当饮茶成为一种时尚时，饮茶所用的瓷器也就成了一种时尚的必需品。当时的一位英国作家曾说，中国的瓷制茶具成了"每一位时髦女士的必须之收藏"。

饮茶在17世纪后期到18世纪成为英国上层贵族和文人学子们中流行的雅好。蒙塔古夫人（Mrs. Montagu）是当时社交界贵妇名媛中的首要人物，她说，因为饮茶，社交活动更有生气——年老的变年轻，年轻的更年轻。蒙塔古夫人写信给她的亲戚，请她们给她购买两磅上好的走私茶，带到伦敦来。她说她只要付了钱，就可以心安理得地喝走私茶了。像艾迪生（Joseph Addison）和斯蒂尔（Richard Steele）这些沉湎于饮茶的才子们时常流连于茶馆之中。艾迪生曾在他主办的《旁观者》报上撰文说，时髦女子在上午10点至11点之间要喝一杯武夷山茶，晚上10点到11点之间，又坐在茶桌旁了。他在另一篇文章中还说，老茶客能分辨各种名茶，如果有两种茶叶混合于一体，他在品尝时也能分辨，并能说出两种茶的种类。18世纪的一位牧师写道："感谢上帝赐我茶叶，若无茶叶，世界不知将若何！余生逢此有茶叶时代，深以为荣也。"

饮茶成为英国社会中最根深蒂固的一种生活习惯。饮茶已经不仅仅是上层社会的雅好，而且也成为普通百姓日常生活的一部分，在城市的工人家庭里也是如此。18世纪20年代，弗里德里克·莫顿·伊登（Frederic Morton Eden）为写一本名为《穷人的状况》的书而对英国各地开展了实地调查。他详细记录了全国各地穷人的饮食状况。从他的记录中可以看出，很多穷人都定期购买茶叶和食糖。一个典型的体力劳动者和他的家人每星期要购买2盎司茶叶，再加上购买用于加入茶中的食糖，两项费用占了其家庭收入的5%~10%。相比之下，肉的支出为12%，啤酒的支出仅为2.5%，茶叶以及面包和奶酪构成日常饮食的核心部分。对收入较低的劳动阶层来说，"面包＋茶叶"就成为他们的理想食谱。据英国学者的统计，1801—1803年，平均每个英国人每年消费茶叶2磅，另有学者的统

18世纪英国商店里的茶叶宣传品

计数据高于2磅。有人估计，18世纪末，"最穷的英国人每年消费5~6磅茶叶"。恩格斯在《英国工人阶级状况》中说到19世纪初英国工人的饮食状况时，其中说到他们的饮茶习惯："一般都会喝点淡茶，茶中有时放一点糖、牛奶或烧酒。在英国和爱尔兰，茶被视为一种极其重要且必不可少的饮料，犹如咖啡在德国的地位。喝不起茶的，多为极端贫苦的人家。"[1]

在英国，还发展出"下午茶"这种特有的茶文化。17世纪时，英国上流社会的早餐都很丰盛，午餐较为简便，而社交晚餐则直到晚上8点左右才开始，人们便习惯在下午4点左右吃些点心、喝杯茶。19世纪中叶，一位名叫安娜·玛丽亚的女伯爵每天下午都会差遣女仆为她准备一壶红茶和点心，她觉得这种感觉真好，便邀请友人共享。很快，下午茶便在英国上流社会流行起来。下午茶成为维多利亚时代社会生活的重要组成部分。该时期是英国中产阶级崛起的时期，他们想通过模仿上层社会的活动来显示自己的富有。所以，中产阶级的女士也开始像贵族一样用下午茶。

英国贵族赋予茶以优雅的形象及丰富华美的品饮方式，下午茶更被视为社交的入门、时尚的象征，是英国人招待朋友开办沙龙的最佳形式。对女士尤其如此，是她们日常生活中不可缺少的部分。

---

[1]《马克思恩格斯全集》第2卷，人民出版社1957年版，第356页。

第二篇 发明之光

第五章 天文与岁时

一 天文历法在朝鲜的传播

中国是世界上发明天文学最早的国家之一,中国人很早就有了一定的天文学知识。明代顾炎武说:"三代以上,人人皆知天文。"他还说,"七月流火"是古代农夫说的话;"三星在户"是普通妇人说的话;"月离于毕"是普通士兵之所;"龙尾在辰"是儿童唱的歌。英国科学史家李约瑟(Joseph Terence Montgomery Needham)曾经指出:"中国人在阿拉伯人以前是全世界最坚毅、最精确的天文观测者,很长一段时期,几乎只有中国的记录可供利用。"[1]

天干地支,简称为干支,源自中国远古时代对天象的观测。古人以天干地支来作为载体,天干承载的是天之道,地支承载的是地之道;在天成象,在地成形,在人成运,故设天干地支以契天地人事之运。天干地支的发明影响深远,应用于天文、风水、命理、选择术和中医等学科上,并为历朝官方历书(即黄历)所记载。

"二十四节气"是干支历中表示季节、物候、气候变化以及确立"十二月建"(时令)的特定节令,是中国古代的一种补充历法。"二十四节气"是古代农耕文明的产物,在我国传统农耕文明中占有极其重要的位置。农耕生产与大自然的节律息息相关,它是先民顺应农时,通过观察天体运行,

---

[1] [英]李约瑟:《中国科学技术史》第4卷第2分册,科学出版社1975年版,第3页。

认知一岁（年）中时令、气候、物候等方面变化规律所形成的知识体系。二十四节气表达了人与自然宇宙之间独特的时间观念。

历法是推算年、月、日的长度和它们之间的关系，制订时间顺序的法则。中国是世界上最早发明历法的国家之一，历法的出现对国家经济、文化的发展有深远影响。

历书是排列年、月、节气等供人们查考的工具书。历书在中国古时称"通书""时宪书"，在封建王朝的时代，由于它是皇帝颁发的，所以又称"皇历"（黄历）。

中国古代发达的天文技术传入朝鲜半岛的时间较早。据记载，早在公元前3世纪末，古朝鲜就有博士对天文和历学进行专门的研究。西汉初，避诸吕之乱而迁入古朝鲜的琅玡人王仲，以及他的八代孙、东汉明帝时的乐浪人王景，都是因精通天文知识而闻名的人，他们对中国天文学知识传入朝鲜起到了重要的推动作用。

朝鲜三国时期，天文学进一步发展。三国将天文和气象的研究作为国家的事业，设有专门的机构。如高句丽的"日者"、百济的"日官部"、新罗的"天文博士"（后改为司天博士），都是研究天文气象或制定历书的机构和学者名称。高句丽很早就绘制了天文图，并有观测天体变化（彗星、日蚀等）的记录。5世纪时，百济曾从中国南朝的刘宋朝引入"元嘉历，以建寅月为岁首"。[1]

唐代科学技术对新罗有很大的影响。新罗设"国学"，有讲授中国算术、天文、医学等方面的课程。至唐代，天文历学等进一步东传。唐贞观七年（633年），李淳风造浑天仪以观测天象。新罗受此启发，14年后，在庆州建立了一座高2丈9尺的瞻星台，是世界上现有最古老的天文台建筑遗迹之一，其

---

[1] 朴真奭：《中朝经济文化交流史研究》，辽宁人民出版社1984年版，第23—24页。

辉耀四海 ——影响世界的中华文明

新罗时代庆州瞻星台

遗迹至今尚存。孝昭王元年（692年），新罗留学僧道证自唐带回天文图。圣德王十七年（718年），新罗仿唐设漏刻典，置博士。景德王八年（749年），置天文博士1人，漏刻博士6人。

647年，新罗人德福从唐学习李淳风创造的麟德历回国。同年，新罗遂改用麟德历。新罗宪德王时（810—826年），又改用唐穆宗时创造的宣明历，后沿用至高丽时代。新罗留学生金严在唐学习历法，回国后任司天大博士。

高丽时期，天文学取得了显著发展，国家设有负责有关天文事业的太卜监、太史局等机构，后改编为书云观，负责天文、历数、气象和漏刻等。"高丽不别治历，承用唐宣明历"。1022年，宋真宗赐赠乾兴历于高丽。1303年，元使王通赴高丽，带去许衡所撰"授时历"。其后，忠宣王留居元大都时，资助随从宰相崔诚之学习授时历。崔诚之回国后，高丽改用元授时历。

中国阴阳五行思想、风水地理学说，在南北朝时就传入百济。其后，新罗渐有信者。新罗僧道洗入唐后，学习堪舆之说，回国后遂提倡地理裨补说，并著有《道洗密记》的图谶书，成为新罗风水地理学说的首倡者。高丽盛行阴阳地理风水学说，也主要受唐宋影响。1021年，高丽遣使赴宋，请阴阳地理书。翌年，宋使臣入高更讨带去阴阳二宅书。1057年，高丽任用专讲遁甲和风水的宋人张琬做太史监侯。1106年，高丽国王令儒臣金仁存、朴昇中等删定中国阴阳地理诸家书籍，编纂《海东秘录》。

二　数学和天文历法在日本的传播

唐代科学知识和技术在日本的传播，是中华文化东传的重要方面。据《本朝见在书目录》记载，唐代传入日本的科技书籍达3000卷，其中包括数学、天文学、医学、建筑和军事技术等多方面的内容。

中国的许多数学书籍和数学知识在唐代传入日本。据统计，当时传入日

高句丽古墓壁画《玄武》 平安南道南浦市江西大墓（7世纪）出土

本的数学书籍有30多部。日本大学寮中设有"算科"，专授中国的数学知识，必学中国的《五曹》《九章》《海岛》《六章》《缀术》《周髀》《九司》《三开重差》等算书，说明中国的算学知识已开始在日本推广和普及。到奈良时代，中国的算学已被日本人运用于大型建筑工程的计算，无论是测量还是计算，都十分精确。

　　唐代天文学知识和历法在日本尤为普及。唐代的天文学名著《荆州占》《天文录》《日月食晕占》《天官星占》《流星占》《彗星占》等都曾传入日本。676年，日本第一次创建了占星台，观察星座和天体运行动态，并用文字记录。7世纪中叶，中务省设"阴阳寮"，有阴阳、历、天文博士各一人。入唐留学生吉备真备回国时，曾带回了天文工具"测影铁尺"一枚。

高松冢的星象图从一个侧面反映了唐朝天文知识在日本传播的情况。1972年3月，日本考古人员在奈良明日香村发掘了高松冢壁画古坟。此墓被认为是皇太子等高位人士的墓室，建于7世纪到8世纪初。在东西墓壁的画有彩色男女人物的画面上，绘有青龙、白虎、玄武、朱雀"四神"。考古人员认为它们是分别守卫东西南北四个方位之神。中国和高句丽时代的朝鲜，都有将这四神和人物像画进墓室的习惯。此墓壁画是直接受唐朝的影响而产生的。特别是内部的人物像，和1960—1962年发掘的唐代永泰公主墓中的壁画极为相似。在墓的天棚上还有一别致的星象图，并且中国也有墓室绘星象图的习俗。这个墓的星象图，只是在天棚上的方框内画了一些象征性的二十八星宿，方框中央处又画了简单的北极星座。在该星象图中，星辰是用贴在壁上的直径为1厘米左右的圆形金箔来表示的，并用红线把同一个星座的星星连在一起，用以表示星座。[1]高松冢古墓壁画和星象图都鲜明地体现了受到中国星象思想的影响。

在历法方面，日本曾长期使用移植来的中国历法，而未制定自己的新历。据史籍记载，钦明天皇十五年（554年），百济向日本朝廷"贡"了一名历博士国固德王保孙。推古天皇十年（602年），百济僧观勒贡"历本及天文地理书"，朝廷派人向观勒学习历法。观勒所贡之历，极有可能是中国南朝宋的元嘉历。成书于11世纪初的《政事要略》记载，推古天皇十二年（604年），"始习历法"。持统四年（690年），正式开始使用元嘉历。《日本书纪》记载，是年十一月，"奉勅始行元嘉历与仪凤历"。这两部历法是日本最早使用的中国历法。文武元年（697年），又实行仪凤历（即麟德历）。吉备真备回国时，自唐带回《大衍历经》1卷、《大衍历立成》12卷，献于朝廷，日本遂于763年改用大衍历。宝龟十一年（780年），遣唐准判官羽栗翼自唐带

---

[1] ［日］薮内清著，梁策、赵炜宏译：《中国·科学·文明》，中国社会科学出版社1987年版，第90页。

回五纪历，天安元年（857年）开始，五纪历与大衍历并用。贞观元年（859年），渤海遣日使乌孝慎将长庆宣明历带入日本，赠送日本朝廷。贞观三年（861年），长庆宣明历被颁布实行，并一直沿用到江户时代。

日本科学史家薮内清指出："在中国，历法是国家的象征，中国的各附属国被迫使用中国的历法。日本虽然不是中国的附属国，然而有史以来，一直使用中国的历法，直至江户时代。"[1]

三　郑和下西洋"颁正朔"

明代前期，郑和七下西洋。从永乐三年首次下西洋，至宣德八年结束最后一次航程，郑和"浮历数万里，往复几三十年"，到达过30多个国家和地区，在世界航海史上谱写了光辉的一页，创造了巨大的功绩。

郑和下西洋的伟大历史壮举，对于扩大明朝的国际声威，传播先进的中华文明，加强中国与海外诸国之间的相互了解与交流，起到了巨大的推进作用。

郑和下西洋不仅在发展与海外诸国的官方联系方面取得了巨大成就，而且在向海外诸国传播中华文化、促进当地社会的文明开化和文化进步方面也发挥了重要作用。从下西洋船队的派遣者明成祖，到船队的统帅郑和，乃至郑和的一般随行官员，都对向海外传播中华文化具有较高的自觉性，同时也高度重视此项工作。成祖曾说："朕丕承鸿基，勉绍先志，罔敢或怠。抚辑内外，悉俾生遂，夙夜兢惕，惟恐弗逮。恒遣使宣教化于海外诸番国，导从礼义，变其夷习。"郑和在各国访问时，本着"王者无外，中天下而立，定四海之民，一视同仁"的精神，努力宣扬文教，"所至颁中华正朔，宣敷文化，俾天子生灵，旁达于无外"，以中国先进的文化和精神文明的成果，影响海外国家的精神

---

[1]　[日]薮内清著，梁策、赵炜宏译：《中国·科学·文明》，中国社会科学出版社1987年版，第45页。

马来西亚槟城寺庙的郑和下西洋宝船壁画

生活，提高其文化程度，接受中国的礼仪，摒除落后的习俗。

在中国古代政教制度中，历法和冠服是最具有民族色彩的事项，一向为国家施政上最重要的措施。所谓"颁正朔，易服色"，是封建国家对内对外的两件大事。

对船队所至国家给赐冠服，是郑和下西洋的使命之一。给赐冠服具有让海外国家接受中国礼仪、移风易俗的意义。郑和到访时，奉命"颁诏"，赐明朝冠服予渤泥、暹罗、爪哇、占城、满剌加、锡兰山、古里等国，同时主持"施恩封泽"仪式，对各国国王赐以皮弁玉圭、麟袍、龙衣、犀带，而对一般使节赐以"朝服"和"公服"。

明初对四邻国家屡次颁给历法。《明实录》中载有许多这方面的实例。

辉耀四海 ——影响世界的中华文明

据申时行等重修的《明会典》记载，在正统朝以前，琉球、占城等国，俱因朝贡，每国给予王历一本，民历10本。郑和出使海外诸国，"所至颁中华正朔，宣敷文教，俾天子生灵，旁达于无外"。

所谓"颁中华正朔"，就是颁给本朝的历法，要求海外诸国承认明朝为"正朔所在"，奉行明朝颁给他们的历法。郑和第五次下西洋时，将《大统历》赐予占城国王占巴的赖。宣德元年（1246年），明廷又派人前往占城颁赐《大统历》。从此，占城普遍采用明朝的大统历。明代颁布的《大统历》是源于元代的郭守敬创制的《授时历》，是当时比较先进的历法。郑和向出使国家颁给历法的重大意义，不仅在于使他们有一本比较精确的历法，以便于日常生活和生产，同时，也可使诸国接受中国的礼俗，促使其社会文化面貌向接近于中国方面转化。

明代的历法分为"王历"和"民历"两种，每种都有历注，记载若干应行的事宜。两种历法历注所载62事，包括上至国家大事，下至百姓日常生活的各项事宜，其内容极为丰富，集中了中国人民千百年对季节、气候的规律性认识，包含了中国国家政治、社会生活、日常礼俗的多个方面，是中国农业文明的集中体现。郑和所到之处，通过"颁正朔"活动，将中国的政教礼俗和先进文化介绍给海外诸国学习，作为让海外诸国"变其夷习"的依据，以此发挥引导作用，改善其落后的生存状态，促进社会文明发展。

郑和对海外诸国颁给历法，对促进当地天文历法的进步具有重要意义。明人严从简针对占城国所受中国文化影响评论说："《星槎胜览》载占城不解正朔，但看月生为初，月晦为尽，如此十次盈亏，为一岁昼夜。善槌鼓十更为法。酋长及民下非至午不起，非至子不睡。见月则饮酒歌舞为乐。然观《吴惠日记》，有上元烟火之宴，则已知有节候，非但视月生晦者。惠云：'夜鼓以八更为节'，又与十更异矣。大抵外国虽陋，久与中华往来，渐沾王化。时异制殊，前后难以概视耳。"

四　传教士对中国天文学的研究与介绍

明清来华的传教士们注意到中国天文学的诸多成果，比如最早来华的传教士利玛窦（Matteo Ricci）就曾指出："中国人不仅在道德哲学上，而且在天文学和很多数学分支方面也取得了巨大的进步。他们将天空分成几个星座，其方式与我们所采用的方式有所不同。他们的星数比我国天文学家的计算数量多400个，因为他们将很多非常见的弱星也包括在内。尽管如此，中国天文学家却毫不费力地将天体现象归结为数学计算。"[1] 利玛窦还介绍了北京和南京的观象台及其运行的情况。他说："他们在此安装了金属铸就的天文仪器或者器械，其规模和设计精美程度远远超过曾在欧洲看到和知道的任何同类事物。这些仪器虽然经受了近250年雨、雪和天气变化的考验，却丝毫无损于它原有的光彩。"[2] 另一位传教士曾德昭（Alvare de Semedo）在《大中国志》中也曾提到中国北京和南京的观象台，并介绍了观象台的仪器及其使用情况。

在晚期来华的法国传教士中，有一些人担负着政府委托的考察中国科学技术概况的使命。因而，研究中国的科学便是他们的主要任务，传教则退而居其次。在17世纪末，李明（Louis le Comte）就曾向欧洲介绍过中国的天文学。他在参观过北京观象台后，引用另一位耶稣会传教士的话说："这些铜制机器已经制造七百年，在这个硕大城楼平台上也存放了数百年，可其式样仍显明亮清晰，如同刚刚铸造完成的新机器。无论是存放地点的宏伟，还是机器设计制造的精美，远非欧洲人所能比。总之，中国以此显示了他们的全部科学和富庶，这足以使那些无此等设计制造能力的其他民族感到羞愧。"他描述了中国天文学家在观象台上辛勤、仔细地观测天象和星体变动的情况。

---

[1]　何高济译：《利玛窦中国札记》，中华书局1983年版，第32页。

[2]　何高济译：《利玛窦中国札记》，中华书局1983年版，第353页。

他说:"可能正是这对古代的迷恋和对古老习俗的热爱,才使中国人如此专注于天文观测。因为他们中有人随时都在观测,但是,他们很少利用观测的结果,这十分令人惊奇。4000年来,他们一直细心研究星宿的运动,他们应该对之有深刻的认识。中国人并未停止观测:每夜有5位数学家在我谈到的塔楼上工作,他们不停地观察天空。"[1]

在来华的传教士当中,宋君荣(Antoine Gaubil)对中国天文学史进行研究并作出了全面阐释。来华之前,宋君荣已在神学、哲学、天文、地理等方面有很深的造诣,还曾在巴黎天文台受过严格的训练,是法国许多一流科学机构的成员,有"耶稣会中最博学的教士"之称,他于1722年来华,重点研究中国古代史和中国科技史,著作颇丰,被誉为"18世纪最伟大的汉学家"。他在中国精心研究天文学,从事天象观测,并与中国学者切磋琢磨,是当时欧洲人中唯一一位对中国古代天文学展开真正研究的学者。宋君荣对中国古籍中的日蚀和月蚀作过整理和研究,写出了《中国蚀的计算》。他研究了中国古籍中记载的16次日蚀,并指出最早的记录为公元前2155年。在研究中国的蚀现象时,宋君荣参阅了马端临的《文献通考》,肯定了此书"象纬篇"对于考证的价值。

宋君荣的中国天文学研究主要成就体现于1732年由苏询业神父在巴黎编辑刊印的《中国天文学简史》和《中国天文学论文集》两部著作。另外,宋君荣还有大量未发表的手稿藏于巴黎天文台,其中有一部分曾于1809年至1811年刊出。这些手稿"影响了18、19世纪欧洲天文学家"。[2]

伏尔泰曾经提到过宋君荣对于中国天文学的研究,他说:"宋君荣神甫核对了孔子书中记载的36次日蚀,他只发现其中两次有误,两次存疑。这有

---

[1] [法]李明著,郭强译:《中国近事报道(1687-1692)》,大象出版社2004年版,第82页。

[2] 潘吉星:《中外科学交流史》,香港中文大学出版社1993年版,第490页。

怀疑的两次日蚀确实曾发生过，但是从人们所假设的该观察者所在地，无法准确观测。但即便如此，也足以证明当时中国的天文学家已能测算日蚀，因为他们只有两次计算失误。"[1] 正是宋君荣对中国古代天文学史的大量研究，改变了欧洲学界对中国古代史和天文学史的看法。正如部分学者评论所说，宋君荣可称作法国汉学的真正创始人，他对中国天文学史的研究至今仍有重要的参考价值。

李约瑟对宋君荣的研究成就给予很高的评价："考虑到重重困难，一个像宋君荣那样的人竟会了解得那么多，应该说是使人颇为惊异的。"他认为宋君荣所蒐集的"众多有史时期的资料，并未得到合理运用。即使如今，对于想彻底研究中国天文学的人，宋君荣的著作依然是必不可少的参考资料。"[2] 安田朴因为宋君荣对中国古代天文史的研究而视之为法国汉学的真正创始人。

另外，来华传教士巴多明（Dominique Parrenin）、安多（Antoine Thomas）、严嘉乐（Karel Slavicek）等人对中国天文学也有比较深入的研究。

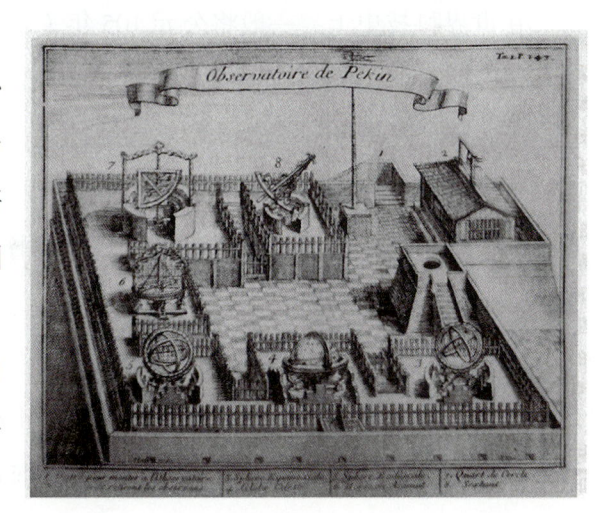

观象台图 李明《中国近事报道：1687—1692》插图 上海图书馆藏

---

[1] [法]伏尔泰著，梁守锵 译：《风俗论》上册，商务印书馆1996年版，第207页。
[2] [英]李约瑟：《中国科学技术史》第4卷第1分册，科学出版社1975年版，第6—7、28—31页。

第六章 造纸术的传播与影响

一 "高丽纸"

日常生活中常见且应用广泛的纸由中国的祖先发明。

在世界科技史上,一般将公元105年(东汉元兴元年),即蔡伦正式向汉和帝奏明发明了纸张的年份,作为纸发明的时间。但是,纸的发明也与历史上的大部分发明一样,是循序发展的过程。在蔡伦造纸前,纸的发明大概已经走过了它的胚胎期和萌芽期,而在蔡伦所在的时代发展成熟起来。由于蔡伦的贡献,为人们提供了廉价优质、适于书写的纸张,促进了纸张的广泛应用。

自蔡伦以后,中国造纸业和造纸技术得以持续发展。人们一方面不断地开辟着新的造纸原料,一方面在工艺技术上不断地调整和优化,使纸的质量越来越高,品种越来越多。到了魏晋南北朝时期,造纸业在产量、质量和加工等方面均较东汉时期有所提高。造纸原料来源不断扩大,造纸设备也得到革新,出现了新的工艺技术,产纸区域和纸的传播也越来越广,造纸名工辈出。

在日常生活中,纸的用途较多,但最重要的还是作为书写材料。正是因为作为文字的载体,纸的发明才在世界文明史上占据不可忽视的地位。造纸术的发明,是人类书写纪事材料的一次伟大革命,人类在此之前使用过的所有书写纪事材料均退出了文明活动的舞台。

中国在造纸术发明之后，并没有垄断专用，而是与全人类共享，成为人类共同的文明成果。美籍华裔学者钱存训指出：

> 自纸发明以后，纸的使用日益普及。正如《后汉书》所说："自是莫不从用焉"。纸不仅盛行于中国本土，且更流传广被于全世界。在东方，纸在4世纪前传至朝鲜，5世纪初传至日本。在南方，大约3世纪前传至越南，7世纪前传至印度。在西方，3世纪时传至中亚，10世纪时传至非洲，12世纪时传至欧洲，在16世纪时传至美洲，并在19世纪时传至澳洲。从公元前纸在中国发明，经过了两千多年的悠长时间，至此造纸术乃广被于全世界。[1]

纸和造纸术很早就传到朝鲜半岛。据《日本书纪》记载，日本应神天皇十六年（晋武帝太康六年，285年），百济博士王仁曾将《论语》等书卷的纸写本带到日本。因此，百济得到并使用这种纸本的时间也相对更早。

公元前后，朝鲜北部属于汉王朝的治下，设有乐浪郡等四郡，境内多有汉人，而且与内地的交流十分密切，因此，此处便可能出现了来自中原的纸的使用和造纸业。20世纪60年代，在朝鲜半岛的一处古墓中发现了带有西汉永始三年（公元前18年）字样的纸张，是为有确切年代可考的中国造纸术外传的最早物证。据朝鲜《历史科学》记载，被认为是4世纪前半期的高句丽美川王墓的壁画中，有站在国王面前做报告的"大臣"，他手里拿着的正是有字迹的纸张；被认为是4世纪的平壤大城山国士峰遗址中，曾出土了纸张的实物。这是用麻纤维制造的纸，这一纸张至今仍颜色雪白，纤维均等细密，说明当时漂白技术和打制纤维的技术均已达到较高水平。

高句丽在4至5世纪已开始造纸，当时生产的主要是麻纸，从事这样生

---

[1] [美]钱存训：《书于竹帛——中国古代的文字记录》，上海书店出版社2004年版，第117—118页。

产的是从中国北方移居来的汉人工匠。百济和新罗造纸可能晚于高句丽,但也不会晚于5世纪。在朝鲜三国时期,已经造出了优质的纸。新罗首府金城(今庆州)一向以造纸闻名,并相当兴盛。新罗古墓发掘时,发现在髹漆棺木涂层下使用了纸。到统一新罗时期,麻纸和楮皮纸发展十分迅速。

朝鲜制纸用的原料、工具和技术

新罗白纸墨书大方广佛华严经

均与中国相似。朝鲜三国时,已经用楮、麻为原料造纸。到高丽时,造纸技术有了更大的发展,造纸原料的来源也进一步扩大,造纸业十分发达。除楮、麻以外,还有藤蔓、桑树皮、竹叶、松叶、稻草、棉、茧藁节、蒲节等作为原料造纸,其中尤以桑皮最为著名。徐兢在《宣和奉使高丽图经》中说:高丽"纸不全用楮,间以藤造,捶捣皆滑腻,高下不等"。原料来源的扩大推动了纸的大量生产和质量的提升,尤其是皮纸的产量和质量显著提高。高丽时期生产的纸的种类繁多,包括白纸、白硾纸、黄纸、青纸、雅(鹅)青纸、青磁纸、翠纸、金粉纸、油纸等，质地都十分精良。

高丽时的造纸业十分发达，所生产的纸不仅能满足国内的需要，而且还大量出口。在此之前的新罗所制的"鸡林纸"，就是献给中国唐朝的贡品。高丽时期，朝鲜纸经常向中国出口。北宋人陈槱在《负暄野录》中论纸品时曾提到："高丽纸类蜀中冷金，缜实而莹。""高丽岁贡蛮纸，书卷多用为衬。"因高丽纸质地坚实，宋人非常喜欢用这种纸作为书卷的衬纸。宋代文人之间还常以高丽纸相赠，视其为贵重之物。如韩驹在《谢钱珣仲惠高丽墨》中就曾写过"王卿赠我三韩纸，白若截脂光照几"的诗句。元代鲜于枢在《笺纸谱》中也提到了"高丽蛮纸"。元朝曾三次向高丽派使团，购买印刷佛经用的"佛经纸"。到明朝初年，宋濂等人编纂的《元史》，也曾选用高丽"翠纸"作书衣。

高丽的纸扇在宋朝时也大受欢迎，如苏轼、邓椿等人都赞赏过高丽纸扇。南宋时，临安还有开设折叠扇铺的，摹仿制作高丽纸扇，确实比当时宋朝使用的纨扇、羽扇等方便。

朝鲜李朝时，造纸技术和产业有了进一步的发展。李太宗十二年（1412年）十二月己酉于京师（汉城）设官营造纸所，集各地工匠来此造纸。《李朝实录》卷二十四记载，同年七月壬辰，明朝辽东人申得财新进中国造纸之法，太宗命他传习给朝鲜工匠，并对他给予赏赐。世宗时，将造纸所扩大为造纸署，拥有大量工匠，由王廷官员监造印刷与公文用纸。同时各道府州县也有官营和私营的纸场。《世宗实录》记载了当时各种纸的名目及产地，如庆尚道产的表纸、捣练纸、眼纸、白奏纸、常奏纸、状纸、油芚纸等，产地有大邱、庆山、东莱、昌宁等地。全罗道产表笺纸、咨文纸、奏本纸、甲衣纸、皮封纸、状纸、书契纸等，由全州、锦山等地生产。

李朝时仍有大量纸张向中国进贡或作为商品出口，并且受到明清两朝文人的欢迎和喜爱。明代文人沈德符在《飞凫语略》中说："高丽贡牋：今中外所用纸，推高丽贡牋第一，厚逾五铢钱，白如截脂玉。每番揭之为两，俱可供用。以此又名镜面牋，毫颖所至，锋不可留，行、真可贵尚，独稍不宜于画，而董元宰（董其昌）酷爱之，盖用黄子久泼墨居多，不甚渲染故也。"明代文人屠隆的《考槃余事》卷二中谈到高丽纸时写道："以绵茧造成，色白如绫，坚韧如帛，用以书写，发墨可爱，此中国所无，亦奇品也。"可见朝鲜的纸在中国口碑极佳。[1]

二 "和纸"

中国发明的纸和造纸术也通过朝鲜半岛的媒介传到日本。前面提到3世纪百济博士王仁曾将《论语》等书卷的纸写本带到日本。最早将造纸技术传到日本的正是这位王仁博士。

日本的造纸业在圣德太子时代有了真正的发展。据记载，610年，高丽僧人画家昙徵到日本传授造纸和制墨技术。大概日本从此开始以本地原料造纸。圣德太子令昙徵指导全国遍种楮树，推广生产楮纸。在正仓院保存有飞鸟时代的纸本文物，这些纸都是楮皮纸，是完全按照中国的方法制造的。现存最早的纸本文物是圣德太子的《法华经义疏》，为产自中国的黄色麻纸，是隋大业年间所造。

日本的早期历史文献记载了纸传入日本的经过、专司造纸的衙署、楮树的移植、各种纸张的制造，以及纸的书写、包装、衣着、屏风制作和裱糊墙壁房屋等用途。飞鸟和奈良两朝颁布律令，对中央所属图书寮下造纸机构有明文规定。710年，日本律令规定设立专门机构以事造纸，其中包括加工各种色纸。平安时代，日本造纸生产有了进一步发展。在伊势、尾张、三河等40余地已能造出榖纸、斐纸（雁皮）、麻纸、檀纸。806—810年间，在京都

---

[1] 潘吉星：《中国造纸技术史稿》，文物出版社1979年版，第148—149页。

设立了官办的"纸屋院",即造纸作坊,专供朝廷用纸。日本最早的小说《源氏物语》中说,当时日本还造出了蜡染纸、青折纸、紫纸、赤纸、胡桃色纸、交纸等加工纸。

　　日本的造纸原料、造纸技术和工具与中国十分相似。日本早期造纸原料主要是麻类,其次是楮皮和其他木本韧皮纤维原料,造纸方法和设备都与我国隋唐时代一样。至江户时代以后,日本手工造纸技术继续发展,但这时麻纸逐渐减少,皮纸逐渐成为大宗产品,原料主要有楮、桑、雁皮、三桠皮等。为了广泛开辟造纸原料来源,日本政府甚至下令种植楮树。日本生产的"和纸"也曾传入中国,并受到中国文人的赞誉和好评。唐人李濬《松窗杂录》中记载,开元二年(714年),唐玄宗访宁王李宪宅,玄宗以八分隶书字写在日本纸上。诗人陆龟蒙也有诗说:"倭僧留海纸,山匠制云床"。据研究,此纸为筑紫产的斐纸(雁皮纸)。

　　日本生产的"和纸"质量较高,是十分著名的手工艺产品。即便在机制纸占支配地位的今天,手工"和纸"仍是日本书画家喜爱使用的书写绘画材料。在1919年的巴黎和会上,围

日本《纸漉重宝记》(1798年)中的抄纸图

绕用什么纸作为《凡尔赛和约》的定本发生了一场争论，最后竟然是日本纸胜出。

三 怛逻斯战役与造纸术的西传

自从汉武帝时丝绸之路开通，中西交通便利，所以当纸发明不久，就沿着丝绸之路向西传播。新疆境内每次发掘比较古老的遗址，都有纸张的发现，包括东汉末年至魏晋南北朝至隋唐五代的大量古纸，以官私文书、契约和典籍写本为多，也有少量佛经写本。出土文书有用汉文书写的，也有古回鹘文、突厥文、藏文、西夏文，还有中亚、西亚通行的粟特文、吐火罗文、叙利亚文、希腊文和梵文书写。由于纸张价格低廉、携带轻便，书写简单，因而由中外商人和边吏、戍卒广为传播，4世纪起便完全代替木简，成为普遍使用的书写材料，由公文书信推广到典籍的抄写。7世纪以前，中国发明的纸已传播到了中亚和西亚的广大地区，受到当地人民的欢迎和喜爱。但是纸张依然属于珍稀物品，仅供重要文件使用。

当前，多数研究者均将751年作为中国造纸术西传的正式年份。这一年（唐天宝十年）七月，唐朝与大食在中亚地区发生战事，即著名的怛逻斯战役。

怛逻斯战役是当时世界上的两大帝国——唐朝和阿拉伯阿拔斯王朝（黑衣大食）之间的一场大战，是一场在世界史上有着重要影响的重大战役。

当时，为了征讨企图反叛的中亚属国，巩固唐朝在中亚地区的羁縻制度，玄宗派名将高仙芝出兵中亚。天宝十年（751年）四月十日，高仙芝率军从安西出发，翻过帕米尔高原（葱岭），一路长驱直入，经过3个月的长途跋涉，深入大食（阿拉伯）境内700余里，在同年七月十四日到达了大食人控制下的怛逻斯城（今哈萨克斯坦江布尔），并且开始围攻该城。阿拉伯人立即组织了 10 余万大军赶往怛逻斯城。双方在怛逻斯河两岸（今天的奥李·阿塔附近）展开了一场大决战，惨烈的战斗持续了整整 5 天。最后，高仙芝因盟军背叛、腹背受敌以及指挥失误而打了败仗。唐军损失惨重，两万人的安西精锐部队几乎全军覆没，阵亡和被俘各自近半，只有千余人得以身还。但唐军也重创了阿拉伯部队，杀敌 7 万余人。慑于唐军所表现出的惊人战斗力，阿拉伯人并没有乘胜追击。

在被阿拉伯人所俘的唐军兵士中，有一部分是造纸工匠，这些工匠在此建立了一座造纸工场，成为阿拉伯帝国造纸业的开山始祖。

撒马尔罕在唐时称为康国，公元 700 年为大食将军屈底波（Kutaiba ibn Muslim）率兵占领，成为阿拉伯帝国的东方重镇。撒马尔罕有丰富的大麻和亚麻植物，加上灌渠中充足的水源，为造纸业提供了良好的制造环境。撒马尔罕的造纸业一经建立，因为有技术熟练的中国工匠操作，所造纸张十分精良，成为远近闻名的商品。直到 11 世纪初，"撒马尔罕纸"仍在阿拉伯世界中占据较高的地位。

关于早期阿拉伯造纸技术，11 世纪的伊本·巴狄斯（al-Muᶜizz ibn Bādis）在其著作中写道：将亚麻与苇类水浸，再用石灰水浸，切碎，舂捣成泥，洗涤，加入水槽，荡帘抄纸，再干燥砑光。[1] 在其他阿拉伯学者的著作中还提到，在造纸过程中，还有一道添加淀粉糊的工序和蒸煮工序。奥地利东方学家卡拉巴塞克根据古代阿拉伯文献和对阿拉伯古纸的化验分析结果，详细叙述了古代阿拉伯人的造纸法。依据其叙述的内容，首先要合理选择破麻布，除去污物，再用石灰水煮，将煮烂的麻料用石臼、木棍或水磨捣碎，搅成细浆，承于细孔平板上，半干时以重物压之，即成为纸张。[2] 以上过程与中国古代造纸技术大同小异。8 世纪时来到撒马尔罕的中国造纸工匠，

---

[1] 引自潘吉星：《中国造纸技术史稿》，文物出版社 1979 年版，第 155 页。

[2] 引自潘吉星：《中国造纸技术史稿》，文物出版社 1979 年版，第 155 页。

将完整的造纸技术都带到这里。

由于上述原因，撒马尔罕很快就发展成为重要的造纸业中心。历史学家白寿彝指出：怛逻斯战役造成的造纸术的西传，"这不只是对于大食和欧洲的造纸术引起了空前的改革，并且对于大食和欧洲的文明也产生了较大的影响。因为用这种新方法所造的纸，相对于使用的旧有纸张更为方便，对于文明的传播和进步，起了显著的积极作用。据说欧洲人之所以能从黑暗时代转入启蒙时代，中国造纸术的输入是重要原因之一。其也是双方参与怛逻斯战争的人想不到的结果"。[1]

在撒马尔罕的造纸业发展起来后不久，阿拉伯世界又涌现出几处造纸业基地。794年，在哈里发的首都巴格达建立了新的造纸厂。当时的巴格达是伊斯兰教的宗教和文化中心，是当时世界上最富庶繁荣的城市之一。巴格达纸厂的主要技术力量都是由撒马尔罕纸厂所提供的，据说其中就有中国工匠。纸厂投产后，哈里发哈仑·拉希德（Harun al-Rashid）的宰相贾法尔（Jàfar）便明令政府公文正式采用纸张，以代替耗资巨大的羊皮纸。从此，纸张很快取代了原有的纸草纸、兽皮纸等书写材料，成为阿拉伯世界广泛使用的书写材料。

由于纸的需要急剧上升，9世纪时，在西亚地区又陆续出现了两个新的造纸厂。一个是在阿拉伯半岛东南的蒂哈玛（Tihāmah）建立的纸厂，一个是在大马士革（Damascus）建立的一座规模宏大的纸厂。大马士革在几百年间是向欧洲供应纸张的主要产地，所以欧洲一般称纸为"大马士革纸"（Charta damascena）。叙利亚的另一城镇班毕城（Bambyn）也以制纸著称，所以欧洲人也曾把纸称为"班毕纸"（Charta Bambycina）。

当时，非洲北部也在阿拉伯帝国的统治之下，所以纸和造纸术在中亚和西亚地区传播的同时，快速传播到埃及。大约在公元900年前后，在今埃及

---

[1] 白寿彝主编：《中国回回民族史》，中华书局2003年版，第243页。

的开罗地方已经建立了造纸厂。埃及自古以来一向以生产纸莎草闻名于世，并长期向地中海地区输出这种纸莎草。但是，当中国发明的纸和造纸术传到这里以后，纸草便遇到了强有力的竞争对手，自此便决定了它最终被淘汰的命运。10世纪中叶以后，纸草文书便已告绝迹，纸最终代替纸草而成为最重要最常用的书写纪事材料。甚至纸在埃及还作为日常生活用品。

大约在11世纪的下半叶或1100年，造纸术传到北非的摩洛哥，摩洛哥的非斯城（Fez）成为当时另外一个造纸业集中的中心。

造纸业的发展、纸的推广和普遍应用推动了阿拉伯科学和文化事业的进一步昌盛和繁荣。830年，阿拔斯朝首都巴格达建立了"智慧宫"，由科学院、图书馆和译学馆联合组成，系统和大规模地开展翻译事业，史称"百年翻译运动"。撒马尔罕和巴格达造纸厂生产的轻便的纸，为翻译事业的发展提供了最方便的条件。

纸在波斯湾和两河流域已经如此普遍，以致在短时期内便可抄录多卷本的科学巨著。遍布于各地的大批的专业或业余的抄写员一刻不停地抄写着从各地收集来的图书，经过装订工和装帧工的加工，一本又一本精美的手抄本书问世了。手抄本书籍的大批问世使阿拉伯世界的图书总量迅速增加，促进了图书馆事业的发展。巴格达一地就有公共图书馆30多座。从巴士拉、大马士革、阿尔及利亚，直到摩洛哥和科尔多瓦，都设立了公共图书馆。同时，阿拔斯王朝时期还出现了遍布帝国各地的书商和书店，专门从事图书的抄写、校对、装订和销售工作。据统计，9世纪时，仅巴格达一地的书店就多达百余家，大马士革和开罗亦有不少书商。众多书商和书店的出现，为书籍的大规模流通和文化的传播打开了方便之门。

四　造纸术在欧洲的传播

中国的造纸术由阿拉伯人传入欧洲。约9世纪，阿拉伯人造的纸就传到了欧洲。按照传统的说法，纸进入欧洲，是由北非的法蒂玛人传播，经过摩洛哥，10世纪中叶传入科尔多瓦（Cordoba）伍麦叶朝统治下的安达卢西，后又在法国广泛采用。但另有一则史料记载，西班牙科尔多瓦王朝的开创者阿卜杜勒·拉曼（Abdul Rahman）在当时已用石印复制公文，分送各部门。要印刷，就离不开纸。阿卜杜勒·拉曼在叙利亚摆脱了阿拔斯家族的追捕，经过马格里布逃到西班牙，重新建立了一个王朝，他在叙利亚时大约早已知道刚从撒马尔罕开始生产的纸。在他统治时期，就设法从西亚弄到纸张，从而使纸流入了欧洲。[1]但是大宗的纸从阿拉伯世界传入欧洲，还是在大马士革造纸厂建立以后。在数百年的时间长河中，大马士革一直是向欧洲输出纸张的中心。

8世纪时，西班牙被纳入阿拉伯帝国的势力范围，阿拉伯文化也随之传入西班牙。因此，西班牙是第一个用纸书写的欧洲国家，也是第一个使造纸业得以发展和繁荣的欧洲国家。西班牙的造纸技术是由北非的摩洛哥传入的。1086—1121年，北非的摩拉维德人入侵西班牙，连续进行了30多年的战争。西班牙的造纸厂便是在这一时期由摩拉维德人建立的。这种纸也畅销地中海各地。据说在圣多明各（Santo Domingo）发现的一份10世纪时的写本，是欧洲最早出现的纸张标本。它由长纤维的亚麻破布制成，淀粉施胶，纸质很重，与阿拉伯纸相似。[2]西班牙的第一家纸厂设在以产亚麻著称的萨蒂瓦（Xátiva），是西班牙的造纸中心。

西班牙是欧洲最早发展起造纸业的国家。纸的传播和广泛应用，促进

---

[1] 沈福伟：《中西文化交流史》，上海人民出版社1985年版，第332—333页。
[2] ［英］李约瑟：《中国科学技术史》第5卷第1分册：《纸和印刷》（［美］钱存训著），科学出版社、上海古籍出版社1990年版，第265页。

第二篇　发明之光

传教士蒋友仁寄回法国的造纸工艺图《碾碎竹子》　巴黎国立图书馆藏

了阿卜杜勒·拉曼三世统治下的科尔多瓦文化的繁荣。当时的科尔多瓦也是可与巴格达、君士坦丁堡相媲美的文化中心。纸的大量生产更推动了西班牙翻译古典遗产的热潮，许多重要的阿拉伯学术著作以及古犹太和古希腊的重要著作在11、12世纪被译成西欧知识界通行的拉丁文。这项翻译事业规模宏大，意义深远。它在希腊古典文化和欧洲近代科学之间建起了一座桥梁[1]，对近代欧洲文化的发展起到了重要的推动作用，为日后的文艺复兴运动奠定了基础。

纸从阿拉伯传入欧洲的第二条路线，是从北非埃及境内的纸厂经由地中海的西西里岛输入欧洲。1109年，西西里国王罗吉尔一世（Roger Ⅰ）颁发了一道写在色纸上的法令，法令用阿拉伯文和拉丁文书写，这是欧洲现存最早的纪年纸本文书。40多年后，纸从西西里传入热那亚，在热那亚档案馆保存的纸抄本中，有一部分的年代是1154年。但是，这些纸很可能由阿拉伯国家输入，而非当地生产。

欧洲基督教国家建立的第一座纸厂，于1189年在比利牛斯北麓的赫洛尔城附近兴建。但是，在这座工场中，造纸技术仍是由穆斯林工匠操作和传授，它的产量较小，所以，在此后的100年，欧洲所需要的纸大体上仍由大马士革和西班牙两地穆斯林纸厂所供应。

意大利最早的造纸厂于1268—1276年在蒙第法诺创办。这家纸厂所造的纸张品质优良，光滑厚重并且不沁水，适应欧洲人使用鹅毛管的西式笔和溶液墨汁的传统书写习惯，因此很受欧洲知识界的欢迎。从此以后，意大利的造纸业便蓬勃发展，在意大利的其他城市如波洛尼亚、奇维达莱、帕多瓦、热那亚等地都开设了纸厂。14世纪初，意大利纸在产量和质量上都超过了西班牙和大马士革，成为向欧洲供应纸张的主要来源。

法国的纸可能是经由邻近的西班牙输入的。13世纪起，法国开始使用西

---

[1] 沈福伟：《中西文化交流史》，上海人民出版社1985年版，第334—335页。

班牙纸，但法国本身造纸则从 14 世纪开始。1348 年在特鲁瓦附近开设了一家纸厂，1354 至 1388 年间，还在埃松、圣皮埃尔、圣克卢、特瓦勒设立纸厂。但是另一种说法是让·蒙戈尔费埃（Jean Montgolfier）在第二次十字军东征时被土耳其人俘获，被迫在一家纸厂内劳动，他于 1157 年从那里逃回欧洲。据说后来，他的孙子们在法国中部奥弗涅省安贝尔镇开设了几家纸厂，14 世纪中叶，此地也确实成了重要的造纸业中心。[1]

德国 13 世纪初开始用纸，但大部分纸张是从意大利输入的。14 世纪时，德国用纸量迅速增长，促进了意大利造纸业的发展。特别是 14 世纪末叶雕版印刷传入欧洲以后，意大利纸用来印制纸牌和彩绘图像，为数十分可观。据说德国南部的科隆和美因兹在 1320 年都已设有造纸工场。不久，欧洲早期印刷中心之一的纽伦堡，在 1391 年也设立了造纸厂，其创办人是乌尔曼·施特罗梅尔（Ulman Stromer）。雕版印刷也在此时与造纸业共同出现于纽伦堡。

关于施特罗梅尔创办纸场，据说是受到意大利人的启发。1390 年，他在意大利米兰看到了造纸生产的情况，并遇到了几位意大利造纸工人。他带着几位造纸工匠回到纽伦堡，开办了一家造纸场。此后，德国工人从几位意大利人手中学到了造纸的全套技术。施特罗梅尔因为造纸而大获其利，后来甚至成为纽伦堡的议员。纽伦堡也因造纸而闻名，不久就成为德国的印刷业中心。

由于当时的欧洲科学文化相对落后，识字的人有限，纸张的使用长期受限。在 14 世纪初，纸在欧洲的数量较少，除了西班牙以外，只有意大利有两三家纸厂，但产量也不高。14 世纪是纸和造纸术在欧洲的传播取得显著进展的一个世纪。到 14 世纪末，意大利、法国、西班牙和德国南部都有了纸的生产，除了少数贵族外，纸基本已经代替羊皮纸成为通行的书写材料。从 15 世

---

[1]　[英] 李约瑟：《中国科学技术史》第 5 卷第 1 分册：《纸和印刷》（[美] 钱存训著），科学出版社、上海古籍出版社 1900 年版，第 267 页。

纪起，造纸术以德国为中心，向东西传播。英国从14世纪起才用纸作书写纪事材料，到1511年才建起第一家纸厂。英国最早的这家纸场是由伦敦布商泰特（Joh Tate）在伦敦北部的哈福德建立的。到17世纪末，英国已经有了百多家纸场。17世纪，欧洲各国大都采用中国式的手工生产和设备造纸。

纸的广泛传播和普遍使用，对于欧洲科学文化的发展起到了不可忽视的作用。特别是对近代欧洲科学的繁荣和文化的进步，对于知识的传播和理性主义的兴起，乃至对于欧洲走出中世纪的蒙昧主义迷雾，开辟近代文明的新的历史纪元，都发挥了直接或间接的作用。

值得注意的是，在欧洲，造纸术和印刷术几乎是同时传播过去的。实际上，造纸术和印刷术是一个相互关联的发明。没有纸，印刷术几乎无从谈起。因为说到印刷，就是指在纸上的印刷。在纸上的印刷，就出现了现代意义上的"书籍"。而在此基础上，大量印本书的出现，明显推动了欧洲人的读写生活的变化，促进了宗教改革和新思想、新科学的传播，因而出现了文艺复兴。

我国学者潘吉星指出："欧洲人最初学到的是唐代造纸技术，而宋以后，造纸技术在中国有新的发展。18世纪以后，欧美人了解以上技术后，又继续引进，于是进入到中国造纸术在欧美传播的第二个阶段。"[1]

18世纪时，欧洲为了提高造纸技术，必须求援于中国。1764年，法国经济学家杜尔阁（Anne Robert Jacques Turgot）向在法国学习的中国青年高类思、杨德望提出要求，希望他们回国后能向他介绍中国科技文化的详细信息。在杜尔阁列的问题清单中，就包括弄清中国造纸的工艺流程。18世纪中叶，法国造纸技术家仍然没有掌握中国早在几百年前就已掌握的技术奥秘。上述问题都是当时法国和其他欧洲国家造纸业急需解决的重要问题，希望从中国取得借鉴。1766年，高类思和杨德望回国后，购买了杜尔阁希望得到的中国抄

---

[1] 潘吉星：《中国古代四大发明——源流、外传及其世界影响》，中国科技大学出版社2002年版，第392页。

纸帘、各种造纸原料及纸样，连同技术说明材料，通过商船寄回法国。

在乾隆年间，法国在华传教士蒋友仁（Michael Benoist）请中国画家画了一套造竹纸工艺过程的工笔设色组画《造竹纸系列图》，共24幅。画稿完成后，蒋友仁寄给法国的友人、巴黎建筑师德拉图尔（Françire Delatour）。这套组画多次被欧洲人临摹，广为传播。1815年，巴黎出版的《中国艺术、技术与文化图说》公布了《造竹纸系列图》中的13幅。编者说明画稿是在华耶稣会士请中国人绘制，送巴黎后制成铜版。铜版画的出现为此后其他造纸书所转引。这套系列画对于欧洲人了解中国的造纸技术具有重要作用。这套组画向欧洲人形象地展示了中国造竹纸的全部技术过程、所用原材料、工具和操作步骤。尤其是抄纸用竹帘的形制和用法、湿纸人工强制干燥技术和植物黏液的使用等，其均为当时欧洲纸工不了解的新鲜事物。他们看到这些图和说明后，对改善本地过时的造纸工艺和改变单一生产麻纸的现状，也是有益的借鉴和成熟的技术经验，也会刺激他们用图中所示的方法进行模仿性实验。

五　纸与造纸术对世界文明的意义

造纸术的发明，使纸作为一种新型的书写材料出现并广泛应用，对于整个人类文明的发展历史而言均具有重大现实意义。

造纸术的发明在根本上改变了人们的书写材料。这是一个人类文明发展中具有跨时代意义的发明。文字总是要有一个书写文字的物质载体。各民族的先人们为此做过大量的尝试，创制了多种多样的书写材料。比如在中国，就先后应用过甲骨、石刻、竹简、锦帛等，其他民族也陆续发明了他们的书写材料，比如最有名的埃及纸草、欧洲的羊皮纸、印度的贝叶等。这些书写材料在不同民族和文明的发展中起到了十分重要的作用。但是，书写材料自身也存在明显的不足。这主要是：原材料不易获取，不易保存或流传，书写的容量小，价格昂贵不易普及，笨重而不便于阅读，不便于大规模地复制，如此等等。因此，在纸发明以前，书写材料限制了文化的普及，读书写字是少数人的事情，所以也限制了文明的发展。

所以，纸出现后，各民族其他的书写材料就都退出了文明的历史舞台，主要作为一种考古学意义上的文物所保留。人们开始普遍用纸来作为书写的材料，人类文明的历史便开始书写在纸本上。所以，纸的出现是文字载体发展史上的革命。约4世纪时，在中国，纸已经彻底淘汰了简牍，成为主要的书写材料。

纸具备了适合书写的一切优点，比如原材料广泛、价格低廉、轻便、宜于长期保存、纸面光滑、书写容易、阅读方便。因此，纸张使用日益普及。更多的人有更多的条件来使用纸写字。这样，读书和写作的人就多了。同时，也就改变了人们的书写方式，也改变了人们的阅读方式。简而言之就是促进了文化的普及，因而推动了文化的大发展和广泛的繁荣。比如在造纸术出现以后，价格昂贵的竹简和锦帛退出了中国人的书写领域，人们普遍采用纸张来记录和书写，古典的书籍文献和文艺作品也用纸重新传抄，能够读到的人越来越多。因而，此后不久，就出现了盛唐时代的文化繁荣景象。所以，"纸写本是传播人类文明的圣火"。书写材料是文化传播和文明传承的重要载体，这个载体由于变得方便和平民化，所以使文化的普及和在普及基础上的大发展成为可能。法国学者布尔努瓦在其著名的《丝绸之路》一书中指出："纸张是从中国为我们传来的另一种重大发明……其文化意义是无法计算的，纸张引起了拓印术和印刷术的发明。由此而开始了书籍的传播。佛教经典的经书、儒教经典的书、断代史书、科学书、医学书，所有可以传播的人类知识都能被大量印刷，同时也可以较低的价格获取，这就是此种发明的最早效益。"[1]

---

[1] [法]布尔努瓦著，耿昇译：《丝绸之路》，山东画报出版社2001年版，第265页。

值得注意的一个现象是，在欧洲，造纸术和印刷术几乎是同时传播过去的。实际上，造纸术和印刷术是一个相互关联的发明。没有纸，印刷术几乎没有可能谈起。但是，在中国，纸发明后，仍然是手抄了几百年，然后才出现了印刷术，进而出现了印本书。有人说，造纸术传播到欧洲延后了几百年，是由于中国人技术保密。其实不是这样。最主要的原因是地理的阻隔，此外还有需要的迫切程度的问题。当时欧洲文化的发展水平还没有对改变书写材料的迫切要求。13世纪以后，这种需要正式出现，于是造纸术和印刷术便逐渐传入。而在此基础上，大量印本书的出现，极大地促进了欧洲人的读写生活的变化，促进了宗教改革和新思想、新科学的传播，因而出现了文艺复兴时代。

辉耀四海 ——影响世界的中华文明

第七章 "文明之母"印刷术

一 高丽刻印"八万大藏经"

印刷术是中国古代最伟大的发明之一，是中华民族贡献给人类文明的最珍贵的礼物之一。在中国历史上，雕版印刷术和活字印刷术的发明和发展，使人类科学文化知识的传播获取了全新的形式，即印刷读物的形式。印刷术的发明，大大提高了书籍的复制速度，有力地推动了科学文化知识的广泛传播和普及，对人类生活众多领域的发展和进步产生了重大的影响。因此，印刷术被誉为"文明之母"，印刷术的发明被看作是"人类文明史上的一个里程碑"。印刷术在中国发明不久，就传播到海外各地，获得了广泛地推广和应用，在世界各国的文化发展史上，在整个世界文明的发展历程中，都发挥了巨大的推动作用。

中国印刷技术的发展，主要包括两个不同又互相联系的阶段：一个是雕版印刷技术的阶段，另一个是活字印刷技术的阶段。二者也是具有重大意义的发明，都是中华民族的伟大创举。

印刷术发明以后，书籍的刊刻成为一项盛大的文化事业，对于文化的传承与发展具有重大的意义。印刷术的发明从根本上改变了图书的流通方式和人们的阅读方式，使阅读不再是少数人的特权，而是变成了一种可以大众共享的文化形态。其在文明发展中是突破性的变化。由于"印刷术从根本上改变了图书生产的条件及图书的物质形态，同样也改变了其适应环境"，"印刷术发明最基本的影响在于它带来了书价的降低和书的相对平凡化"。[1]

中国人发明的印刷术,从雕版印刷到活字印刷,和中国的许多伟大发明一样,陆续传播到海外,对世界文明的进步和发展产生了重大影响。

中国古代典籍在朝鲜的流布,是中华文化传播到朝鲜半岛的重要内容,也是一个重要的渠道和形式。中国印刷术发明后,有大量的印本书,甚至还有雕版,被作为礼品或商品流入朝鲜。在两国的贸易关系中,中国书籍在很长的时间内是朝鲜需求的大宗商品。

与此同时,中国发明的印刷术也传到朝鲜。朝鲜人仿照中国技术,利用本国产的优质纸墨,开始雕版印书。朝鲜人在借鉴中国活字印刷术的基础上,有所发展和创新,大规模地制造和使用铜活字,同时首先使用铅活字,在世界印刷史上具有特殊的地位和影响。

关于雕版印刷术什么时间传入朝鲜的,目前尚不明确。但是至少在8世纪中期的时候,就已有中国印刷品传入朝鲜。建成于751年的韩国庆州佛国寺释迦塔底下曾发现了雕版印刷品佛经《无垢净光大陀罗尼经咒》,据说是在唐长安刻印的。10世纪中期,高丽曾流传一部伪经《佛说父母恩重经》,据说是山东的石刻。

朝鲜半岛的刻书事业大约起源于10世纪末。到11世纪初,朝鲜的雕版印刷已经有了较大发展。高丽王朝建立后,在中央设置了担任缮写、出版各种书籍的秘书省,雕版印刷了大量的儒学经典、历史和医学等各种书籍。现存朝鲜刊行的最早印本是1007年总持寺刊印的《宝箧印陀罗尼经》一卷。此经置入佛塔中,小卷轴装。由五张纸连成,每纸直高7.8厘米,全长240厘米。卷首有一佛变相图,图后是经文。

高丽还从中国直接引进雕版,到高丽印刷。宋元祐四年(1089年),泉

---

[1] [法]费雷德里克·巴比耶著,刘阳等译:《书籍的历史》,广西师范大学出版社2005年版,第132页。

州商人徐戬私下受高丽国的委托,在杭州雕造《华严经》2900多片,完成后用海船运往高丽,徐戬得到酬银3000两。由于此事完全是徐戬个人的私下贸易,事先没有奏准官方同意,被杭州知府苏东坡知悉后,一纸奏状,徐戬被"特送千里外州军编管"。

朝鲜印刷史上最重大的事件是11世纪刊刻工程浩大的《大藏经》。高丽人把引进和刊印佛经作为一项重要事业。北宋初30年内,高丽从中国请去三部印本《大藏经》。显宗时派遣礼宾卿崔元信特备中布2000端,作为纸墨价资,求佛经一藏。宋真宗特许无价赠送。后来有辽朝分别送给文宗、睿宗、义天和尚以及慧昭和尚买回的辽本《大藏经》三部。可见高丽王朝对引进《大藏经》的重视。

显宗元年(1010年)时,契丹大举进攻高丽,夺走义州、宣川,包围了平壤。显宗南行避难,无力打退强敌。于是,显宗与群臣发无上大愿,誓刻成《大藏经》版,以借佛力的神通退敌兵。自显宗二年(1011年),历德宗、靖宗以至文宗(1082年),历经71年始告完成。全藏6000卷,主要依据《宋开宝藏》及《契丹藏》(《辽藏》)。这就是高丽旧藏经或称初雕藏经。刻成以后,版藏岭南八公山符仁寺,称为高丽之"大宝"。

然而,100多年后,这件高丽"大宝"却毁于战火。1232年,蒙古兵入侵高丽,符仁寺所藏的《大藏经》版全部被烧掉。当时蒙古兵力强盛,高宗王皞与群臣束手无策,于是又效法显宗,立愿重刻《大藏经》,希望"诸佛圣贤三十三天"的力量,使敌人远遁。从高宗二十四年(1237年)发愿,在避难的首都江华岛设立大藏都监,于晋州设分司,开始雕造,到高宗三十八年(1251年)刻成,历15年而功毕。全藏共6791卷,刻版81258块,因此号称"八万《大藏经》"。据传,用于经板的木料为谷雨木,主要采自智异山。"八万《大藏经》"每块经版宽69.5厘米,长23.9厘米,每版22行,每行14个字,总字数约5200万之多。30余人校对各种不同的经板,校对十分精密,

韩国海印寺藏经版殿内景

据称无一错漏。在平整而有光泽的版面上雕刻的成千上万的字,均以欧阳询体刻成,8万多块经版如出一人之手,其高超的木版雕版印刷技术水平在世界文化出版史上占有重要的地位,具有较高的艺术价值和文献价值。

"八万《大藏经》"的全部经版在高丽王朝时代曾收藏于江华岛传灯寺内,到李氏王朝太祖七年(1398年),为安全起见,被保存在所谓"三灾不到"之福地庆尚南道伽耶山南侧山麓海印寺中。储藏大藏经版的藏经殿建成于1488年,建成后从未遭受过战乱和火灾,是世界上唯一一座保管大藏经的建筑。这部高丽《大藏经》版,至今仍完好地保存在海印寺里,因此海印寺有"海东敦煌"之称。

"八万《大藏经》"是现存大藏经中历史最久、内容最丰富、举世公认的标准大藏经和佛教全书。高丽刻印"八万《大藏经》",是世界佛教文化史上的一件盛事,也是世界印刷史上的一件盛事。

高丽除有刻印《大藏经》之盛举外,还有义天和尚印《续藏》。义天曾到中国游历一年有余,并从中国带回佛教经籍1000多卷,包括《清凉疏》版。他立志"聚集古今诸家教乘,总为一藏,垂于万世",于是在自己所住的兴王寺设教藏都监,刊刻从宋、辽、日本及本国收集来的佛典经籍4740余卷,大约在他去世那年(1101年)刊刻完成,世称《义天续藏》。

从11世纪到13世纪,木版印刷在高丽经过百余年的发展,已经达到较高的水平。

到李朝时,朝廷大力提倡宋儒理学,曾多次向中国求购汉籍。1426年,明朝赠给朝鲜《四书》《五经》《性理大全》《通鉴纲目》各一部,1454年又赠给《宋史》一部。此外,李朝也大量翻刻儒家典籍,如程、朱、真德秀等人的著作,无不翻刻。当时,朝廷与民间的刻书热情始终高涨,对中国的经、史、子、集以及《三国演义》等文学作品,无不大量翻印。《成宗实录》说当时朝鲜"诸子百家无不锓梓,广布于世"。李朝成宗令诸道开刊书册,使观察使印出,分送诸邑。除了翻刻来自中国的图书典籍外,同时也印行许多本国的著作。

中国宋代发明活字印刷术后,也传到朝鲜。朝鲜人把毕昇、杨古用泥烧制的活字称为陶活字,也曾烧制过,据说也用这种陶活字印过书。另外朝鲜还有一种特殊的"瓢活字",是用老葫芦的表皮制作而成。1376—1895年,朝鲜造木活字共28次,有时一年造两次,有《康熙字典》体、钱谦益《初学集》体、笔书体、印书体等。1376年木活字印《通鉴纲目》,后来用木活字印《仁祖、孝宗实录》。现存最早者有1395年木活字版《功臣都鉴》。

在世界印刷技术史上,朝鲜最有重大意义的是大量铸造和广泛使用金属

韩国海印寺藏经版殿

活字。朝鲜在13世纪初便开始铸字印书,据说近年发现的1298年高丽朝印制的《清凉答顺宗心要法门》,为现存世界最早金属活字本。但大规模铸铜活字则始于15世纪初。所以,研究者一般以1403年李朝设立"铸字所"的时间作为印刷史上一个新时期的开端。

  印刷术在朝鲜的传播和发展,特别是采用金属铸字印书,大大促进了朝鲜文教事业的繁荣,推动了朝鲜半岛文明的发展。另一方面,朝鲜历代刊印书籍,不论是雕版印刷还是活字印刷,都有大量的中国典籍,包括儒家经典、佛教经籍、历史、文学以及医药、科技、历法等方面的大量著作,从而为中华文化在朝鲜半岛的广泛传播提供了有效的物质载体,在两国文化交流中发挥了重大作用。

二　日本"五山"的刻书事业

关于中国发明的印刷术何时传入日本的，至今尚无定说。目前可以断定的古代日本最早的版刻印刷实物，是 8 世纪中期的"百万塔陀罗尼经"。日本奈良时代的女皇孝谦天皇笃信佛法，大唐高僧鉴真曾为她授戒。758 年，她让位于淳仁天皇，被尊为孝谦上皇。天平宝字八年（764 年），太政大臣藤原仲麻吕发动叛乱，孝谦上皇迅速平叛，废除了淳仁天皇，重登皇位，为称德天皇。孝谦在平叛中，曾发下宏愿，如平息叛乱，愿造百万佛塔，每塔各置一陀罗尼神咒，供奉各地。叛乱平息后，称德天皇命道镜为太政大臣，主持造塔刻经事宜，用 6 年时间制造了 100 万个高 13.5 厘米的小木塔，塔基中钻凿有手指般粗细的小洞穴，印制了《无垢净光经根本陀罗尼》等四种"陀罗尼经"，置于小洞之中，共 100 万份，称为"百万塔陀罗尼经"。陀罗尼经的刻板版材用樱木，印以麻纸及楮纸，均染以黄柏。分置于京畿地区法隆寺、东大寺、药师寺、大安寺、元兴寺、福兴寺、西大寺、弘福寺、崇福寺、四天王寺共 10 寺中，每寺 10 万塔 10 万经。

8 世纪时，日本竟以 6 年时间印刷 100 万份佛经，同时制成一百万座佛塔，实在是一项伟大的工程。

"百万塔陀罗尼经"的印制，是中国印刷术东传日本的最早的史实，也是古代日本雕版印刷史上的重要起点。国际学术界普遍认为"百万塔陀罗尼经"是目前所知的仅次于朝鲜庆州佛国寺《无垢净光大陀罗尼经咒》的世界上最早的印刷品之一。据此也可以认为日本是中国之外最早发展木版印刷的国家。

中国的印刷术再次东传大约是在 10 世纪后半期。北宋雍熙元年（日永观二年，984 年），日本僧人奝然与其徒五六人入宋，参拜各地佛迹，并受到宋朝皇帝的接见与封号。987 年，奝然回国时，将模刻的旃檀释迦像、十六罗汉画像和宋朝皇帝诏赐的一部蜀刻《大藏经》带回日本。为记载这件事，日本文献上第一次采用"摺本"（印刷书）一词。此后，还有一些日本入宋僧将中国印本佛经带回国。例如1072年入宋的日本僧人成寻，曾托其弟子将宋神宗诏赐的显圣寺印经院新刊藏经413卷册带回日本。由于中国印本佛经传入日本，大概让日本人也了解了中国的雕版印刷技术，于是在日本出现了刻书印书事业。

据现在所知最可信的日本第一部印本书，是宽治本的《成唯实论》。书末有宽治二年（宋哲宗元祐三年，1088年）模工僧观增刊记，称"兴福伽蓝学众诸德，为兴隆佛法，利乐有情，各加随分财力，课工人镂《唯实论》一部十卷模"。日本初期刻印的几乎全部是佛经，多为和尚、尼姑以及善男信女，舍财刊版。他们同中国一样，认为刻经印施是大功德，可以消灾延寿，普渡众生，超度亡魂，往生极乐。所以，在12世纪后，刻经事业接踵而起。当时在日本最享盛誉的是"春日版"和"高野版"。所谓"春日版"，即是京都春日社僧侣的刻书；所谓"高野版"，则是在高野山上的金刚寺梓行。这两种版本的刻书，都是佛典与僧传，尤以密教方面的典籍居多。

日本刻书事业的高潮出现在日本历史上的镰仓时代。在禅宗佛教传入日本并日趋兴盛之际，中国的印本佛典和儒家典籍也大量传入日本，宋学也在日本获得了广泛的传播。上述因素都促进了日本刻书事业的兴盛和繁荣。

这一时期，日本刻书大都是中国宋元版的复刻本。最早模仿唐样版本的是京都泉涌寺版。俊芿及其弟子陆续从宋地带回大批律部经卷，为了谋求律宗的振兴，就在泉涌寺复刻宋版律部，名"泉涌寺版"。主持"泉涌寺版"开版的，都是入宋僧或其弟子。

这一时期规模最大、影响深远的则是"五山"刻书事业。在当时禅宗勃兴、宋学东传的文化条件下，为了适应五山学僧钻研禅学与汉文化的需要，于是五山中盛行起复刻中国文献典籍的事业，出现了竞相刻刊中国书籍的局面。

所谓"五山版",就是指从13世纪中后期镰仓时代起,至16世纪室町时代后期,以镰仓五山和京都五山为中心的刻版印本。"五山版"的出现,是日本印刷史上的重要成就。

五山刻书事业开始于13世纪后期。当时,中国禅僧正念(号大休)从宁波天童山来到日本关东,先后在三处地方当住持。后来将他自己的著作《佛源禅师语录》,亲手删繁,于弘安七年(1284年)"命工开刊,以待归寂,方可印行"。这部书是镰仓五山之一的净智寺刻本,是目前最早的"五山版"。

入宋僧圆尔辨圆在回国时带回大量中国宋版的书籍。所带回来的这些书籍有的被东福寺普门院所刊刻出版,特别是禅宗典籍。到了五山禅僧时,他们不仅出版了一些圆尔带回来的禅宗典籍,还出版了其他的如儒书、诗文等方面的书籍。在京都刊印禅籍似乎由圆尔的弟子俊显、东山湛照等人在东福寺普门院内最先开始的。在东福寺普门院刊刻禅籍的影响下,见山庵的桂堂琼林也开始参与禅籍的刊印工作,刊印了《人天眼目》和《虚舟和尚语录》,并还自作序。由于琼林参与刊印并加以传布,京都及日本各禅寺的刊印事业逐渐兴起,或刊刻宋代高僧的语录,或刊印本朝禅僧的语录,有效推动了日本印刷事业的发展。

五山不仅刻刊大量佛经以及禅僧语录、僧史、僧传等"内典",也刻刊了许多"外典"汉籍。[1]日本刊刻的第一部儒书,是在宝治元年(1247年)陋巷子据婺州本翻刻的《论语集注》10卷,今称之为"宝治本论语"或"陋巷子本论语"。1322年(日本后醍醐天皇元亨二年,元英宗至治二年),佛门僧侣素庆刻印了伪书《古文尚书孔氏传》13卷,现称为"元亨本古文尚书"。素庆认为和尚刊刻儒书,并非越俎代庖,只是见义勇为。在"元亨本

---

[1] "内典"和"外典",佛教文化概念。"内典"指一切有关佛学本门的经论章疏,"外典"指"内典"之外的一切文献典籍。

古文尚书"刻刊之后，日本正中年间（1324—1326年，元泰定元年至三年）还有3部由佛门僧侣刻印的中国书籍。

当时"五山版"刻刊的中国文献典籍，大多数是以中国的宋元刊本为底本摹写的，也有少数是以明初刊本为底本。所以"五山版"的汉籍，基本保存了中国宋元刊本的面貌。当时刊出的外典汉籍，最多的是各代的诗文集和诗文评论，其次是宋元时代流行的中国历史文化入门书。

日本的刻书事业，还出现所谓的"唐式版"。所谓唐式版，是指直接用宋元刻本做版样而仿刻的版，或者仿效众多版样而刻印的版。如京都泉涌寺版就与南宋时临安府的佛寺刊印经有关。五山版则受南宋禅院径山寺、灵隐寺、天童寺、净慈寺和育王寺刊本的影响。

在日本的刻书事业中，有很多来自中国的刻工参与其中，带来了中国先进的雕版印刷技术与工艺，为日本的刻书印刷事业的发展做出了重要的贡献。元代以及元明交替之际，多有中原汉族人士因避乱世而移居日本，其中有一部分人就是刻工。他们有的单独刻书，有的集体刻书。

三　纸币与纸牌

纸币是欧洲人所接触的最早的印刷形式。欧洲人通过纸币，不仅了解到作为新型书写材料的植物纤维纸，而且得知了雕版印刷术这一中国人的伟大发明。欧洲人了解纸币，主要是在蒙古汗国和元朝中西交通大开之际，许多东来的使节、商人和教士直接接触到中国发行的纸币及其在经济商业活动中的作用。

中国是世界上最早使用纸币的国家。纸币的神奇，不仅仅体现了造纸与印刷术的完美结合，而且更体现了符号与物质之间隐秘的对应关系。元代来华的许多西方人士都对纸币产生很大兴趣，并作过报道和介绍。其中最早向欧洲介绍纸币的是元代来华传教士鲁布鲁克（Rubrouc）。他回到法国后，于1255年曾提到中国人用纸币作商业贸易。他说："中国普通的钱币是用棉纸做成，像手掌一样大小，上面印有一些线条和记号，像蒙哥汗印章的样子。至于俄罗斯人通用的钱币，是用有彩色记号的小片皮块做成的。"[1] 此前，欧洲人可能根本没有听说过用纸作为交易媒介的事。英国著名科学家和哲学家罗吉尔·培根（Roger Bacon）很快就读到了鲁布鲁克的报道，他在《大著作》中形容这种纸币为"一张桑叶制成的片子，上面印着一些线条"。马可·波罗对纸币的作用作了更详细和直接的观察。他简要地介绍了桑树皮制纸的情

现存最古的欧洲木版画　1423 年圣克利斯道夫像

---

[1]　[美]卡特著，吴泽炎译：《中国印刷的发明和它的西传》，商务印书馆1957年版，第97页。

况，同时也详尽地叙述了造纸币的过程、流通系统、在交易中的使用及破旧纸币的更换等情况。

佛罗伦萨商人裴哥罗梯（Francesco Balducci Pegolotti）是佛罗伦萨的银行雇员。他可能没去过亚洲，但他通过很多远离家乡从事远距离贸易的商人口中了解了部分亚洲的情况。约1340年，他将自己的所见所闻写成一本书，为那些从亚速海上的塔纳港（Tana，今斯罗托夫）到中国旅行的商人提供参考。在裴哥罗梯的这本书里专门提到纸币，他说："无论商人们携带多少银子远去中国，中国的君主们都会从他们手中拿过来纳入国库。对带来白银的商人，他们用纸币与其兑换。这是一种黄颜色的纸，上面盖了上述君主的印章。这种钱叫 balishi，用这种钱，你可以购买丝绸和其他需要的商品。这个国家的所有人都一定会接受它。你不会因为你的钱是纸币，而为你的商品付出较高的价钱。据说，这种钱分为三种，按照君主为其设计的价值，各有不同面值。"[1] 在裴哥罗梯的介绍中，中国的纸币阐述尤为详细，可能他本人也亲眼见过这种纸币。

除了纸币外，纸牌也是欧洲所知道的最早的雕版印刷品之一。纸牌也是由中国发明的，据传说最早是汉将军韩信发明了纸牌游戏，起初叫"金叶子格""叶格""叶子戏"，后来又称为"马吊"。纸牌在宋以后普遍流行，在南宋的杭州已有专门出售纸牌的铺子。

元代中西交通大开之际，纸牌传到欧洲的可能性较大。它可能是通过阿拉伯人，也可能是当时来华的欧洲人直接从中国带回。15世纪意大利维特波（Viterbo）人柯维卢苏（Covelluzo）曾根据他的祖先记事，提到"纸牌的游戏在1379年传入维特波。这种牌戏来自萨拉森国家，那里叫'纳布'（naib）"。[2]

---

[1] [美]杰里·本特利和赫伯特·齐格勒等著，魏凤莲译：《新全球史——文明的传承与交流》，北京大学出版社2007年版，第547页。

[2] 沈福伟：《中西文化交流史》，上海人民出版社1985年版，第343页。

意大利文的"naib"是借自阿拉伯文，因此，许多研究者认为纸牌是经阿拉伯人传播的。但是，17世纪的意大利作者柴尼（Valère Zani）则主张纸牌是直接由中国，而非经阿拉伯传入的。他说："我在巴黎时，僧正特勒逊（abbé Tressan）给我看一幅中国纸牌，告诉我有位威尼斯人第一个把纸牌由中国传入威尼斯，并说该城是欧洲第一个知道有纸牌的地方。"[1]此处说到的威尼斯人很可能是指马可·波罗。普遍的说法是：1292年，马可·波罗离开中国时，把包括纸牌在内的许多中国物品带回威尼斯，并立刻引起了人们的兴趣，很快在民间流传开。

无论是通过什么渠道，欧洲的纸牌来自中国是没有疑问的。纸牌传入欧洲后，逐步被改造成为扑克牌。此后又经过数百年的演变，逐渐变成了今天国际公认的扑克牌样式。

纸牌在14世纪末已经开始在欧洲流行。1397年，纸牌游戏在巴黎已经十分风行，以致巴黎市长不得不下令禁止工人在工作日斗牌及从事其他某些游戏。1404年，伦格里宗教会议（Synod of Langres）决议禁止教士斗牌。1423年，圣伯纳德（St. Bernard of Sienna）站在罗马圣彼得教堂的台阶上对公众发表了一篇著名的反对斗牌的演说，于是听众们纷纷把他们所有的纸牌拿到广场上付之一炬。以上事例都说明在欧洲当时纸牌十分流行。

在欧洲流行纸牌不久，就产生了印刷纸牌的行业。15世纪初，印刷纸牌已经成为一项重要的产业。在奥格斯堡（Augsbury）和纽伦堡的市府记录中，1418—1438年之间曾经5次提到纸牌制造人，他们大概就是印制纸牌的人。大约与此同时，在德国乌尔姆城（Ulm）的记录中，有将纸牌装在桶内用船运往西西里和意大利的记载。而威尼斯则是当时欧洲印刷纸牌的中心之一。

纸牌是欧洲最早的雕版印刷品。印制纸牌的出现也就意味着欧洲雕版印

---

[1] [美]卡特著，吴泽炎译：《中国印刷术的发明和它的西传》，商务印书馆1957年版，第166页。

刷业出现。因此，14世纪末15世纪初，欧洲的雕版印刷业已经有所发展，真实情况也是如此。几乎在纸牌大量流行的同时，也出现了其他雕版印刷品。现存最早的欧雕版印刷品是印制于1423年的圣克利斯道夫（St. Christopher）像。彼时留存至今的图像印刷品有几百幅，但绝大多数均未注明年代。所以这幅圣克利斯道夫像可能不是最早的，只是因为它在注明年代的少数作品中是最早的。

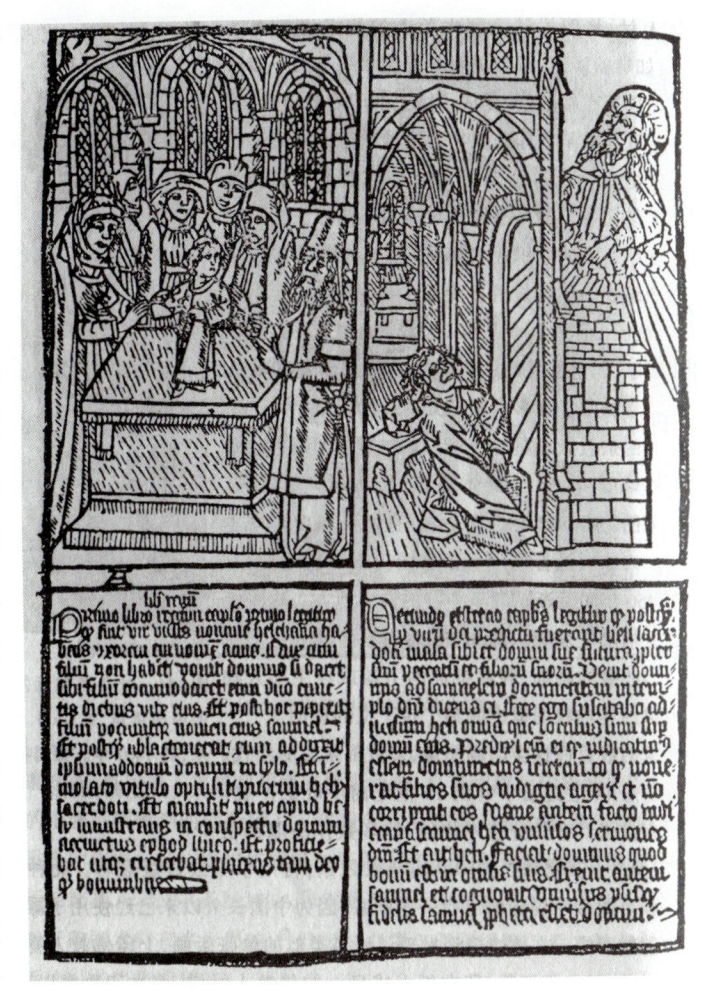

上图下文的欧洲雕版印刷书籍 《旧约·列王纪》 书页以棕黄色墨印在纸张的一面 这种版式和中国印的宗教画和插图画书籍很相似

这些雕版最初印于德国南部和威尼斯，在1400—1450年间逐步普及于中欧大部分地区。它们都以宗教为主题，都是些圣徒画像和《圣经》故事。拉丁文字说明则刻印在画像之下，或者刻成回旋卷状从画面上主要人物的口中发出。后来则由印制宗教画像发展到印刷书籍。15世纪中叶时，威尼斯就已经成为欧洲印刷业的中心。自1481—1500年间新设立的印刷所，如雨后春笋，约达100多处，出版书籍最多，质量也较高。此后，意大利、德国、荷兰也先后成为欧洲雕版印刷的早期基地。

欧洲早期的雕版书籍与中国的雕版书籍很相似，所用的印刷方法和制作工艺也基本相同。根据美国印刷史家特文尼（Theodore Law de Vinne）的研究，欧洲人也是先将文稿或画稿用笔写绘在纸上，然后将纸上的墨迹用米浆固定在木板上形成反体。刻工顺着板材纹理持刀向自己方向刻之，每块木版刻出两页，版心有中缝。刻好后，将纸铺在涂有墨汁的版面上，以刷子擦拭，单面印刷。最后将印纸沿中缝对折，使有字的一面朝外，成为书口。将各纸折边对齐，在另一边穿孔，以线装订成册。这些与中国的雕版印刷方法几乎一样。可见，欧洲早期木刻本在版面形制、刻版、上墨、刷印及装订等各工序操作上，完全按照中国技术方法制作完成，因而才有元代线装书的面孔，只是文字横行，而不是直行。由此可以看出中国与欧洲在印刷技术上的前后相承的关系。在欧洲雕版印刷的肇端中，中国的影响实为最后的决定因素。

四　欧洲的活字印刷技术

中国发明的雕版印刷术大约在14世纪末15世纪初传到欧洲，并在意大利、德国、荷兰等地得到推广和应用，印制了纸牌、雕版画、印本书籍等雕版印刷品。但是，由于欧洲各国使用的都是拼音文字，与雕版印刷并不适合，所以欧洲的雕版印刷事业并未如在中国和东亚各国般持续发展，构成印刷史上具有独立意义的阶段。相反，欧洲人一般只把活字印刷的发明，算作印刷术的开始，而把雕版印刷只作为准备期间的重要步骤而已。在他们看来，活字印刷的发明才是印刷术的发明。这种观点是片面的、偏颇的，不仅不符合雕版印刷曾在世界文明史上发挥了巨大作用的历史事实，也不符合欧洲印刷技术发展史的基本史实。但是，从另一方面来看，这种看法也说明了（尽管是片面地说明）活字印刷对于西方文明发展的影响，因此，具有重要的现实意义。另外，产生这种看法还与雕版印刷在欧洲历史上独立存在的时间较短有关。在雕版印刷术传入欧洲半个多世纪以后，欧洲人便开始应用活字印刷了。

欧洲早期的活字印刷大约出现于 15 世纪上半期。有一位生于威尼斯西北部费尔特雷镇的叫帕姆菲洛·卡斯塔尔迪（Pamfilio Castaldi of Feltre）的意大利雕刻家，据说他在看过马可·波罗带回的中国书籍（一说是几块印刷汉文书籍的木板）后曾经从事过活字印刷。他于 1426 年在威尼斯印过一些折页，据说现在还保存在费尔特雷镇的档案中。伦巴第地区在 1868 年塑造了一座雕像，以此纪念卡斯塔尔迪把活字印刷术介绍引入欧洲。有人认为卡斯塔尔迪所见到的书籍或木板，并非马可·波罗自己带回，而是在马可·波罗回国半个世纪以后，回到意大利的许多无名旅行者之一从中国带回。

荷兰人劳伦斯·柯斯特·封·哈尔兰姆（Laurens Coster von Haarlem）于 1430 年用活字印刷印过一本宗教手册，但字迹不太清晰。当时可能还有一部分人参与过活字印刷的实验。荷兰阿勒姆城医生阿德里安·尤尼乌斯（Hadrian Junius）曾经介绍说，本城人劳伦斯·杨松（Laurens Janszoon）曾以大号木活字印过《拉丁文法》和《幼学启蒙》等书。据说杨松在制木活字同时，还曾以铅、锡试验过活字。因而，荷兰也自称是欧洲最早发展活字印刷的国家。

德国出生的银匠普罗科普·瓦尔德福格尔（Prokop Waldfoghel）也曾在活字印刷方面进行过尝试。他在布拉格居住期间，就已经获得了有关东方铸字印书的技术信息。因为布拉格是中国丝绸运到欧洲的终点，有许多到过东方的商人行旅在此逗留，东方的印书技术的消息在这里也得到了传播和发展。后来有关金属活字的技术信息又从布拉格传到纽伦堡、斯特拉斯堡和美因茨等地。瓦尔德福格尔后来迁居阿维尼翁，他在 1441—1444 年发明了一种生产书籍的"假写技术"（art for writing artificially）。所谓"假写技术"，就是指不用手写，而以字块拼合，印出像手写的文字。他用的材料有铁字、钢字、锡字和木字，亦即是进行金属活字印刷。

对于欧洲印刷史有重大意义的是德国人古腾堡的活字印刷技术。古腾堡（Johannes Gutenberg），早年从事过雕版印刷工作，他于1450年发明活字印刷。1448年，他在美因茨向富商约翰·福斯特（Johann Fust）贷款，以所开发的技术和设备作为抵押，进行金属活字印刷实验。他以铅、锑、锡合金制成欧洲拼音文字的活字，并制造了活字印刷机。1450年，他用铸出得大号金属活字，印刷了《三十六行圣经》，并于1454年印刷了教皇尼古拉五世（Nicholas V）颁发的赎罪券。1455年，印刷了小号字拉丁文《四十二行圣经》，即著名的"古腾堡圣经"。这是古腾堡技术生涯的最大成就。这部《圣经》的版面为30.5厘米×40.6厘米，每版面两页，双面印刷，共1289页，分2册装订。每版四边有木版刻成的花草图案，木版版框内植字，为集木版与活字版为一体的珍本。1455年，古腾堡与福斯特的合同期满，古腾堡无力还债，福斯特于是收回了印刷厂，继续雇佣原有的技师和工人经营，出版了很多书，还改进了活字字体、版面设计以及铸字。1459年，古腾堡在美因茨一位城市法律顾问的资助下，备齐了新的印刷设施，印出了《圣经》相关的释义辞典。

关于古腾堡的成就及其与中国活字印刷术的因缘关系，美国汉学家丁韪良指出："没有必要去假设中国的木活字、铜活字和陶瓷活字曾经流传到美因茨，只需作为陶瓷花瓶包装的一小张印刷字纸或是一匹丝绸，就足以向古腾堡暗示整个活字印刷术的细节了。"[1] 潘吉星指出："古腾堡的技术仍是沿用中国发展起来的金属活字技术原理和基本技术工序。但他因地制宜地以自己的方式变换了活字和模、范用材以及着色剂配制和刷印工具，精巧的螺旋压印器的引用应当看成是他的一项发明。因而他革新了以中国为代表的东亚传

---

[1]［美］丁韪良著，沈弘译：《汉学菁华——中国人的精神世界及其影响力》，世界图书出版公司2010年版，第7页

卢浮宫皇家印刷工场

统工艺，使之更适合于通用拼音文字但缺纸的拉丁文化区和基督教世界。虽然在他以前的其他欧洲人按中国的方法做了初期实验尝试，但他的工艺最为系统、先进，且已成功用于大规模生产，培养出大批技术人才，使其技术迅速推广于欧洲其他国家。他是欧洲金属活字印刷技术的奠基人，在推动印刷术的发展中做出了杰出的贡献。"[1]

另有一则传说，古腾堡的妻子出身于威尼斯的孔塔里尼（Contarini）家族，因此古腾堡也和卡斯塔尔迪一样，见到过某些旅行者带回威尼斯的中国印刷雕版，这给了他很大的启发，由此发明了活字印刷。

在古腾堡活字印刷术及其印刷机在欧洲问世后不久，15世纪中期至15世纪末，在意大利、法国、荷兰、匈牙利、西班牙、英国、丹麦、瑞典等国

---

[1] 潘吉星：《中国古代四大发明——源流、外传及世界影响》，中国科技大学出版社2002年版，第441页。

都先后出现了德国的印刷者按照古腾堡技术创建的印刷所，全欧洲共有250家之多。部分印刷所在古腾堡的印刷技术基础上作了创新和调整。[1]这种新的印刷技术受到了广泛欢迎，出版书籍迅速成为每一个大城市的光荣和有利的生意。

16世纪时，活字印刷术得到进一步发展和广泛应用。16世纪初，著名的学者阿尔都斯·马努提乌斯（Aldus Manutius）在威尼斯经营了一个有名的阿尔丁印刷所（Aldine Press），那里印刷的希腊和拉丁古典文学名著的精美版本直到现在还被认为是印刷艺术史上的杰作。马努提乌斯在发展人文主义文化方面起了巨大的作用。

中国发明的印刷术，包括雕版印刷和活字印刷，通过艰苦的努力，完成了西传的漫长历程。它的西传，直接推动了欧洲印刷业的产生和发展，而印刷技术在欧洲的推广和应用，则在近代文明的进程中发挥了巨大的作用。

五　印刷术对近代西方文明的影响

印刷术在欧洲出现不久，便受到社会各界的普遍欢迎和高度重视。由于最初的印刷品都是宗教宣传品，所以宗教界对印刷术的推广和应用十分欢迎，因为他们感受到这种发明对于宗教信仰的传播具有积极意义。特别是在那些不识字的群众中布教，那些表现圣徒和《圣经》故事的雕版画起到了巨大的作用。1476年，共生会修士们在罗斯托克（Rostock）城发表宣言，称活字印刷术是"一切学识共同之母""教会之辅佐人"。他们自称是"天主的司铎"，说教时"不用口说之语言，而用手写之语言"。16世纪初，古典学者维姆弗林（Wimpheling）曾略带夸张的口气说："昔日基督门徒齐往世界弘扬福音，今日亦犹是也。神圣艺术之门人，则在一切地域宣传，其书籍如同福音之使者，

---

[1] 杜美：《德国文化史》，北京大学出版社1990年版，第51—52页。

真理与科学之传播人。"[1]

  印刷术的应用价值为宗教界人士所称道，但是与此同时，它也是促进宗教改革、甚至是激起与宗教精神相对立的科学和理性主义精神的重要力量。实际上，欧洲印刷事业的发轫与宗教改革有密切的联系。著名宗教改革领袖马丁·路德（Martin Luther）在提到印刷时认为：它是上帝无上而终极的恩典，使福音得以遐迩传播。在近代欧洲的宗教改革运动中，印刷术确实起到了十分重要的作用。正是由于印刷技术的发展和推广应用，使新教运动的观点能够以小册子、传单和宣言的形式广泛流传。在宗教改革中发挥了巨大作用的纲领性文件——马丁·路德的《九十五条论纲》由于印刷厂赶印，两周内就传遍德国，4周内传遍全欧洲。当时人们形容《九十五条论纲》的传播犹如天使传达基督福音般迅速。

  印刷术在欧洲的迅速发展和广泛应用，也反映了时代对这种新发明的需要。在经过中世纪的黑暗时代后，欧洲正处在文艺复兴那个理性主义精神觉醒的新时期。"这一时期也显然是传播知识、发展贸易和强调用白话而不是用古文进行新文学创作的时期。在复杂的环境下，在传播公开的、可接受的、地方的经验和知识方面，印刷术是重要的媒介。印刷术具有人文主义和公开性，在商业上颇有活力，能够开拓人们的眼界，帮助人们认识世界和改造世界，因而得到了广泛应用。"[2]

  在印刷术推广之后不久，欧洲各国出版的各类书籍，不仅仅是宗教方面的书籍，还包括科学技术、文学艺术的书籍，都成倍成倍地迅速增长，印刷、出版以及书籍的销售成为一个新兴的、有利可图的大产业。据统计，在1450年至1500年间，欧洲大约有27000余部作品印刷刊行。这表明出版与阅读的

---

[1] 冯承钧译：《西域南海史地考证译丛六编》，中华书局1956年版，第195—196页。

[2] [英]德博诺编，蒋太培译：《发明的故事》上册，生活·读书·新知三联书店1986年版，第133页。

数量均急剧增长并趋于多样化，在两代人的时间内达到了空前的规模。"自15世纪中叶欧洲活字印刷术发明以后，在短短的50年间，欧洲各国所印制的所谓'摇篮本'即达3万种，每种平均印制两百部，而德国一地所印就占其中三分之一。当时西方社会对印刷术的需求，如饥似渴，因此促进欧洲的宗教改革和文艺复兴，对许多民族文字和文学的产生，以及新兴民族国家的建立起到了重要的推动作用。"[1]

在印刷术的推动下，可供阅读的书籍越来越多，更多的读者得以选择自己想读的书，并私下按照自己的标准加以品评和阐释。而且，印刷术通过机械手段将同一作品不计其数地复制，可以使数百上千读者同时拥有同一部作品，书籍的内容成为公有领域，社会获取知识的途径因而由有限转变为无限。这是史无前例的人与书籍关系的急剧转变，因此，文化传播的广度和深度也明显提高。

印刷术释放了书写文字的力量，成为现代文明发展的动力，加快了人类获取知识的步伐。由于印刷术的应用，将学术、教育从基督教修道院中解放出来，使学术中心由修道院转移到各地的大学。恩格斯曾经指出：印刷业的发明以及商业发展的迫切需要，不仅改变了只有僧侣才能读书写字的状态，而且也改变了只有僧侣才能受较高级的教育的状态。学术文化不再由修道院所垄断，促进了教育的大发展和知识的世俗化，由此出现了中世纪后期文化科技艺术发展的高潮，迎来了文艺复兴的新时代。而到了18世纪启蒙运动时代，文艺复兴时期人文主义著作印本再次引起人们的广泛兴趣，以至法国大革命将古腾堡褒奖为第一位在欧洲传播"启蒙之光"的匠人，将印刷术当作各民族的"自由火炬"。许多研究者都注意到印刷品文化在启蒙时代的重要性。"通过普及当时发行量仍不大的活版印刷，18世纪迎来了各种形式书

---

[1] [美]钱存训：《印刷术在中国传统文化中的作用》，《文献》1991年第2期，第155页。

籍统治的时代：从几大卷的百科全书到低级趣味不入流的书籍，从几十卷的大型丛书到批评宣传小册子，从小说到带插图的科学著作，'印刷自由'意义上的出版自由是18世纪的斗争之一，在大革命热潮中，孔多塞欢呼印刷品是'不可驯服的力量'，这股力量将出版自由置于一切权力之上，同时也集中力量传播了启蒙思想。"[1]

印刷术的发明和广泛应用对于近代西方历史文化的影响具有多面性，甚至可以看作是近代西方历史的重要转折点。印刷术的广泛应用促进了欧洲的现代化，对政治、社会和文化等方面产生了深远的影响，使它成为一种社会变革的媒介和力量。

---

[1] [法]让-皮埃尔·里乌、让·弗朗索瓦·西里内利主编，朱静、许光华译：《法国文化史》第3卷，华东师范大学出版社2006年版，第34页。

第八章 火药与火器

一 火药与火器在朝鲜的传播

火药和火器制造技术，是中国古代科学技术发展的一项重要成果，李约瑟甚至把火药和火器的发明说成是"中古时期中国社会最伟大的成就之一"。中国的火药和火器制造技术发明之后，陆续传播到海外各国，对各国的文明和历史发展，乃至世界历史的演变和发展，都产生了重大影响。即使在现代社会生活中，它也依然发挥着重要作用。现代战争中的常规武器、建筑工程中开山辟路的爆炸物、将各种飞行器乃至人类送上太空的运载火箭，均以中国古代发明的火药和火器技术原理为基础。火药和火器制造技术的发明，是中华民族的勇敢精神、创造精神和文化智慧的结晶，是中国人对世界文明的伟大贡献之一。

中国火药和火器技术的大规模外传，是从元代开始的。当时的军队东征西战，大量地使用了当时已经发明的火药和各种火器。因此，他们也就把火药和火器以及相关的制作技术传到了他们征战过的地方。火药和火器技术外传的事例很好地说明了对人类文明可能造成很大破坏的战争，同时也可能成为文化传播的一个重要渠道，从而对人类文明的发展和进步起到不同程度的促进作用或影响。

关于火药和火器技术传入朝鲜的具体年代尚不明确，但从12世纪以来，在《高丽史》中可发现有关"发火"军、"火攻""炮击""放铳筒"等记载。

12世纪30年代，高丽军征伐妙清叛乱军，攻击西京（平壤）时采用"火攻"战术。据《高丽史》记载，1135年，尹颜颐"与前军使陈淑通议定火攻，令判官安正修等作火具五百余石，越九日早晨以赵彦所制石炮投放，其焰如电，其大如轮。贼（妙清军）初亦从而灭之，至日暮火气大盛，贼不得救……悉皆焚尽"。同时，又有金富轼率部队进攻西京，"有倭人赵彦献计制炮机。置土山上，其制高大，飞石重数百斤，撞戍楼糜碎，继投火球焚之，贼（妙清军）不敢近土山"。由此可见，12世纪前期，朝鲜已掌握了火药和火器制作技术并应用于军事活动。据《李朝实录》载，15世纪的梁诚之曾说："火炮之制，自新罗而始，至高丽而备，及本朝而尽善。"这句话概括了火器在朝鲜的历史发展线索。[1]

13世纪前期，蒙古军队曾侵入朝鲜，并使用各种火器于战事。1231年九月至1232年正月，在龟州战役中，蒙古军使用火炮攻城，锐不可当。另一方面，朝鲜人也在抗击蒙古军侵略时使用火器作战。1254—1259年间，高丽押海人曾用"炮"击退车罗大率领的蒙古水军的进攻。

13世纪60年代以后，元朝政府与高丽关系十分密切，曾调拨大批火药和火器装备高丽军队，为高丽士兵广泛掌握火药火器技术创造了有利条件。

明代元兴后，高丽与明朝保持着密切的往来。当时，为了清剿倭寇，高丽曾向明朝请求军事援助，要求赠给合用的器械、火药、硫磺、焰硝等物。据贲家塾的《彙纂高丽史》卷六记载，恭愍王二十二年（1373年），"遣张子温如京师（南京），请赐火药"。《高丽史·恭愍王世家》记载，恭愍王二十二年，"十一月，是月移咨中书省，请赐火药……今欲下海追捕，以绝民患。差官打造捕倭船只，其船上合用器械（指火器）、火药、硫磺、燃硝等物……议和申达朝廷颁降，以济用度"。在同一篇中还记载，次年，即

---

[1] 朴真奭：《中朝经济文化交流史研究》，辽宁人民出版社1984年版，第121—122页。

1374 年，

> 明太祖有旨："高丽来关军器、火药、造船捕倭，我看了好生欢喜。却不似已前坐视民病，方才有救民之心……早发文书去，教（高丽）那里扫得五十万斤硝，将得十万斤硫磺来。（中国）这里着上那别色（种）合用的药修合（配制）与他去……"（中书）省（大都督府御史）台官即奏："恐彼无此物。"又奉钦旨："皆是同天共日，安得此有彼无。此等之物，处处有之，彼方（高丽）但不会修合（配制）耳……"

明初朝廷对火药、火器控制极为严格，但这次却向高丽调拨焰硝 50 万斤、硫磺 10 万斤以及各种火器，可见当时双方关系十分密切。从明初一直到万历年间，明朝军器局和兵仗局制造的各种火器不断运往朝鲜。

在中国火药和火器大量流传到朝鲜的同时，朝鲜人也积极开展火药和火器的研制。在朝鲜火药和火器技术发展史上，高丽人崔茂宣起到了相当重要的作用。崔茂宣深知火器在战争中的威力，主张自行制造火药和火器。但当时高丽还找不到掌握火药和火器制造技术的人。崔茂宣认为只有利用中朝两国民间贸易的机会，才能学会火药技术。因此，他经常到礼成江口，"每见客商自江南（中国）来者，便问火药之法"。

1373 年，崔茂宣在礼成江口找到了"粗知"焰硝采取法的中国商人李元，崔茂宣对他"遇之深厚"，特地请他到自己的家中，并从李元那里学会了火药制作技术。其后，崔茂宣向高丽政府建议，要求进行试验，但"皆不信，至有欺诋"。他不得不在私下进行研究，"使家僮数人，私习其效"。经过艰苦努力，终于试验成功，并向政府多次建议制造火药和火器。1377 年，辛禑王同意采纳崔茂宣的建议，在中央政府设火㷁都监，任崔茂宣为提调官（或称"判事"），主持制造火药和火㷁（即火铳）等。这是朝鲜有明确记载的火药生产的开始。

崔茂宣在火㷁都监主事期间，不仅生产火药，而且还在过去的"炮机""铳筒"等武器的基础上制造了不少新"火器"。据《高丽史》和《李朝实录》等记载，高丽在1373—1395年间制造的"火器"有：火箭、火筒、火㷁、火炮、大将军、二将军、三将军、六花石炮、信炮、铁翎箭、皮翎箭、蒺藜炮、铁弹子、穿山五龙箭、流火、走火、触天火等，共计17种。它们的威力都很大，使"观者莫不惊叹"。其中"火炮"炮弹发射距离远，而且是最有威力的武器；"火㷁在装上火药喷射火焰的各种炮中可能是最小的，最适合于架在战舰上向敌射击。各种火器中生产最多的是火㷁……火㷁成为海上压倒倭寇的最有威力的武器。"[1]

崔茂宣为朝鲜火药和火器的发展做出了重大贡献。他在临终前，总结自己从事火药和火器研制的经验，编写了《火药修炼法》一书，委托其夫人留给后世，这是朝鲜历史上第一部有关火药和火器技术的专著。

李氏朝鲜时期，李朝政府也十分重视火药和火器的制造，并将火药和火器广泛用于军队装备。1415年，军器监造火㷁（铳）已至万余枝，但仍不敷用。1419年五月，世宗李祹曾率文武百官亲临江面观看火炮演试。1430年，部分地区虎狼为害，世宗亲自下令给"发火"50柄，以除民患。1433年，世宗又至京城东郊观看火炮演试，其中有新制作的"火炮箭"，一发二箭或四箭。可见当时朝鲜的火器技术已经达到一定水平。

二 日本"铁炮传来"事件

元代初年，忽必烈曾两次派兵跨海东征日本。由于元军不习水战，又遇

---

[1] 朴真奭：《中朝经济文化交流史研究》，辽宁人民出版社1984年版，第122—124页。

海上飓风，所以两次东征都以失败告终。但在两次东征中，元军都大量使用火药火器，使日本人受到很大震撼，看到了火器在战争中的巨大威力。日本有许多史籍记载了元军用火器同日军作战的情况。其中《八幡愚童训》记载说，第一次元军登陆同日军作战时，元军"飞铁炮，火光闪闪，声震如雷，使人肝胆俱裂，眼昏耳聋，茫然不知所措"。《太平记》中也有元军使用铁火炮同日军作战的描写："击鼓之后，兵刃相接，抛射出球形铁炮，沿山坡而下，形如车轮，声震如霹雳，光闪似雷电，一次可发射两三个弹丸，日本兵被烧被害者多人，城上仓库着火，本应扑灭，但无暇顾及。"[1]当时日本有一位名叫竹崎季长的画家，曾参加"弘安之役"的战斗，他目睹了元军使用铁火炮进攻日军的情形。战后，他把当时在战场上目睹的情形绘制成《蒙古袭来绘词》，其中有一幅画的画面左侧，有一个正在爆炸的火光四射的球形铁火炮。日本有些史书说，日本人经过这两次战争，才知世上有铁火炮。

元军两次东征日本都没有成功，却使日本人了解到火器在战争中的巨大威力。所以，日本人想从朝鲜那里了解制造火药和火器制作的技术秘密。但是，朝鲜政府对此十分警惕，下令沿海各道，严防"将火药秘术教习倭人。自今沿海各官煮硝宜禁之"。所以，长期以来，日本人并不了解和掌握火药和火器技术，直到16世纪才开始仿制从中国传入的火器。

据日本人南浦玄昌在《南浦文集》中的《铁炮记》一文中记载，天文十二年（1543年）八月二十五日，"大明儒生五峰"，即当时活跃在中日之间的著名海商汪直，与西南蛮种贾胡（即葡萄牙商）以及其他100多人，乘一艘大海船遭遇风暴，被迫在九州南部的种子岛靠岸。船上携有火器。他们将所带"铁炮"（即鸟铳）卖给了岛上领主时尧西梃，并传习火药和火器之法。这就是著名的"铁炮传来"事件。日本史家认为这一偶然事件，是火药和火器技术传入日本的最初交流活动，"开启了日本的火枪时代"。从此以后，

---

[1] 引自王兆春：《中国火器史》，军事科学出版社1991年版，第39页。

火药和火器才在日本逐渐发展起来。

与火药火器有关的烟火技术在日本的发展相对较晚。烟火在日语中叫"花火"。较早的记载是织田信长的《信长公记》卷十四，其中提到天正九年辛巳（1581年）在幕府放爆竹的事。三浦净心也在《北条五代记》卷八中提到天正十三年（1608年）八月北条氏在与佐竹作战后，于夜间点花火慰问将士。

德川幕府时期，中日交通和贸易往来比较频繁。庆长十八年（1613年），有中国南方善造烟火者随商船到达日本，受到德川家康的接见。他们向德川家康献上中国铁炮二门和望远镜、烟火等，并一起观看中国人演放烟火。可见，日本的火药、火器和烟火制作技术，都得益于中国人的直接传播。

三　火药与火器技术在阿拉伯的传播

恩格斯指出："法国和欧洲其他各国是从西班牙的阿拉伯人那里得知火药的制造和使用的，而阿拉伯人则是和其东面的各国人民学的，后者又是和最初的发明者——中国人学的。"[1]

阿拉伯世界在中国火药和火器技术的西传过程中起到了桥梁作用。阿拉伯是火药和火器西传的第一站，经过阿拉伯后才传到欧洲。

火药和火器传入阿拉伯世界主要经由两条路线。一条路线是在南宋时期从中国东南沿海经过海路直接传入埃及，一条路线是在元朝时期蒙古军队西征时经过陆路传入阿拉伯国家。

南宋时，中国与阿拉伯的海路交通十分发达，来往商船不断。当时通往阿拉伯的中国商船都备有自卫武器，船上有弓箭手、盾手和发射火箭的射手多人。阿拉伯人很有可能从南宋以来通过海上贸易渠道得知中国火药和火器

---

[1]　《马克思恩格斯全集》第14卷，人民出版社1964年版，第28页。

的知识。另一方面,当时也有许多阿拉伯人到中国经商旅行或侨居,他们也可能在中国看到过节日焰火,接触过火药和火器,并将自己的见闻传播回自己的国家。例如有许多埃及人和摩洛哥人就在中国亲眼看到过临安城里风行的"流星"或"花火"。再例如,1161年宋金采石战役中,宋军使用"霹雳炮"时,据说有在场的就阿拉伯水手。

13世纪时,蒙古军队发动了几次大规模西征,直接在阿拉伯境内战场上使用各种火器。1258年2月,蒙古军在郭侃率领下攻占阿拔斯王朝首都巴格达时,曾使用了"将火药筒绑在枪头上的武器"(即火箭)。从1234年蒙古灭金后,开封府等地库存火药、火器及守军中的火箭手、工匠等,尽为蒙古军所有,并立即编入蒙古军之中。后来历次西征时,火箭手也随大军西进,并在阿拉伯地区驻扎。1258年伊儿汗国建立以后,中西交通顺畅,往来人员络绎不绝,伊儿汗国的很多阿拉伯人懂得火药和火器技术,有的还被派到中国内地在军队中服役。潘吉星指出:"阿拉伯人早在南宋已于中国看到火药在和平和战场方面的应用场面。元代船队上护航人员配备火器停泊在波斯湾各港口时,当地阿拉伯人也可清晰可见,尤其元代中国硝石、硫磺的出口成为传播火药术的标志。蒙古军队13世纪的西征和伊儿汗国建立后,更为这种传播创造机会,因汗国内驻军所需要火药、火器由当地火药作坊补充,而且征召阿拉伯人从军,也使他们掌握火药知识。因此,以阿拉伯文写的前述兵书,正是这种传播的直接后果。"[1]

在13世纪下半叶的阿拉伯有一部著名的兵书,是阿拉伯军事家哈桑(Al-Hassan al-Rammāh Najm al-Dīn al-Ahdab)在1285—1295年间所著的《马术和军械》。这部著作中详述了各种火器、烟火、火药配方和硝石提纯技术等方面的问题,书中广泛引用了中国资料。哈桑在书中还叙述了火箭、火毬、

---

[1] 潘吉星:《中国古代四大发明——源流、外传及世界影响》,中国科技大学出版社2002年版,第457页。

《蒙古人征服报达》 14世纪波斯细密画

烟火等，药料成分中包括硝石、硫磺和木炭，还有树脂、亚麻籽油及某些金属装填物。书中还列举了一些火药配方。很多火药配方和《武经总要》中的毒药烟球火药法、蒺藜火球火药法、火炮火药法十分相似。

阿拉伯人研制火药后不久，便将其应用于作战。在第七次十字军战争期间（1248—1254年），阿拉伯人使用了含硝的"烟火剂"，用带长尾羽翼的箭，射向敌阵，其威力远大于不含硝的"希腊火"。德国火箭史学家布劳恩（Wernher Magnus Maximilian Freiherr von Braun）在引述这段史实后指出：这种有趣的装置是把火药筒固定在杆上，还装有尾翼，火焰从小孔中喷出。他认为这是欧洲第一次遭遇到这种火箭的袭击。[1]

在哈桑的《马术和军械》一书中介绍了一种"契丹火枪"，枪头叫"契丹火箭"（Sahm xatai）。这是采用金人的飞火枪，用火箭作为燃烧体。14世纪初的另一部佚名阿拉伯兵书《为阿拉而战》也载有陆战时用的火枪和水战时用的火箭，均称为"契丹火箭"。这是在一根长形的契丹火箭上，"安上长而尖的头，以备水战"。在交战中，箭发敌船，"箭头嵌入船板，便延烧以致无法扑救"。这两种"契丹火箭"，前一种是陆战时交手中的火枪，后一种是水战时由管形火器发射的火箭，由于是从管形火器中发射，所以这种火箭已类似突火枪中的子窠。

大约在13世纪末至14世纪初，统治中东地区的马木鲁克人将蒙古人传去的火筒和突火枪加以改制，发展成为一种叫做"马达法"的管形射击火器。"马达法"一词在现代阿拉伯语通称"火器"。关于"马达法"的形制，在14世纪初希姆·埃丁·穆罕默德（Schems eddin Mohammed）的兵书上有所记载，主要有两种：一种是用一个木制短筒，装置火药，在筒口安上石球，点燃火药来冲击石球。另一种筒身较长，先装火药，然后安上铁栓，再在筒口

---

[1] [德]布劳恩：《火箭学和空间旅行史》，引自潘吉星：《中国火箭技术史稿》，科学出版社1987年版，122页。

装箭，火药点燃后，由铁栓推动铁箭射击。日本火器史研究者有马成甫指出：阿拉伯人的火器"马达法"，同中国金军所用的飞火枪，南宋创制的突火枪，同属管形火器系列。"马达法"是二者的发展：飞火枪用纸筒、突火枪用竹筒作枪筒，"马达法"用木筒作枪筒。

大约在14世纪初，"马达法"已用于战事。另外，乌玛里在1340年完成的一部著作中提到一种使用弹药的焰硝炮，这种火器有使用火药的子弹，与宋人突火枪发射子窠颇为相似。

四　火药与火器技术在欧洲的应用

火药和火器的知识和技术经阿拉伯人传入欧洲后，迅速得到推广和应用。大约在14世纪上半期，欧洲便已经开始制造并在实战中应用火器。现存欧洲最早的火器图形，是在牛津礼拜堂发现的一张1326年的瓶形火炮图画，画中瓶口插一支箭，后有武士正点引线。这份档案是1326年伦敦主教为英国国王爱德华三世加冕时的加冕辞，加冕辞的下方是关于火炮的图画。

在霍开姆（Holkham）发现的一份1326年的档案中，也有一幅类似的瓶形火炮的图画。这类瓶型火炮与中国宋金时期铁火炮的形状十分相似。意大利一处中古时期的教堂有1345年和1364年的壁画，1345年画的是水战中用手铳射击，1364年绘制的是堡垒内外的战士均用手铳，堡垒外有一尊竹节形火铳，尾部无竹节，火门在尾部，铳口安有石球，并且有人正在点燃药线。形制与英国的"提拉尔"（telar）一致，尾部没有竹节，说明它出于和手铳同源的"马达法"。[1]

意大利是欧洲最早制造和使用火器的国家，1326年，意大利人便掌握了火器的技术秘密，并在佛罗伦萨制造铁炮和炮弹，这是欧洲造出的第一批金

---

[1]　沈福伟：《中西文化交流史》，上海人民出版社1985年版，第359页。

属管形火器。18世纪意大利史学家穆拉托里（Ludovico Antonio Muratori）根据意大利古史资料提出：1379—1380年，热那亚人和威尼斯人为争夺海上贸易而发动战争，他们在基奥贾（Chioggia）岛上的要塞附近发生了一场激烈的争夺战，此次战役中发射了火箭（igne imission cum rochetis）。西方火器史家都认为基奥贾战役中使用的火箭是西方制造火箭的可靠的早期记载。

与火器相关的烟火制造技术，在欧洲也是首先出现于意大利。佛罗伦萨人和锡纳亚人（sienese）都善于制造烟火。意大利很多地区均定期表演大型烟火。16世纪毕林古乔（Vannoccio Biringuccio）所著的《炉火术》一书反映了意大利的烟火技术。此书有一卷专门讲述烟火制造，包括火药、火炮、火箭和各种娱乐烟火。例如，毕林古乔描述了能送出六七个"火蛇"或其他火箭的武器，有些类似中国的"七筒箭"。

英国也是较早使用和制造火炮的欧洲国家之一。1342年，英国的德比伯爵和索尔兹伯里伯爵参加了阿耳黑西拉斯战役，跟摩洛哥学会使用大炮。1345年，在英法克莱西之战中，英国使用了铁炮24尊，火药60磅。炮手雷尔门·拉西埃（Rarmond Larchier）曾接到土劳斯国王送来的两尊铁炮，8磅火药，200枚铅弹。1345年，英国又制造100件莱巴杜（ribaldos）火器，已粗具三眼铳或四眼铳的雏形。1347年，英国又仿造"马达法"，制造了一种叫"提拉尔"的火炮。

16世纪下半叶，由火药制成的烟火在英国盛行。1572年，英国女王伊丽莎白一世巡视沃里克附近的坦普尔场（Temple Field），沃里克伯爵（Earl of Warwick）兼炮兵总监，用烟火、爆仗欢迎女王。此后，英国文献多次提到用火箭庆祝重要事件。

法国也是14世纪起使用火器。据拉克邦（L.Lacabane）在《论火药及14世纪传入法国考》中说，据法国中世纪的一份档案记载：1338年7月英法交战，一位名叫Guillallme du-Moulin的法国将军从另一位Thomas Fougues将军手中得到了一个"铁罐子"、一磅硝和半磅"活硫磺"。文中对"铁罐子"的描述，与中国 1221 年金人攻打南宋蕲州的铁火炮（震天雷）十分相似，二者是同一种武器。

法国编年史家弗卢瓦萨（Jean Froissart）于 1360 年所著的《法、英、苏格兰和西班牙编年史》中提到了管式发火火箭。据有关文献记载，法国在 1429 年将火箭用于保卫奥尔良的战役。1449 年，又在蓬安德默战役中再次使用火箭。

德国也在 14 世纪上半期开始制造火器。1348 年，法兰克福已有可以发射箭镞的长形红铜铳。1849 年，考古工作者在坦奈堡遗址中发现了一枝大约制作于 14 世纪 80 年代的小型手持枪，它的口径长 1.7cm，全长 33cm，膛长 27cm，重 1.24kg。它同明代凤阳府在洪武十年（1377 年）制造的手铳极其相似。二者除大小稍有差异外，基本结构完全相同。有人认为这两种火铳是同一母型的双生铳。坦奈堡手持枪可能是对中国元明时代铜手铳的仿制，亦或是对阿拉伯"马达法"的仿制和改进。[1]

欧洲野战炮　采自大约 1450 年的日耳曼烟火书

---

[1] 王兆春：《中国火器史》，军事科学出版社 1991 年版，第 450—451 页。

在文献方面，德国最早带有插图的手稿大约在1395年，内载一份火药配方，有制作、提纯和测试硝石的方法，同时带有粗陋的彩色枪炮插图。1405年，德国军事工程师康拉德·凯泽尔（Conrad Kyeser von Eystädt）所著的《战争防御》一书中也谈到了火箭、枪炮和一些奇异的火药配方，反映了当时德国人对火药火器知识和技术的认识水平。书中谈到纵火箭、烟火、火箭、炸弹、火枪等。火药成分除硝、硫、炭外，

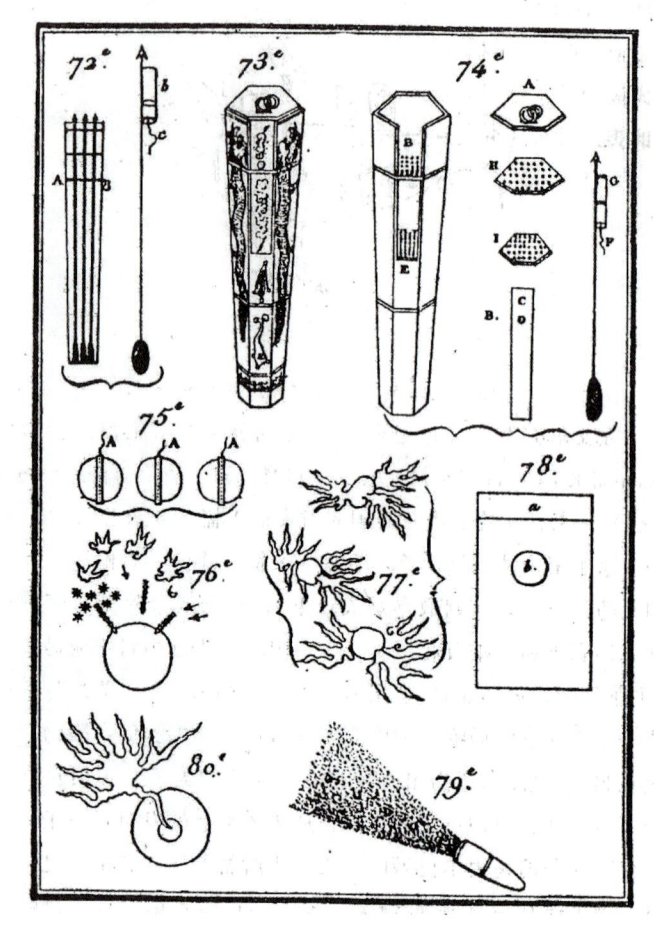

法国传教士钱德明所著《中国兵法论》中转载的《武备志》中的火器图

还有砒霜、雄黄和石灰，与中国的火药方相同。他提到的"飞龙"（flying dragon）是用绳子绑在火药筒上，"飞龙"药料成分中也含有油质物。书中介绍的"飞龙"则类似中国的"神火飞鸦"。凯泽尔还指出，装有较多火药的火箭，必须在火药筒下留一孔，以便迅速燃烧。他也指出火箭发射主要是由于有气体喷出。火药筒由羊皮制成，这主要是由于当时德国纸张的产量不足。

德国的"慕尼黑手稿197"也有关于火器的记载。手稿包括一位军事工

程师、匿名的胡斯派信徒用德文写的笔记和一位意大利人塔柯拉（Marianus Jacobus Taccpla）用拉丁文写的笔记。手稿中涉及一些日期，如1427年、1438年、1441年，载有火药的配方，同时结合插图描述了部分枪炮。德国还有一部16世纪关于火箭的重要手稿，是一位叫康拉德·哈斯（Conrad Haas）的人所作。哈斯曾于1529—1569年间担任锡比乌（Sibiu，在今罗马尼亚境内）炮兵兵工厂的厂长，这部手稿便在此期间完成。其中描述了他和当地工匠制造火箭的概况，有多幅插图，部分火箭在形制上与中国火箭尤为相似。另外，哈斯手稿中还描述了多级火箭，包括二级和三级火箭，体现了当时德国火箭技术的最新成果。[1]

五　火药火器对西方历史进程的影响

约14世纪上半叶，中国发明的火药和火器技术在欧洲推广普及，并应用于军队装备和各种战事。当时，欧洲正处于历史大变革的前夜。火药和火器的传入，对于这场历史大变革起到了重要的推动作用，同时也促进了世界历史的发展。

18世纪法国启蒙思想家孔多塞（Marie Jean Antoine Nicolas de Caritat, marquis de Condorcet）指出，火药和火器的发明，改变了作战方式，使战争发生了革命性的改变。他说："一位化学家将硝石与可燃物混合时，发现了火药的秘密，它在战争艺术方面引发一场意想不到的革命。尽管火器的效果令人恐惧，但其拉长了战斗人员的距离，从而减少了战场的伤亡，战士也不十分残暴。军队的远征耗费更大，而财富便可平衡武力：即使是最好战的国家也感到需要做好准备，需要有商业和工艺致富确保自身作战的方式和手段。开化的民族不再惧怕野蛮国家的孤勇。大规模的征服以及随之而来的革命，

---

[1] 潘吉星：《中国火箭技术史稿》，科学出版社1987年版，第143—144页。

已经变得几乎是不可能。"孔多塞还说：

> 铁盔铁甲、几乎是无懈可击的骑术、使用长矛、长枪或刀剑——这种贵族对平民所具有的优势终于全都消逝了；而摧毁对人类的自由的和对他们的真正平等的最后这道障碍的，却是由于最初一眼看去似乎是在威胁着要消灭整个人类的这样一种发明。[1]

对于火药和火器西传的重大历史意义，恩格斯作了更为精准的阐述：

> 在 14 世纪初，火药从阿拉伯人那里传入西欧，它使整个作战方法发生了变革……火器一开始就是城市和以城市为依靠的新兴君主政体反对封建贵族的武器。以前一直攻不破的贵族城堡的石墙抵不住市民的大炮；市民的枪弹射穿了骑士的盔甲，贵族的统治跟身披铠甲的贵族骑兵队同归于尽了。[2]

恩格斯还指出："但是火药和火器的采用决不是一种暴力行为，而是一种工业的，也就是经济的进步。无论工业是以生产什么或破坏什么为目的，工业始终是工业。火器的采用不仅对作战方法本身，而且对统治和奴役的政治关系发挥了变革的作用。"[3] 恩格斯在这里指出的火药和火器的意义，就不仅仅是在军事装备上的改进和作战方式的改变，而且深入到社会文化的层次，着重指出了它对于经济进步的意义，推动了社会生产力的发展，同时也成为引起社会变革的重要契机。军事的变化、经济的发展以及社会政治关系的变革，都是这一时期欧洲具有重大历史意义的事变。从中国传去的火药和

---

[1]　[法]孔多塞著，何兆武等译：《人类精神进步史表纲要》，生活·读书·新知三联书店 1998 年版，第 97—98 页。

[2]　《马克思恩格斯选集》第 3 卷，人民出版社 1972 年版，第 207 页。

[3]　《马克思恩格斯选集》第 3 卷，人民出版社 1972 年版，第 207 页。

火器对摧毁欧洲封建制度起到了重要作用，从而极大地推动了欧洲历史和文明的发展进程。

另一方面，在资本原始积累过程中，西欧殖民势力向各地开展殖民侵略，也把火器带到非洲沿海地区和三大洋其他地区。15世纪起，葡萄牙的管形射击火器，同时广泛用于军队装备。在资本主义殖民扩张过程中，火器也成了一种得力的工具。

火药发明的重大意义和直接影响主要表现在战争方面，但火药的发明和应用，对于近代科学的进步与发展，也有着重要的意义。正如李约瑟所说：火药的发明不仅仅应用于战场上，更加激动人心的是，"除了开矿、采石、人类交通运输线路建设及所有民用工程项目中应用爆破外，火药作为人类所知的最早的化学爆炸物，还在多种热机发展中发挥重要作用"。[1]比如对火药爆炸现象的分析和研究，导致人类发现了氧，并由此为全部现代化学设立了全新的起点。炮弹在空中的运动（弹道学）促进了动力学的新研究。爆炸本身所具有的力，和炮弹从炮膛里的排出，证明了一些天然的力量尤其是火的力量具有实用性，而这一点也推动了蒸汽发动机的发展。在蒸汽机处于全盛期前，惠更斯（Christiaan Huygens）和帕潘（Denis Papin）于17世纪晚期曾试图制出成功的火药发动机。虽然他们未能使其运转，但这却使他们获得了直接用水及可冷凝蒸汽的灵感。

---

[1] [英]李约瑟：《中国科学技术史》第5卷第7分册《军事技术：火药的史诗》，科学出版社、上海古籍出版社2005年版，第XⅡ页。

第九章 指南针与航海罗盘

一 罗盘在阿拉伯人航海中的应用

指南针是中国古代"四大发明"之一。指南针是依据磁铁的指极性原理制作的辨别方向的工具。指南针的发明为人类的实践活动提供了便利条件。特别是磁针罗盘在航海事业上的应用,提高了航路的准确性,为远洋航行提供了诸多便利,从而推动了世界航海事业的巨大变革和发展。15世纪前后的欧洲大航海时代,罗盘发挥了重要的作用。正是由于罗盘的使用,才使达·伽马发现印度新航路、哥伦布发现美洲大陆和使麦哲伦的环海航行成为可能,同时也促进了欧洲商业贸易的扩大和工场手工业的发展,为资本主义的产生和发展提供了必要的前提。指南针和造纸术、印刷术、火药等中国的伟大发明一样,对世界文明的发展产生了重要影响。

宋元时代,我国的航海事业十分发达。中国的商船不但往来于中国沿海商埠与朝鲜、日本以及南洋诸岛之间,甚至远航到印度洋和波斯湾沿岸诸国。中国发明的指南针也随着中国航海家的踪迹得以传播推广,成为各国航海家使用的导航仪器。

约12世纪末至13世纪初,指南针就传到了阿拉伯人手中。因为当时中国商船是波斯湾和南海之间海上贸易最活跃的参与者,与阿拉伯航海家多有接触。部分中国船只还雇用波斯的船员和船长,因此,中国船只的先进的装备易于被阿拉伯船采用。宋代开始使用的平衡舵,约10世纪左右已被用于红海的阿拉伯船只上。航海罗盘这样先进的航海技术导航，也很快为阿拉伯航海家所掌握。据法国学者雷诺（J. T. Reinaud）和谟里（A. Maury）的研究，阿拉伯海员确切使用罗盘的时间是在13世纪初年。在阿拉伯和红海地区，海员使用的罗盘被称为"针圆"（dā'ira al-ibrah）或"针房"（Bayt al-ibrah）；海湾地区的伊朗人则称之为"吉卜赖·纳玛"（qibla al-ibrah）。[1] 阿拉伯和波斯船上的罗盘都按中国罗盘形式采用四十八分向法。波斯语、阿拉伯语中表示罗经方位的"khann"，就是闽南话中罗针的"针"字。[2]

在阿拉伯文献中，最早记载罗盘的是13世纪初的《地理志》。在1230年编纂的波斯轶闻集《故事大全》中，有类似中国的指南鱼寻求航路的故事。其中有一则故事说，一位乘客乘船在海上航行时，看到船长用一块凹形的鱼状铁片放在水盆中，此浮鱼头部便指向南方。船长解释说，以磁石摩擦铁片，铁片就自然具有磁性。阿拉伯船长所使用的这种海上导航仪器，与北宋曾公亮1044年在《武经总要》中记载的陆上行军时使用的指南鱼相同。阿拉伯人显然是用中国技术制造了水浮式指南针。

1281年，阿拉伯矿物学家贝伊拉克·卡巴扎吉（Bailak al-Qabajaqī）在《商人辨识珍宝手鉴》一书中说，当他乘船从特里波利前往亚历山大里亚城时，海员借助木片或苇箔托浮在水面上的磁针辨别方向。"海员们说，航行在印度洋上的船长们不用这种木片托浮的指南针，而用中空的磁铁制作一种磁鱼，磁鱼投入水中之后浮在水面，头尾分别指示北方和南方。"[3]

阿拉伯航海用指南针基本上用的是水浮式磁针，这与中国的传统基本一致。大部分阿拉伯文献都强调这种仪器指南（qibla）比指北更重要。波斯文

---

[1] 张广达：《海舶来天方，丝路通大食——中国与阿拉伯世界的历史联系的回顾》，载周一良主编：《中外文化交流史》，河南人民出版社1987年版，第771页。

[2] 沈福伟：《中西文化交流史》，上海人民出版社1985年版，第347页。

[3] 张广达：《海舶来天方，丝路通大食——中国与阿拉伯世界的历史联系的回顾》，载周一良主编：《中外文化交流史》，河南人民出版社1987年版，第772页。

称磁罗盘为"指南"（southpointer or qiblanāma），与中国有相同的意思。中国人和阿拉伯人都以南的方位为尊，这与欧洲人不同。

二　欧洲人的磁石与罗盘知识

恩格斯在《自然辩证法》中指出：磁针从阿拉伯人传到欧洲人手中在1180年左右。[1]与中国许多的伟大发明相似，指南针也通过阿拉伯人传播到欧洲。

但是，李约瑟提出了另外一种设想，认为磁罗盘从中国向外传播可能根本不是经过海路，而是经由陆路，是由对确定子午线感兴趣的测量员和天文学家传播的。皮里格里努斯（Petrus Peregrinus）曾细心地描述过两架装有照准仪和罗盘的方位日晷仪（一种是水浮式的，一种是旱悬在一个旋支轴上）。确定子午线，不仅能够在制图中发挥作用，而且对于当时欧洲人所知道的唯一可以胜任的时计——日晷的合理调整也尤为重要。令人惊讶的是：17世纪西方测量员和天文学家使用的罗盘的磁针全都指南（与指北的水手罗盘正好相反），这与所有中国磁针的做法完全一致。如果这一概念能为人接

欧洲罗盘

---

[1]　《马克思恩格斯全集》第20卷，人民出版社1972年版，第532页。

受，则我们设想，天文学家的罗盘可能是经由陆路向西传播的，随后它被用于海上……[1]

李约瑟所说的皮里格里努斯是13世纪时的意大利人，他曾在西西里国王安茹的查尔斯（Charles of Anjou）的军队服役，可能担任过军队的工程师。当前保存下来的一封他写于1269年的《从理论及应用上论磁石之信札》，使当时的欧洲开始探讨磁现象，同时进入了磁罗盘技术改进的新阶段。这封信中包括对天然磁石及其特征的描述，对磁体指北属性定义，以及"磁极"概念的首次使用。他还指出：一块磁铁断裂后会变成两块磁铁。与此同时，他也谈及利用磁力产生运动的尝试，并且提到了磁偏角的存在，即磁体指向的是磁极北向，而不是地理北向。

皮里格里努斯的研究在科学史上具有重要的意义。李约瑟指出磁石的发现和西传在近代科学的发展上的重大影响，他说：

> 磁学的确是近代科学重要的组成部分。中国人为中世纪最伟大的罗盘学者吉尔伯特（William Gilbert of Colchester）和刻卜勒（W. Kepler）对磁力的宇宙作用的概念的建立作了全部准备。吉尔伯特认为万有引力必然类似磁引力。物体落地的现象被解释为地球像一块巨大的磁体，把物体吸引到它本身。重力和磁力相类似的观点是艾萨克·牛顿（Issac Newton）的理论中极其重要的一个组成部分。在牛顿的理论中，人们几乎可以说，万有引力是不言自明的，它存在于所有的空间，就像磁力在没有明显的介质的情况下，在整个空间起作用一样。中国古代关于超距作用的思想通过吉尔伯特和刻卜勒构成了牛顿理论的一个非常重要的部分。再往后，克拉克·麦克斯韦（Clerk Maxwell）以经典方程式形式建立起来的较晚期的电、磁场物理学，比希腊原子唯物主义更接近于有机

---

[1] 潘吉星主编：《李约瑟文集》，辽宁科学技术出版社1986年版，第511—512页。

思想，它也可以追溯到相同的根源。[1]

指南针传播到欧洲的时间较早。大约在12世纪末，欧洲的文献中就有了相关的记载。首次提到磁罗盘的是英国人尼坎姆（Alexander Neckam）。他在12世纪末所写的《论自然的性质》中说，这是一根放在支轴上的针，如若使其自动停息，它就为航海者指明航行的方向。尼坎姆还写道：

> 航海者在海上，当白天云雾遮日，或夜晚在黑暗中，不知道自己是向世界的哪一部分驶行的时候，就用磁石触引一根针，这针就旋转起来，到它转动停止时，针尖就会指向北方。[2]

在尼坎姆的记载之后，还有各种关于磁针帮助航行的文献记载。法国犹太人纳克丹（Berakya ben Natronal ha-Naqdan）也谈过指南针。约1195年他编写了《石头的力量》，书中介绍了73种石头的性能，其中包括磁石和指南针。法国人德·普洛文（Guyot de Provins）在约1205年提到过磁石和指南针。他在当年创作的长篇语体讽刺诗中写道：航海水手用磁针以铁在磁石上摩擦而成，导航效能胜过北极星。诗中写道：

> 我们的教皇像极星，
> 高高在上永不动，
> 水手都能看得清。
> 船只来往海中，
> 靠极星引路，
> 沿正确方向航行。

---

[1] 潘吉星主编：《李约瑟文集》，辽宁科学技术出版社1986年版，第233—234页。

[2] [美]海斯等著，中央民族学院研究室译：《世界史》中册，生活·读书·新知三联书店1975年版，第613页。

其他星体虽位移，
它却原地不动，
因此称为北极星。
水手现有奇妙术，
取来吸铁黑磁石，
与针摩擦显神通。
磁针穿在麦秆上，
置于水面浮动，
它就对准北极星。
以此导航不会错，
水手信心更坚定。
海上一片昏暗时，
不见月又不见星，
水手随即掌灯。
细看针的方位，
避免在迷途航行。
这种技术真可靠，
胜过明亮的极星，
应像教皇那样受尊敬。[1]

  潘吉星认为，从这首诗中可以看到，12至13世纪的欧洲早期航海罗盘，就是中国早期使用的水罗盘。其制造方法与中国基本相同，就是将经过磁石感应的铁针横穿在植物光滑的茎秆中，再漂浮在刻有方位的罗盘中间的圆形

---

[1] 引自潘吉星：《中国古代四大发明——源流、外传及世界影响》，中国科技大学出版社2002年版，第494页。

水槽内。当磁针停止转动时，其两端便分别指向南北。这首诗中描述的方法，与北宋曾公亮、沈括等人的阐述基本一致。其微小的差异是刻度方位格数的多少，此外，欧洲人强调指北，中国人强调指南。[1]

弗兰德人托马斯（Thomas de Cantimpré）写的通俗百科全书《自然的性质》，分20个门类的知识，其中石类部分叙述了航海用的水罗盘。从上述记载中不难看出：当指南针第一次传入欧洲时，大概就已经是用来驶航的一种装置。

英国科学史家贝尔纳（Claude Bernard）曾指出指南针对于近代科学发展的重要意义。他在《历史上的科学》一书中写道：

> 罗盘自从最初发明后的缓慢地发展，具有传统上和技术上一切改进的标志，不过很早就要求科学解释其作用。西方基督教国家在该领域的最初科学创作是《磁石之信札》（1269年），由马里库特的朝圣者彼得所作。他与罗吉尔·培根同时被培根称为当时最伟大、最务实的科学家。这部著作表现出高度的独立思想，以及计划和执行一连串实验的本领。隔了许久，诺尔曼（Robert Norman）和吉尔伯特才从该著作上开展深入研究，由此总结了磁学和电学的理论和实践。与此同时，磁铁对罗盘的影响，还替以前关于感应的种种纯属玄幻的学说和推论，提供了扎实的科学基础。此外，它为引力原理提供一种有效模型，该原理渗透于全部科学，做了牛顿的重大综合向导明星。[2]

当代英国科学史家沃尔夫（Abaraham Wolf）在谈到欧洲12至13世纪的早期罗盘时也指出："这种早期仪器主要是水罗盘，将磁化铁浮在木制的水碗

---

[1] 潘吉星：《中国古代四大发明——源流、外传及世界影响》，中国科技大学出版社2002年版，第494页。

[2] [英]贝尔纳著，伍况甫译：《历史上的科学》，科学出版社1959年版，第193页。

中，人们注视其所指的方向。""中国人很早就了解了磁石在自由放置时有指示南北的特性，而直到12世纪，欧洲文献中才开始提到航海罗盘这种新的导航仪器，此前，西方明显不了解该技术的应用。"[1]

三　罗盘的应用与大航海时代

13世纪时，欧洲的航海者中似乎已经广泛了解了指南针。意大利商船首先采用了罗盘，同时快速传播到印度洋、地中海航运界，引起了上述地区的巨大变革和发展。欧洲使用中国的罗盘后，进行合理改进，采用支轴装置罗经，用一个支轴的尖端顶在磁针中部，使磁针水平旋转，在航海上使用较水针方便，称为"旱针"。14世纪初，意大利人阿马尔费塔尼（Amalfitani）发明了一种"罗盘卡"，即字盘装在磁针上，盘随针转的旱罗盘。

13世纪下半叶，欧洲的航海家得到中国航海家绘制的印度洋航海图。这种航海图为远洋航行提供了更大的便利。据记载，法国国王路易九世（Saint Louis Ⅸ）在1270年乘意大利热那亚船从法国南部港口艾格莫特（Aigues-Mortes）启程，

16世纪葡萄牙大帆船

---

[1]　[英]沃尔夫：《科学史，16-17世纪的技术和哲学》，引自潘吉星：《中国古代四大发明——源流、外传及世界影响》，中国科技大学出版社2002年版，第498—499页。

跨地中海赴北非的突尼斯。船沿意大利西海岸南行6天后，乘客们仍没有看到撒丁海岸。国王有些担心，这时，船上的官员向他出示地图，指出船现在所处的位置，并说明他们正在靠近意大利南部的卡利亚里港。这是欧洲第一次提到在海上航行时使用海图。因为图上标有各地针位和观星数据，因而又被称为"针图"（Compass Charts）。[1]

航海图的绘制源于我国晋代地图学家裴秀用经纬线表示地理方位的"分率制图法"。裴秀的《禹贡地域图》，开创了中国古代地图绘制学。李约瑟称他为"中国科学制图学之父"，是与欧洲古希腊托勒密齐名的世界古代地图学史上东西辉映的两颗灿烂明星。14世纪初，意大利人受这种绘制航海图方法的启发，开始结合罗盘的方位线用分率制图法绘制航海图。无论是商船还是军舰远航都需要备有线路图、航海图和指南针，这三项成果被称为中世纪航海业的"三项技术革命"。

1300年前后，实用航海图如雨后春笋般地在欧洲问世，打破了欧洲制图界传统的T—O寰宇图的体系。现存最早的这类航海图大致在1280年左右就已出现，至今尚存且有年份可考的是1311年维斯康特所绘的航海图，图上有交叉的罗盘方位线、矩形网格和带刻度的边缘。不过出现在欧洲的网格航海图并不是对一向使用网格绘制、具有针路的中国航海图的简单模仿。意大利和西班牙的航海家不仅认识到罗盘在航海上的作用，而且将已经中断了1000多年的希腊人的定量制图学再度引入航海图的绘制中。正是由于罗盘的应用，使欧洲的航海家重新注意到托勒密的坐标系统。这种使用罗盘方位线或叙驶线的航海地图，使航海家能够精确地探索海岸的走向，绘制精密的地图。15世纪的欧洲航海图已经重新确立了托勒密的制图原则，到了杰拉尔德·麦卡托（Geradus Mercator）在使用圆柱正形投影法绘制世界大地图时，便奠定了

---

[1] 潘吉星：《中国古代四大发明——源流、外传及世界影响》，中国科技大学出版社2002年版，第498—499页。

现代地图科学的基础。麦卡托是法兰提斯出身的地理学家、地图学家。他于1569年发表长202cm、宽124cm的世界地图。他在以投影法绘制的地图上，经纬线于任何位置皆垂直相交，使世界地图可以绘制在一个长方形上。由于可显示任两点间的正确方位，航海用途的海图、航路图大都以此方式绘制。以上成就，正是由于受到中国航海家们传给欧洲的罗盘和航海图的启发才成为现实。[1]

  指南针传入欧洲后，在欧洲的大航海时代起到了重要作用。由于指南针表明方向的结果，使地图精确度有所提升，同时，地图绘制也更为普遍。美国学者伯恩斯（Edward McNall Burns）在《世界文明史》中指出，西班牙人和葡萄牙人能开展大航海活动的原因之一，"即地理知识的进步和指南针以及星盘的传入使航海家们有勇气出海冒险"。在早期葡萄牙亨利王子培训航海家队伍时，帮助舵手掌舵的有"星相家"，他们都是精通领航业务的专家，他们会看罗盘，能算出罗盘偏差并在地图上标出子午线。在麦哲伦作环球航海时所使用的船只上，备有不可缺少的罗盘，必需的航海仪器也有大量储备，包括罗盘、罗盘针、沙漏计时器、星盘、比重秤和星座一览表等。法国启蒙思想家孔多塞在《人类精神进步史表纲要》中指出："磁针指向天上同一点的这一性质是中国人已经掌握并了解的，甚至被他们用于指导航海。这证明它也在欧洲被人关注和重视。人们学会了使用罗盘，它的运用促进了商业活动的开展，改善了航海技术，人们也逐渐了解新世界的航海观念，并使人放眼观看地球的丰富、广阔和深邃。"[2]

  德国学者雅克布（Georg Jacob）在《论东方文化对于西方文化之影响》中指出："罗盘针是中国人最重要的发明，它开放了我们的眼界。""我们近

---

  [1] 沈福伟：《中西文化交流史》，上海人民出版社1985年版，第348—349页。
  [2] [法]孔多塞著，何兆武等译：《人类精神进步史表纲要》，生活·读书·新知三联书店1998年版，第97页。

代的世界观的形成全靠深入异邦文化的精神，只有罗盘针的发明才能帮助我们走到今天。希腊罗马的航行只限于沿海，地中海占据了四周的土地，人文主义者便以为这就是世界帝国。"[1]

四　传入欧洲的其他中国技术

16世纪以前，传入欧洲的中国技术发明并不仅仅是四大发明，还有其他农业和手工业技术发明陆续传到欧洲。这些发明和发现对于改变欧洲人的生活发挥了重要作用。英国学者艾兹赫德（Samuel Adrian M. Adshead）指出：在文艺复兴时期，"总的来说，中国的物质生活水平还是远远高于欧洲。因此，技术的流动仍然是从东方向西方。欧洲取得的进步主要体现在其进口商品的质量方面。印刷术和科举考试是西方从东方引进的两项主要技术成果，这强化了西方日益增长的文化力量。引进的第三项成果是酿酒技术，成为西方实现奢华生活的组成部分。"[2] 威泽弗德（Jack Weatherford）指出：

> 看起来，欧洲人生活的每个方面——科技、战争、衣着、商业、饮食、艺术、文学和音乐——都由于蒙古人的影响，而在文艺复兴时期发生了改变。除新的战争方式、新机器和新食物发生改变外，甚至在日常生活最世俗的方面也不同以往，例如，欧洲人转而改穿蒙古织物，穿短裤和短上衣，而不是束腰外衣和长袍，用草原式的琴弓去演奏他们的乐器，而不用手指去弹拨，并使用新风格进行绘画。欧洲人甚至捡拾起蒙古人的惊叹词"呼累"（hurray），当成一种虚张声势和互相鼓励的热情喊叫⋯⋯（欧洲人）急切地吸收新知识，穿上新衣服，聆听新音乐，品尝新食物，

---

[1] 朱谦之：《中国哲学对于欧洲的影响》，上海人民出版社2006年版，第32页。
[2] ［英］艾兹赫德著，姜智芹译：《世界历史中的中国》，上海人民出版社2009年版，第249页。

几乎每个方面都享受着快速提高的生活水平。[1]

蒙古人给欧洲人带来华丽的货物和奢侈的珍品……意大利作家但丁、薄伽丘和英国作家乔叟用"鞑靼绸""鞑靼布"和"鞑靼缎"等词汇,作为世界上最精美衣料的术语。当英格兰国王爱德华三世命令制造同其嘉德勋位最相配的150根吊袜带时,他指明要把它们染成"鞑靼蓝"。很明显,这些并非指蒙古人制造的纺织品或染料,而是指经蒙古人买卖或来自蒙古统治区的纺织品或染料。[2]

很多西方学者注意到该时期从中国传入欧洲的马蹄铁、马具（胸带和套包子）和商船（galley）,同时指出这是"东方世界给予天主教欧洲的三份厚礼,以致打开了商业革命的道路"。在当时的东西贸易中,交通的畅达是最重要的前提条件。陆路交通主要是依靠马匹和马车运送货物。从中国内陆一直延伸到欧洲、横跨欧亚大陆的丝绸之路,以及欧洲的商路,跨山越岭,道路崎岖,如不钉上马蹄铁,马匹无法长途跋涉。欧洲原来驾驭牲畜的套具只有"牛轭",使用"牛轭"的马匹只能拖动500磅重的货物,相当于拖动一辆仅坐两个人的小车。有了从中国传来的胸带和套包子这些高效马具,马就可以用上胸和双肩的力量,马的拉力瞬间提高了4倍,从而解决了马匹陆路长途运输和马拉犁等难题。

在造船技术方面,中国的部分传统技术也逐渐被欧洲人所采用。在1350年以前,地中海船只只有"单桅"船,后来受到中国的多桅船的启发,1500年以后,开始出现了三桅或四桅船。李约瑟曾特别提出:在1375年的加泰隆地图中就画有三艘中国的多桅沙船。

---

[1] [美]杰克·威泽弗德著,温海清、姚建根译:《成吉思汗与今日世界之形成》,重庆出版社2009年版,第13、286页。

[2] [美]杰克·威泽弗德著,温海清、姚建根译:《成吉思汗与今日世界之形成》,重庆出版社2009年版,第286页。

在《光明之城》一书中有关于中国造船和航海技术的记载，其中写到作者在刺桐看到："中国的商船也是人们能够想象出来的最大的船只，有的有6层桅杆，4层甲板，12张大帆，可以装载1000多人。这些船不仅拥有十分精确的航线图，而且还拥有几何学家以及懂得星象的人，还有熟练运用天然磁石的人，通过它，他们可以找到通往陆上世界尽头的路，对于他们的天赋，愿上帝受到赞美。"[1]《光明之城》的手稿写于13世纪晚期，作者说他是在刺桐看到了这样景象，虽然这部手稿当时没有发表，但来到中国和刺桐的绝不仅仅是作者一人，还会有许多人注意到了这一情况，他们也会将自己掌握的知识传到欧洲。

中国发明的算盘也在这一时期传入欧洲。"这种算盘传入欧洲以后，在发明了复式簿记法的意大利商业界与金融界得到了广泛的应用。在算盘传入欧洲其他地区后，商品与货币的会计速度得到提升，流通速度得到极大改善，商业得到了极大发展。对于当时的欧洲人来说，算盘所具有的划时代意义远远大于电子计算器对于现代的意义。"[2]

总之，正如美国历史学家唐纳德·拉赫（Donald F. Lach）所指出的："许多机械技术和基础性的发明在欧洲开始使用或独立发展前，就已经被东方人了解并应用……特别是中国较任何国家都更具创造性。""不仅仅是蚕和养殖技术从中国传到了西方，而且制造丝织品所必需的机械装置也可能经由异邦，如阿拉伯世界和拜占庭等国的边境，传到了西方。14世纪前，旋转式的卷轴和纺锤形的轮子可能已经传到了欧洲。在14世纪的意大利，水力被用

---

[1] ［意］雅各·德安科纳著，杨民等译：《光明之城》，上海人民出版社1999年版，第152页。

[2] ［韩］黄台渊、金钟禄著，卢珍译：《孔夫子与欧洲思想启蒙》，人民日报出版社2020年版，第15页。

于纺织磨坊，而中国很早便出现了这种用于纺织的磨坊。"[1]他还说："1500年之前，技术传播通常的方向是自东向西，或者说是由中国、印度传播到欧洲的……1500年，亚洲的大部分重要发明已经被广泛地应用于欧洲的技术之中。""欧洲人接受了大量现在认为是来自中国的发明，但当时的接受者并不了解它们来自何方或通过怎样的方式传播到欧洲。"[2]

西方资本主义生产方式的进步同样起源于农业，18世纪欧洲所经历的农业技术革命最终引起了一场经济与产业的革命。这场革命以农具的改革、轮作方式的改进以及家畜的圈养等为主要推动力。尤其是曲面铁壁犁、种子条播机还有种耕机的采用，使农业技术从中世纪以来发生了质的飞跃。传统的农业生产方式都是牛耕犁具，中世纪欧洲主要是用重犁，它由笨重的底座、沉重的木轮、宽大的木犁壁以及犁刀、犁柄、犁抓、犁桦、犁箭、犁尾等部件组成。这种犁除了笨重以外，在结构上也很不合理，因为它不像中国的犁那样，犁壁与犁桦之间相互衔接，紧密贴合。欧洲犁壁、犁刀与犁桦之间的缝隙较大，犁地时泥土、杂草会夹塞其间，所以犁地之人，不得不隔几分钟就要让牲畜停下来，然后用棍子清理掉缝隙之间的泥土和杂草。这种犁的结构上的缺陷，也导致它产生的阻力也非常大，常需要几头牛才能够拉动。

中国的犁在汉代已经基本定型，主要由犁桦、犁壁、犁辕、犁梢、犁床、犁横、犁箭等部分组成，唐代时期把长辕改为曲辕，并且装上了可以转动的犁盘，让两头牛也能够同时牵引犁具，这套技术我国沿用至今。和欧洲的重犁相比，中国的犁没有沉重的木轮以及木犁壁，小巧适用的曲面铁犁壁兼具切割泥上杂草和翻卷土的功能，能兼具犁刀和木犁壁的作用。中国犁边缘锋利，刃面光洁，与顶部的犁桦严密贴合，不留任何的缝隙，犁地、切割还

---

[1] [美]唐纳德·F·拉赫著，周宁总校译：《欧洲形成中的亚洲》第1卷第1分册，人民出版社2013年版，第101页。

[2] [美]唐纳德·F·拉赫著，周宁总校译：《欧洲形成中的亚洲》第2卷第3分册，人民出版社2013年版，第3-4页。

有翻陇等可一同完成。中国犁要比欧洲重犁更加小巧轻便，因此在耕作过程中不会像欧洲需要4头牛或者8头牛，中国犁具只需要2头牛，或者一头牛就可以完成。无论是土壤粘性比较大的江南地区，还是干涸的陕北地区，开荒和耕作都非常适用。18世纪时，荷兰的旅行家在爪哇发现中国的犁，之后把这种犁带回到荷兰，之后有了新式荷兰犁。在中国犁技术传入欧洲之前，欧洲农业一直处于停滞的状态。所以西方学者认为："如果没有引进中国的犁，欧洲就可能不会有农业革命。"[1] 正是东方农业技术知识的传播，引发欧洲农业的革命。

总之，正如英国学者贝尔纳所写的《历史上的科学》的"为中译本写的序"中所说的："中国长期以来一直是人类文明和科学的巨大中心之一"。"在西方文艺复兴时期，从希腊的抽象数理科学转变为近代机械的、物理的科学的过程中，中国在技术上的贡献——指南针、火药、纸和印刷术曾经发挥作用，同时，该作用具有决定性意义。"[2]

李约瑟在《中国科学技术史》中曾列举了中国的科学技术向西方传播的项目，同时指出中国的这些发明在时间上的领先地位。李约瑟认为，就技术的影响而言，在文艺复兴之前和期间，中国占据着强大的支配地位。世界受中国古代和中世纪的顽强的手工业者之赐，远远大于受亚历山大时代的技工和能言善辩的神学家之赐。李约瑟还列出了中国几十项创造发明与欧洲最初采用它们之间的时间差。大多数时间差均在10~15个世纪之间，少数的时间差为3~6个世纪。火炮和金属活字印刷技术的时间差最短，为一个世纪。美国学者查尔斯·辛格（Charles Singer）在《技术史》中引证了李约瑟的阐述，

---

[1] [英]约翰·霍布森著，孙建党译：《西方文明的东方起源》，山东画报出版社2009年版，第181页。

[2] [英]贝尔纳著，伍况甫等译：《历史上的科学》，科学出版社1959年版，"为中译本写的序"。

并强调指出：从公元 500 年到 1500 年，"在技术方面，西方几乎没有传给东方任何东西。技术的流向是相反的"。书中还说，西方对于中国的技术"基本上是模仿，有时是在原技术的基础上加以改造，由此……西方的产品最终达到了完美。"[1]

由于这些来自东方的技术对于欧洲人生活产生了重要影响，所以，在 16 世纪以后陆续来到中国的欧洲人，都对中国的技术发明产生了浓厚的兴趣，"中国人通常被认为是世界上最有技能的工匠"。[2] 中国"被欧洲人认为是依然存在的最古老的国家，是先进高超工艺的中心，是重要技术发明的故乡"。[3] 在他们的记述中，往往对于这些技术发明着以浓墨重彩。如门多萨在《中华大帝国史》中就介绍了中国的火炮和船舶技术，还提到了中国使用的龙骨水车。他对中国的印刷术介绍得尤为详细，并对印刷术这种令人惊叹的发明的重要性做了热情的说明。利玛窦的中国札记以及其他传教士们写的著作，也有许多关于中国科学技术的介绍。而在欧洲学术界，也一直十分关注中国的科技。

---

[1] [德]贡德·弗兰克著，刘北成译：《白银资本——重视经济全球化中的东方》，四川人民出版社 2017 年版，第 190 页。

[2] [美]唐纳德·F·拉赫著，周宁总校译：《欧洲形成中的亚洲》第 1 卷第 2 分册，人民出版社 2013 年版，第 410 页。

[3] [美]唐纳德·F·拉赫著，周宁总校译：《欧洲形成中的亚洲》第 2 卷第 2 分册，人民出版社 2013 年版，第 313 页。

第十章 普济世人的中医药学

一 中医药学在朝鲜传播与"东医学"

中医是我们中华民族自己的医学。中医承载着中国古代人民同疾病作斗争的经验和理论知识,通过长期医疗实践,逐步形成并发展成一脉相承的医学理论体系。中医具有唯一的价值,是一种不能被任何其他文化形态替代的医药学术,是一种与现代医学截然不同的知识体系。

中医中药在中国古老的大地上已经运用了几千年的历史,经过几千年的临床实践,证实了中国的中医中药无论是在治病上、在防病上,还是在养生上,都是行之有效的医学体系。

早在西汉时期,中国与朝鲜之间就有了医药文化方面的交流。据朝鲜《三国遗事》卷三记载,当时去朝鲜的中国僧侣顺道、阿道、墨胡子等会施医疗,出入于宫廷,边传教,边施疗。以后以施疗为主的僧医逐步增多,甚至曾一度在朝鲜盛行僧侣医学。随后,葛洪的《肘后方》、陶弘景的《本草经集注》也相继传播到朝鲜,朝鲜把中国养生法及炼丹、炼金术称为"仙道术"。南朝陈文帝天嘉二年(561年),吴人知聪携内外典《本草经》《明堂图》等164卷医药书赴日,途中路经高句丽,在高句丽传授汉医学,进一步促进了朝鲜医学的发展。

在医事制度方面,百济按照中国南北朝时期将医者与药者分工成为太医丞和药藏丞的作法,设置了医博士和采药师。693年,新罗仿照中国医学教育制度，置医学博士二人，以中国医书《本草经》《甲乙经》《素问》《针经》《脉经》《明堂经》《难经》等科目教授学生，后又增加《新修本草》课程。中医学典籍如《伤寒论》《诸病源候论》《千金方》和《外台秘要》等也陆续传入新罗。796年，唐政府颁行《广利方》，令各州府县抄写流传。新罗当局得知，即遣使向唐政府请求该书。

到了高丽时期，更大大发展中医中药学，积极引进中国的医药典籍和人才，使朝鲜半岛医药事业有了大规模的发展。

宋代向朝鲜赠送的药材品种很多，数量较大。南方热带产药材如天竺黄、安息香等亦经宋朝商人传入高丽。在宋与高丽的民间贸易中，药材也属大宗货物之一。通过贸易的渠道，有大量中药流入高丽。

高丽引进中医中药学的一个重要措施，是从中国请医学人才，为高丽王族治病和传授医术。宋朝对于高丽想振兴医学，曾给予种种协助。据史书记载，宋朝曾8次共116人赴朝从医或教医，其中绝大多数是朝廷遣派的医官。

除宋朝派医官赴高丽外，在当时寓居高丽的中国移民中，也有精通医术者。如1058年，医士江朝东与泉州商人肖宗明等来高丽，由于高丽文宗的挽留，江、肖等遂在高丽定居。移居高丽的北宋进士慎修及其子慎安之，都精于医术。他们于中医药学在朝鲜半岛的传播，也有所贡献。

高丽除请中国医生来教授、传播医学外，也曾派学生入华学医。如1030年，高丽派遣过元显等293人赴宋献医学医。

宋朝重视医学，刊印了许多医书。通过官方赠送和民间私携，有不少中国医书流入高丽。宋真宗大中祥符九年（1016年）和天禧五年（1021年），高丽使者郭元、韩祚各自回国时，宋真宗两次将新撰刊刻的《太平圣惠方》1000卷赠送高丽。1073年，太仆卿金良鉴入宋，中书舍人卢旦回访答谢，高丽请求医药书籍等，宋廷即予以满足。宋徽宗建中靖国元年（1101年），高丽使者任懿、白可信回国时，徽宗赠送《太平圣惠方》1000卷和《神医普救方》1100卷。

高丽还大量翻刻中国医书。如1058年，忠州牧翻刻的中国医书就有《黄帝八十一难经》；1059年，安西都护府使都官及外郎异善贞也新雕《肘后方》《伤寒论》《张仲景五脏论》《本草括要》《小儿巢氏病源》《小儿药证病源》《疑狱集》《川玉集》等，并诏置秘阁。这些医书的刊行，直接促进了朝鲜医学的进一步发展。由于中朝医药交流较广泛，朝鲜所收藏的中国医书善本较多。高丽宣宗帝于宋哲宗元祐八年（1093年）遣黄宗慤来中国呈送《黄帝针经》善本9卷。当时，中国的《针经》已亡佚，宋朝以此《黄帝针经》为底本重新颁行。

在中医中药学大规模传入的情况下，高丽医学快速发展，并达到了较高的水平。在医事制度方面，高丽朝廷采纳双翼的建议，仿照唐制设置机构，授予职衔，实施医学教育和医业科举制度；设太医局、尚药局、太医监、医正、侍御医等，并于三京十道设置医学博士教授医学，学习科目主要有《素问》《甲乙经》《明堂经》《脉经》《针经》《刘涓子方》《痈疽论》《本草经》等。后仿宋制，增设惠民局、大悲院（类宋之悲田院）等，《图经本草》《和剂局方》等增入学习科目。还有西京学校兼置医学，十二牧各遣医学博士一人教谕医生。

李朝时期，中朝在医学人员方面的交流十分频繁。洪武年间，中国闽中道士杨宗真去朝鲜从医，高丽任他为典医。永乐五年（1407年）九月，朝鲜派王子来中国，随员中有医生"判典医监事"杨弘达等人。洪熙元年（1425年）七月，明朝太医张本立和辽东医生何让应邀赴朝为世宗国王治病，与李朝御医共商治疗方案并传授医方。1427年，又有明朝医士王贤入朝，参与朝鲜世宗王疾病的诊疗。1431年，张本立再度赴朝。1433年，明朝医士毛琰随使入朝，为医学教授。中国丹东人权因博究医方，成化二年（1466年）朝鲜拜他为内

第二篇　发明之光

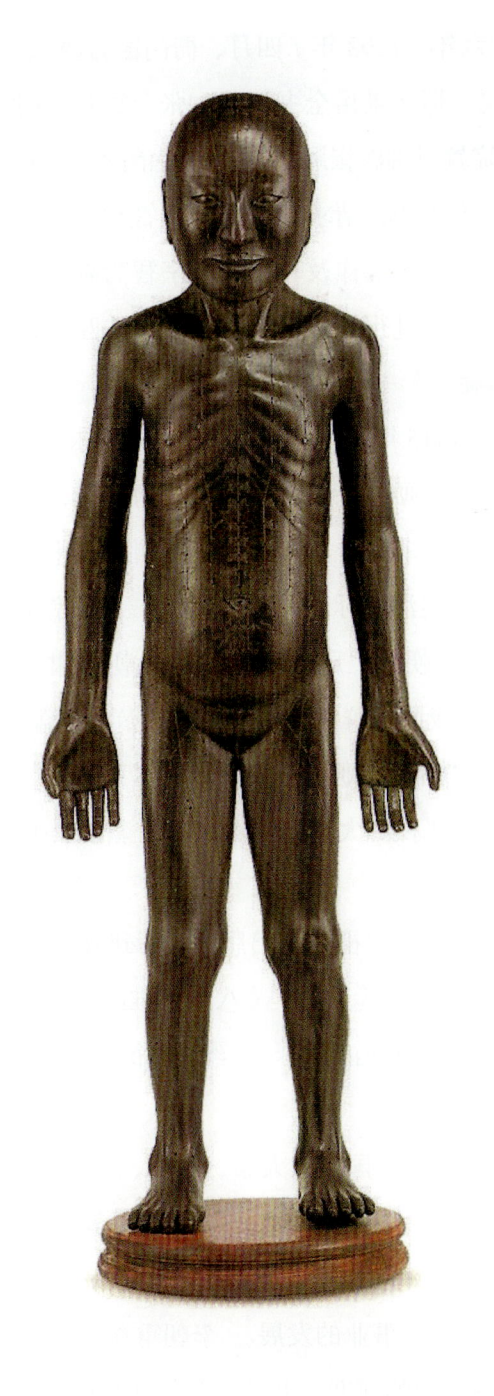

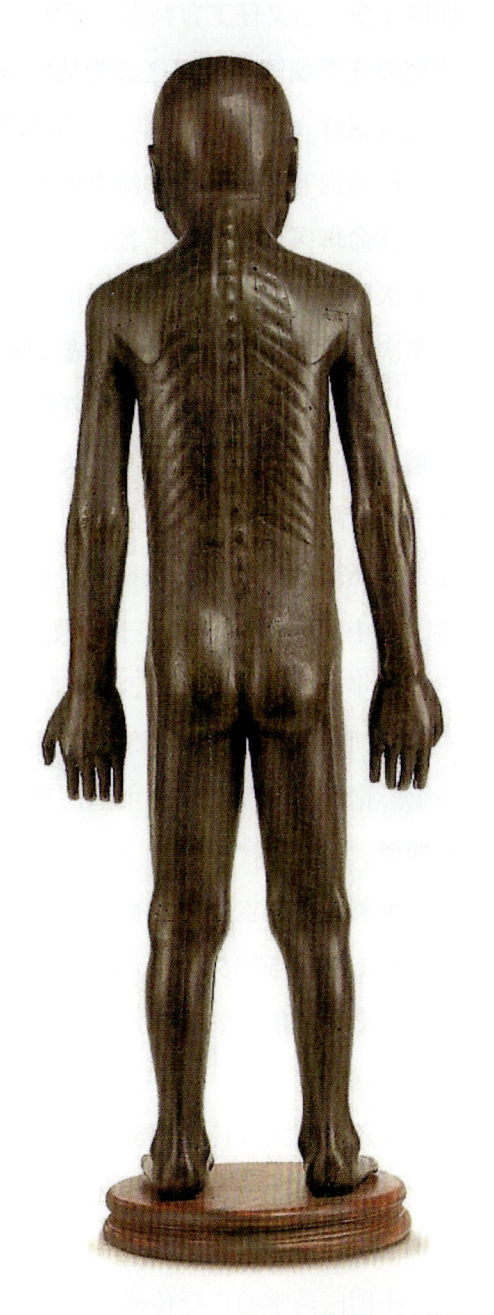

朝鲜青铜经穴人体像

医院主簿，后又任工曹判书。万历二十六年（1598年）四月，衙门医官潘纵、严期周应李朝国王宣祖之邀为从医教授。据《景岳全书》载，张介宾壮年时也到过朝鲜。又如1617年，李朝内医院教习御医崔顺立等在临症治疗中，对某些医药内容遇到疑问，经李朝朝廷批准入明，请求明太医院解答和讨论。明廷任命御医傅懋光为正教，太医朱尚约、杨嘉祚及教习官赵宗智为副教，在太医院设习，为崔顺立等提出的犯题质疑进行答疑，尽心教习，并互相讨论多次。问答内容由傅懋先撰成《医学疑问》一书。

中国的医药学典籍也多有流布朝鲜。1415年，李朝使节尹昊真入明求《针灸铜人经》，明太医院以《针灸铜人仰伏彩画》二幅赠之携回。两年后，李朝又遣庚顺道来习医卜，回国时带回医卜之书若干。次年又遣延嗣宗等来求医书。1626年，明使节携医书赴朝赠送。明清之际，《本草纲目》《医宗金鉴》等中医药学巨著一经刊行便很快传入朝鲜。康熙六十一年（朝鲜肃宗三十八年，1722年）十月，朝鲜译官黄夏成回朝鲜，清朝廷惠赠《赤水玄珠》一帙51册。同年，《老嫁斋燕行录》中"所买书册"条中，有《本草纲目》一书。据说其时朝鲜藏有中国医药典籍213种。大约中国医籍一有新刊，其必搜罗。

朝鲜对中国医书广为翻刻刊行。朝鲜李朝宣祖年间出版的《考班撮要》载，自1430年到1585年，刊行有《黄帝素问》《灵枢》《八十一难经》《直指方》《圣惠方》《得效方》《伤寒类书》《医学正传》《脉经》《衍义本草》等70多种。

中药材也大量传入朝鲜。朝鲜多次遣使到中国求取人参、松子、五味子、葫芦、虎骨、鹿角、鹿脯等药。在官方或民间贸易中，中药材始终是输往朝鲜的大宗货物之一。

中国医药学的广泛传播，促进了朝鲜医学事业的发展。李朝重视中国医书的整理研究和中国药"乡药化"的事业。李朝前期，出现了《乡药集成方》

《医方类聚》和《东医宝鉴》朝鲜三大医学巨著,标志着朝鲜医学在广泛接受中医中药学影响的基础上开始自立体系,独立发展。

《乡药集成方》是奉李朝国王世宗之命,集贤殿直提俞孝通、典医监正芦重礼、典医监副正朴允德等撰成于1433年。《乡药集成方》共85卷,"以中国医书为经,以朝鲜传统医籍为纬",理论部分悉依《太平圣惠方》(引用1240条),并引《圣济总录》(399条)、《千金方》(325条)、《肘后方》(152条)、《妇人大全良方》(251条)等中国医书或非医书212种。《乡药集成方》的内容分病源、乡药本草、针灸法三部分,包括内、外、妇、儿、传染、眼、耳鼻喉、牙各科,共分931条病症、10706条医方和1479条针灸方。[1]《乡药集成方》广引中国医籍,并以中国医学的理论、方药为主体,但同时也将本土乡药经验融于其间,在朝鲜医学的发展史上占有重要位置。

《东医宝鉴》

1445年,朝鲜编辑完成了《医方类聚》一书,历时3年,达365卷。《医方类聚》体例仿《太平圣惠方》,收方5万余,其中引《太平圣惠方》221处、《千金方》209处、《剿氏病源》162处、《世医得效方》150处、《永类钤方》

---

[1] 崔秀汉:《〈乡药集成方〉及其引书考》,《中华医史杂志》1987年第4期;马伯英等:《中外医学文化交流史——中外医学跨文化传通》,文汇出版社1993年版,第29—30页。

147 处、《三因方》126 处、《圣济总录》86 处。《医方类聚》将中国唐、宋、元历朝和明初刊行的 153 种医书，对原文不加修订，而是系统地按疾病门类进行类聚。因此，通过这本书就能够了解唐、宋、元和明初的医学发展水平。它被誉为东方医学的集大成者，东方医学的宝库。

1596 年，李朝宣宗诏命太医许浚等人设局撰集《东医宝鉴》，于 1613 年刊行。《东医宝鉴》共 25 卷，分内景、外形、杂病、妇人、小儿、汤液、针灸共 23 篇 108 门，辑录中国医书 83 种、朝鲜医书 3 种，上迄《内经》，下迄金元四家及明医王纶、李梴、龚信、龚廷贤等人的著作。所引医论方药均注明出处，民间单验方并收，选方丰富实用，故此书被誉为朝鲜最佳医籍，素负盛名。许浚也因此在朝鲜被称为"古今第一名医""东医"，此书也标志着朝鲜医学脱离中医学的依存关系而自立体系。

不过，东医学的建立并不意味着朝鲜医学与中国医学脱离了关联。相反，在中国医学滋养和影响下发展的东医学，更加主动地吸收中医中药学的最新成果。

二　中医药学在日本传播与"汉方医学"

秦代时，中国的医药文化就已传到日本。相传当年秦始皇派方士徐福寻"不死药"，但徐福到达日本后，就在日本安居。据说徐福通医术，尤精于采药和炼丹，被日本人尊为"司药神"。有文字记载的中国医学与日本的最早接触，是在允恭天皇三年（414 年）。据传，这一年新罗国王派名医金武赴日为天皇治病。后来，雄略天皇、钦明天皇也曾先后向新罗求医，有的是因为皇室成员或天皇本人患病，有的是时疫病流行。新罗曾应请分别派出医家去日，以"韩医方"开展治疗，而当时的韩医方即是中药为主的医疗体系。

据有关文献记载，南北朝时，梁元帝赠给日本人《针经》一套。南朝陈文帝天嘉二年（562年），吴人知聪携带《明堂图》和其他医书160卷东渡日本，开始了中日医学的直接交流。

公元608年，日本政府派小野妹子等来中国，其中有药师难波惠日、倭汉直福音等前来学医，可谓是日本最早派来我国学医的留学生。小野妹子得《四海类聚方》300卷以归，而惠日等在我国居住有10余年之久，于公元623年回国，携带有《诸病源候论》等书。惠日回国后在日本传播中国医学7年，又于公元630年和654年第二次、第三次来中国深造。随后，来华学医的日本学者，较著名的还有管原清、管原梶成等。菅原梶成学成归国后，任针博士和御医，是日本医学史上一位颇具声望的医学家。

753年，鉴真和尚率领弟子法进、昙静、智首以及潘仙童等35人，带大量药物和香料，乘日本遣唐使船只渡海成功，东抵日本九州。鉴真在佛学外，兼明医学，初到日本，便治愈了光明皇太后的疾病，于是皇室便把备前国水田一百町赐给了鉴真。鉴真在营建唐招提寺时，还开出一大块田地为药园，栽培中草药。当时，虽然中国医药知识及医药典籍相继传入日本，但日本人对于鉴别药物品种的真伪、规格、好坏尚缺乏经验。鉴真虽已双目失明，但在药物鉴别方面，鼻之嗅气、口之尝味、耳之闻声、手之扪捏，竟能鉴别无误。据《唐大和上东征传》记载，鉴真抵日后，除了讲律授戒外，还"开悲田而救济贫病"，从事民间医疗活动。今天已失传的"鉴真上人秘方"，据说就是他处方的记录。其他如"奇效丸""万病药""丰心丹"等良药处方，相传都是鉴真所创制的，从此日本"医道益辟"。藤原佐世的《日本国见在书目录》中著录的"鉴真上人秘方"，竟达一卷之多。14世纪以前，日本医药界都祀鉴真为始祖。鉴真的弟子法进、法荣，也是中医药学的传人，他们又将医术传给新的弟子。也正由于鉴真在传播佛学的同时，把中国医药学传到了日本，使日本医学得到进一步发展。

此外尚有传到日本的药物。756年日本圣武天皇逝世后，光明皇后把宫廷所存药品送到"正仓院"。正仓院现仍珍藏着犀角、人参、麝香、胡椒、白芨、龙骨、巴豆、远志、大黄、蜜蜡等唐代40余种中药和不同规格的陶制药碗、药壶、药瓶、药罐。唐及以后的中日贸易中，中药一直是输往日本货物的大宗。

代表唐代中国医学先进水平的各种医药书籍也多有传入日本，如《素问》《张仲景方》《黄帝针经》《神农本草》《诸病源候论》《古今录验方》《备急千金要方》《新修本草》等，为日本医学界所推崇。据藤原佐世891年所编《日本国见在书目录》所载，当时日本官方所存中医药书籍已达163部，1309卷。其中包括不少后来在我国散佚的书，如《新修本草》《小品方》《集验方》等。日本汉医们高度评价孙思邈《备急千金要方》是一部"绳尺百世之巨著""天壤间绝无仅有之秘籍"。日本仿唐以《新修本草》为法定药典，《延喜式部式》规定，凡医生皆读苏敬《新修本草》。自此，医生都以把它作为最权威的药典而加以采用。

日本大宝年后，更加全面地模仿唐代的文化，中国的医事制度也为日本所效法。公元701年8月，日本文武天皇颁布"大宝令"，其中的医事制度、医学教育、医官等设置，完全采纳唐制。该法令为日本最早的医事制度。《疾医令》规定于中务省设正、佑、令使、侍医、药生等官职，宫内省设医师、医博士、医生；针师、针博士、针生；按摩师、按摩博士、按摩生；咒禁博士、咒禁生；药园士、药园生等职务，规定医生、针生分科习业，医生必修《甲乙经》《脉经》《小品方》《集验方》。针生则必修《素问》《针经》《明堂》《脉诀》《流注经》《偃侧图》《赤乌神针经》等。学习年限：体疗、产科、针科均为7年；创肿、少小为5年；五官科4年；按摩、咒禁3年，上述这些明显具有唐代中国医学的特点。

中国医药传入日本后，得到日本朝野重视，在日本出现了许多以研究中国医学而著称的学者，他们撰写了不少研究中国医学的巨著。如公元808年日本平城天皇的侍医出云广真等编成的《大同类聚方》100卷，就是参考传入日本的中国医籍《黄帝内经》《针经》《脉经》《甲乙经》《小品方》《新修本草》等书。据藤原佐世所编《日本国见在书目录》（891年）所载，当时日本官方所存中医药书籍已达163部，1309卷。

此后，日本的医学快速发展，出现了一些著名的医家和医著，如808年出云广贞受命编纂的《大同类聚方》100卷，就是参考传入日本的《黄帝内经》《黄帝针经》《脉经》《甲乙经》《小品方》等而成，是最早的日本汉医方。深江辅仁的《掌中要方》《本草和名》等，也都较有影响，其他医家还有和气广世、小野根藏等，也都是有名汉方医家。10世纪丹波康赖撰述的《医心方》也是日本医学史上一部极为重要的著作。

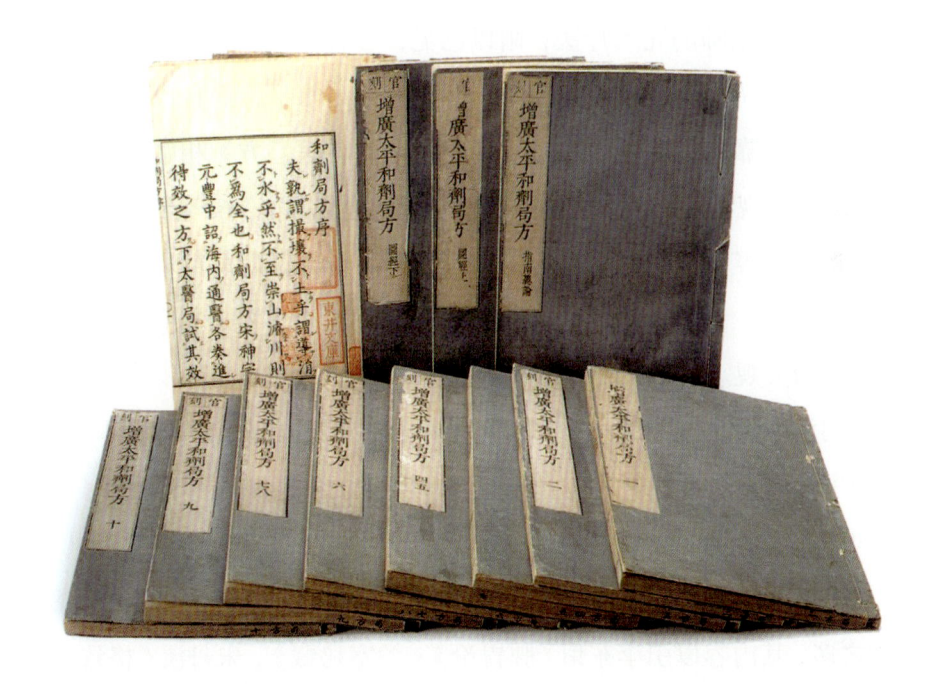

1732年日刻本《增广太平惠民和剂局方十卷》

宋元以后的中日医药交流更加频繁，促进了中日医药理论、技术等方面的发展，为后世医学和文化的发展提供了良好的氛围和基础。1014年，宋僧惠清到日本，定居镇西行医，同年又奉藤原清贤之命赍砂金十两赴宋求治眼方。荣西所著的《吃茶养生记》，既记述了饮茶的事情，同时也是教导养生之术的医书。此外，随道元入宋的木下道正曾学得解毒丸的制法回国。宋医朗元房侨居镰仓30余年，得到北条时赖和北条时宗的知遇，担任他们的侍医，对日本医学的发展亦有所贡献。

在此期间，日本国内有名医木尾原性全于嘉元元年（1303年）撰《顿医抄》50卷，系撰者参照隋巢元方《诸病源候论》的目次分部，广泛征引了汉、魏、唐、宋的数十部医书，"自言所见方书凡二百有余部、二千有余卷，亦皆汉、魏、唐、宋及自所试功，莫不集载"。同时采撷日本民间俗方、僧侣和阴阳师的咒术疗法，附以己见，参合而成。它不仅反映了日本镰仓时期的医学特色，代表了同期日本医学的最高水平，而且以其丰富多彩的内容和切实可靠的临床疗效，堪与平安时期的《医心方》相媲美，历来深受汉医学者的重视。正和四年（1315年）又撰《覆载万安》62卷，内容与《医心方》相近，内容大抵引述宋以前中国医籍，而新奇疾病名目增加，病理主探五运六气学说。僧有邻于贞治年间撰《褐田方》12卷，集和汉医著100余部，亦蔚为大观。

到了明清时期，有大量的中国医药书籍经过贸易渠道输入到日本，对于日本医药事业的发展和汉方医学的形成产生了重大的影响，并形成了日本汉方医学的几大派别。

1571年，曲直濑道三撰写了他的代表作《启迪集》。该书引用中国医书达63种之多，其内容以引李东垣《脾胃论》《兰室秘藏》，朱丹溪《格致余论》《丹溪心法》为最多。他尊崇中国"金元四大家"学说，尤其受朱丹溪影响很大，但又并不拘于金元医家，而是博采众长，首次提出以传统医学的理论，把握人体生理、病理、疾病表现,在此基础上察证辨治,形成较为完整的理论体系,建立了日本汉方医学独立发展的基础。曲直獭道三以后,追随者甚众,其弟子大多成为当时名医。江户前期以及其后约100年间的道三学派,即金元医学占主导地位,从而形成日本汉方医学第一支学派,即所谓"后世方派",真正开始了中国医学日本化阶段。

江户中期,学术争鸣非常活跃,使汉方医学得到迅速发展,并形成了自己的学术特点及明显的学派倾向:理论上以《伤寒论》为基本框架,并对其进行了高度简化处理,在临床上注重方证与"方证对应",在诊断上强调腹诊的重要性,在方药上以方剂为单位,终于实现了中国医学日本化的过程,从而诞生了名副其实的日本传统医学——"汉方医学",也称"东洋医学"。

三　中医药学在阿拉伯的传播

在医药学方面,中国和阿拉伯之间也多有交流。活跃于9世纪阿拉伯的著名医生阿里·泰伯里,曾担任过哈里发的御医。他在850年著成的《智慧的乐园》是用阿拉伯语写成的最古老的一本医药学著作。这部著作中引证了很多中国的史料。

中医体系中的脉学,大约在唐代传入阿拉伯。被阿拉伯人称为"学术界的领袖和王子"的著名学者阿维森纳(Avicenna)所著的《医典》,是阿拉伯的医学经典著作,其中记载有脉

阿拉伯医学中的中国脉学

学,所记载的48种脉象,有35种与中国医学所述相同,多采自中国晋代名医王叔和的《脉经》中的描述。关于糖尿病的症状和病因,隋代巢元方的《诸病源候论》已有记述。后来,孙思邈进一步总结了该病发病过程以及药物、食治等方法,又规定了饮食、起居的某些禁忌,对此在阿维森纳的《医典》中都有记载。阿维森纳描述高热病人有循衣摸床的征象,说重病患者"病人频动手指,好像从身上拿去东西(Carphologia),这是死的征象"。此与《诸病源候论》卷一"中风"所记甚为相似:"其人当妄掇空指地,或自拈衣寻缝,如此数日而死。"另外,对于麻疹的预后和用水蛭吸毒以至中国药物等医药知识,在《医典》中都有展现。

许多药物也传到阿拉伯世界。据《宋会要辑稿》记载,宋代经市舶司由大食商人外运的中国药材近60种,包括人参、茯苓、川芎、附子、肉桂等47种植物药及朱砂、雄黄等矿物药。这些药材除被转运至欧洲等地外,也有一部分输布至阿拉伯地区。波斯人阿布·曼苏尔·穆瓦法克约于975年所著的《医药概要》一书中,记述了肉桂、土茯苓、黄连、大黄、生姜等中国药物。阿维森纳的《医典》中载药800余种,其中不少为中国所产。在阿拉伯的早期文献中,大黄(Rawand Chini)明确载述为功用广大之良药,并肯定是从中国传栽移植的。12世纪的杰出医生伊本·贾米曾著有《大黄考》一书,论述中国大黄的药效。他控制西方的四体液学说应用大黄,使之治疗作用更广,大大提升了它的使用价值。中医认为大黄药性峻猛,但在西方,大黄既作为观赏植物,又作为日常食用之品,收获时要"尝新"这种转化,是中药大黄传入阿拉伯后发生的某种药性认定上的变异,是跨文化传通中发生的变异。这种文化传播过程中发生的变异现象尤为常见。

麝香是阿拉伯商人贩运的中国重要药物之一,他们对麝香的特点,使用方法和贮存、运送等问题都了如指掌。阿拉伯和波斯医生认为麝香口服可以增进内部器官活力,外涂可以强健外部器官功能,大抵与唐《新修本草》和孙思邈《千金翼方》所记相同。产于中国的樟脑也广泛应用于阿拉伯的制药业和香料业。樟脑在波斯语中的意思就是"中国木"。波斯语中的"达秦尼"即肉桂，拉齐认为"是治疗大部分胃寒病人之良药"。此外，传入阿拉伯的中国药物还有"中国根"，即土茯苓，"中国土"（即烧制瓷器的高岭土，但作药用），等等。

四　传教士对中医药学的研究

明清之际，有大批欧洲传教士来华，他们对中国的医药学给予了特别的注意。

在对中医的研究方面，波兰耶稣会传教士卜弥格（Michael Boym）是最早也是最有成就的人之一。卜弥格的父亲原是波兰王室的御医，卜弥格虽然最后选择了神学专业，但对欧洲的医学也一直很感兴趣，他读过不少医学的重要著作，对欧洲的医学史也很熟悉。1643年，卜弥格来中国后，便注意到中国的医学，并展开了相关的研究。他在手稿《中国事务概述》中，就对有关脉诊治病方法的具体问题进行了研究。他说中国有许多欧洲不知道的能治病的植物、药品和治病的方法。他认为在中国，通过脉诊治病的方法，很早便能了解病情，同时也能准确无误地预示它的发展。他还提到中国医

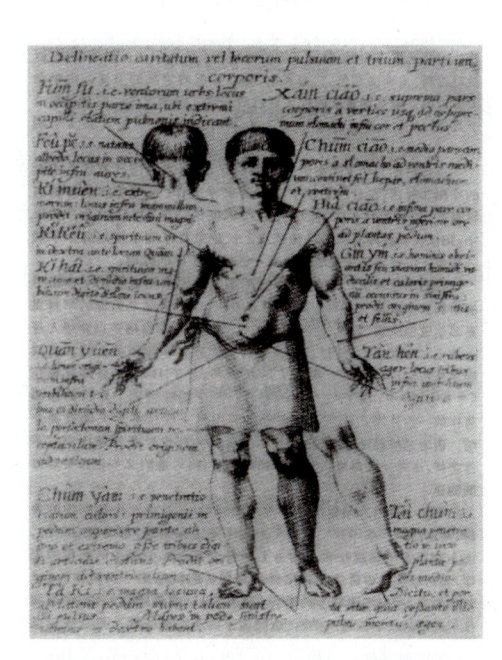

卜弥格《医学的钥匙》插图　人体针灸穴位图

生还亲自给病人煎熬他所开出的药物。

卜弥格还写过一部《医学的钥匙》。卜弥格将《医学的钥匙》的手稿交给了当时回欧洲的比利时传教士柏应理（Philippe Couplet，1623-1693），请他寄往欧洲出版。但柏应理在中途将这份手稿交给一位荷兰商人，这位荷兰商人又把它寄给了巴达维亚（雅加达），巴达维亚的荷兰东印度总督约翰·梅耶特瑟伊克（John Maetsuykker）获得这部手稿后，将他交给了荷兰医生克莱叶（Andreas Cleyer de Cassel）。1682年，克莱叶将这部手稿寄给了德国汉学家门采尔（Christian Mentzel），在门采尔的帮助下以《中医指南》为题在法兰克福出版。

《中医指南》共分4编，第一编有4分册，书中有中药名289条，附有木版图29幅，铜版图1幅；第二、三编是一个欧洲考据学家的论述；第四编是"择录这位考据学家发自广州的几封信"。《中医指南》所属的作者名字是克莱叶，没有标上卜弥格是本书的作者。但是这个版本的内容不完整，缺少了原稿中的重要内容。

1686年后，即克莱叶的《中医指南》出版后4年，门采尔在纽伦堡科学年鉴上发表了《医学的钥匙》，并明确指出这本书的真正作者是卜弥格。这本书的全名是《耶稣会在中国的传教士卜弥格认识中国脉诊理论的一把医学的钥匙》。这部著作共分4卷，第一卷是翻译王叔和的《脉经》；第二卷介绍了一些中药，包括王叔和用过的配方和这些配方的主要成分；第三卷是一篇论脉搏的文章，关于诊脉治病的介绍和辅助的图表，还有展示人体上的针灸穴位的解剖图表；第四卷有37幅插图，论述舌诊的方法。

卜弥格还有另外一部关于中医的著作——《中医处方大全》，书中以"四味和五气的理论"对中药进行论述，介绍了部分药物的一般属性。这是中国的中草药第一次大规模地介绍到欧洲。

在来华传教士们中，除了卜弥格这样的专业研究之外，还有许多人对中国的医药学产生了浓厚的兴趣。他们的研究涉及望舌苔、脉学、性病、法医、传染病、药物、外科、养生、神功、磁力、针灸等诸领域。

在许多传教士的书信和著作中，都提到人参，而且对人参的功效都有比较详细的论述，不难看出他们十分重视这种中药材。杜德美（Pierre Jartoux）神父在一封信中详细地描述了人参的形态、药性、生长环境、分布区域以及功效等，他还服用过人参，认为很有疗效。1711年，他把这封信发往法国，被收入《耶稣会士通信集》，1713年又被转载在英国皇家学会《哲学汇刊》上，引起了欧洲科学家的极大兴趣。杜德美曾在长白山一带朝鲜边境附近一个村子里见到过人参，他说村子里有一个人去山里挖了4株完整的人参，放在篮子里给他们看。杜德美依照原样画下了它的形状图。他还考察了人参的生长环境，认为它位于北纬39度与47度之间、东经10度与20度之间。他由此推断，中国可能不一定是人参的唯一产地，和长白山地理纬度相近、环境相似的加拿大魁北克一带可能也出产人参。时隔4年，这一推断竟然得到了证实，而且西洋参的发现地正好在魁北克，发现者拉菲托（Lafitau）是在读了杜德美的信后受到启发的。因此，杜德美在发现西洋参方面发挥了非常重要的作用。

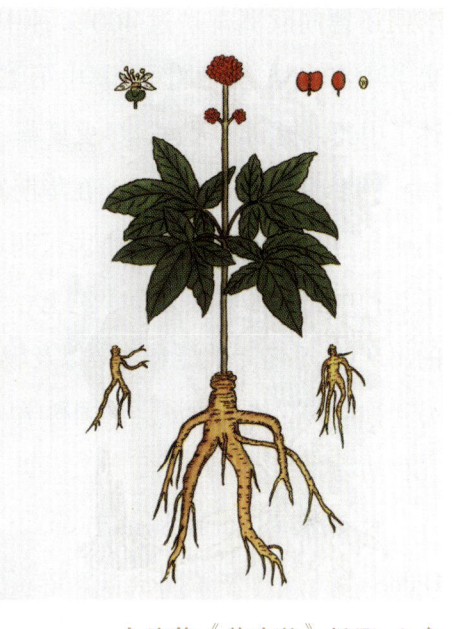

卜弥格《单味药》插图 人参

传教士李明介绍了中国的脉诊医术，说中国人获得了对于脉搏的独特的认识，这使他们在世界上享有盛名。中国医生认为经过长期的实践经验，已经可以分辨出全部不同的脉象，并且掌握了各种脉象一般与哪些病症有关。

李明还曾向欧洲寄送过 400 多种中国草药标本的绘图。冯秉正在《中国通史》中有多处论到中医。其中第 12 卷第 7 章是专门论述中医的，第 4 章论述了中药，提到了大黄、冬虫夏草、三七、人参、茯苓、阿胶和地黄等。

巴多明（1663—1741）在华期间与中国医生多有接触并向他们请教，他还研究过《本草纲目》等中国医药典籍。他在给法国科学院的一封信中介绍了几种中药，如冬虫夏草、三七、大黄、当归、阿胶等，详细地介绍了它们的出产地、形态、性能和功效以及服用方法。他还把样品寄回法国，除大黄外，另 4 种均首次传入欧洲。法国科学院于 1726 年举行一次报告会，专门讨论这几种药物。

杜赫德（Jean Baptiste Du Halde）编的《中华帝国全志》第三卷是中医专辑，收有《脉经》《脉诀》《本草纲目》《神农本草经》《名医必录》《医药汇录》等部分内容的译文。此卷卷首有一中医诊脉图和一篇关于中国医术的文章，同时还介绍了许多中医处方，如阿胶、五倍子、乌桕树、治痢药等。其中的《脉诀》为来华的法国耶稣会士赫苍璧所著，是一篇节录中国医书《图注脉诀辨真》和李时珍《本草纲目》相关内容的文章。杜赫德采用的《本草纲目》是传教士刘应

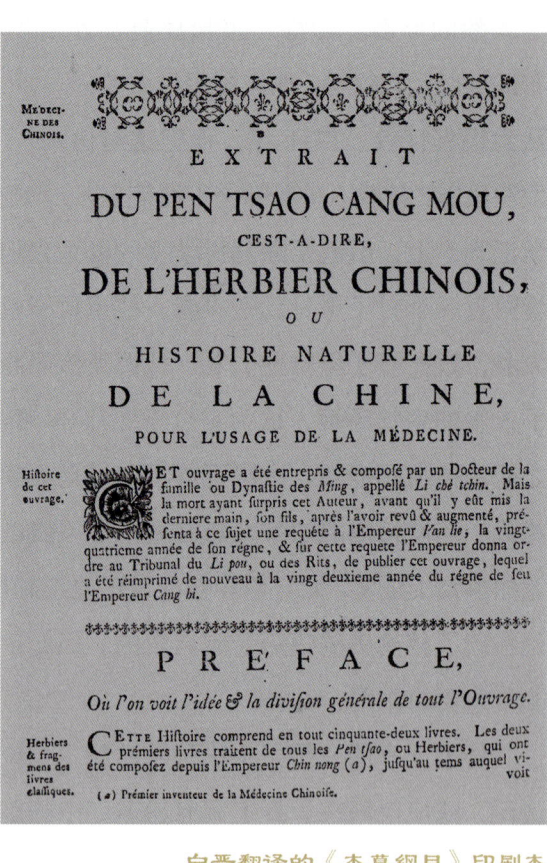

白晋翻译的《本草纲目》印刷本

翻译的，在翻译时，他对于每种药的疗效和制备还加入了自己的分析研究。不过这个译本并不是全文翻译，只是这部著作的大纲。

传教士们对于中医药学的介绍，在欧洲引起人们的关注。19世纪的科学家达尔文在《人类的由来》一书中，就引用了耶稣会士们翻译的《本草纲目》中的部分内容，他用金鱼颜色形成的资料来说明动物有人工选择的问题。在《动物与植物在家养下的变异》一书中，提到"上世纪耶稣会士出版的那部主要是辑自中国古代百科全书的伟大著作"，即是指《本草纲目》。据统计，在达尔文的著作中，提到中国医学和植物学的资料多达104处。

传教士们介绍的中医药学，对欧洲的医学发展也产生了较大的影响。"在17和18世纪时，欧洲医学应向中医学习大量的知识和技术。这种思想状态一直持续到19世纪……西医中多次出现的很多问题都用中医得到了妥善解决。例如，治疗性病、通过脉搏来诊断和预报疾病、种痘、艾灸、动物磁力疗法、针灸和药物。"[1]

五　种痘术的西传

天花是一种古老而极为凶险的传染病，据说，17世纪仅仅在欧洲，就有4000万人被天花病毒夺去了生命。仅在1719年的一次流行中，巴黎就死亡14000人。此病大约在公元1世纪左右传入中国，因战争中由俘虏带来，故名"虏疮"。15世纪以后，由于中西之间交通发达，人员往来频繁，天花在中国广泛流行。明清之际，中国发明了人痘接种术，开创了人类预防天花的新纪元。

人痘接种术的发明开创了人类预防天花的新纪元。种痘法很快远传海外，1688年，俄罗斯遣人来中国学痘医；1744年，杭州李仁山将种痘法传到日本，

---

[1] [法]伯德莱著，耿昇译：《清宫洋画家》，山东画报出版社2002年版，第206页。

并在 1840 年牛痘法传入前一直采用。

人痘接种术传到英国更具有特殊意义，成为牛痘产生的基础。英国皇家学会的档案资料显示：1700 年，英国的医学家就对中国的人痘接种术有所了解。

当时英国驻土耳其大使的夫人蒙塔古（M. W. Montague）在君士坦丁堡看到当地人为孩子种痘以预防天花，效果很好，颇为感动。由于她的兄弟死于天花，她自己也曾感染此病，因此，她决定给她的儿子接种人痘。1717 年在大使馆外科医生的照顾下，她的儿子接种了人痘。事后，她把成功的消息写信回国告诉了她的朋友。

1718 年 6 月，蒙塔古夫人返英后，又大力提倡种痘。她试图劝说她的好友威尔士王妃效仿她的做法，给皇室的孩子们接种。王室先找了 7 个罪犯和 6 名孤儿接种，然后暴露在普通天花感染的环境中，结果他们都对天花有免疫力。最终，在 1722 年，年轻的公主王子们均有接种。

从此，人痘接种术在英国流传起来。

当时这种做法被称为"人痘接种"，并迅速传遍了全英国，到处都建立了人痘接种中心。

明末来华传教士中，部分人对中医药文化非常感兴趣，他们也注意到中国的种痘术。比如在法国传教士殷宏绪对中国医药学的介绍中，最引人瞩目的是他关于"种痘术"的介绍。

1726 年 5 月，殷宏绪从北京给杜赫德神父写了一封长信，此时正是种痘法刚刚传入欧洲不久。他在信中注意到欧洲流行的种痘法与中国的联系，他说，从君士坦丁堡传到英国的种痘法在中国已经流行了 100 多年。他在信中详细地介绍了种痘法的 3 种处方，以及每种处方的实施方法以及注意事项。他特别指出：

我们可以看到中国人给孩子接种疫苗的方法比英国式的接种疫苗更温和，危险性更小。英国人是把肌肤切开接种疫苗的。英国人的方式是立即让痘苗进入血液中，而在中国人的实践中体现出一种细腻的、温和的、调动其他因素的精神，通过嗅觉神经，或者通过消化系统的各种渠道。痘苗肯定也有毒性：不管它是冷还是热，稀或稠，把它切入血肉中总比通过呼吸或消化系统进入体内的危险性更大。

我们有很多关于该领域的论著，包括了各种各样的药，也许除了中国人不用类似的放血的方法以外，我们看到欧洲人的做法和中国人的做法之间联系十分密切。

殷宏绪介绍的中国种痘法在欧洲很引人关注。

除了殷宏绪之外，传教士钱德明（Jean Joseph Marie Amiot）、韩国英（Pierre-Martial Cibot）、巴多明等人都涉及过中国的天花人痘接种技术。另外，中国青年教徒杨德望和高类思在给法国大臣贝尔丹（Henri Bertin）寄的材料中，也有关于这方面的内容。1772年10月30日，贝尔丹在给他们的信中提到："使我惊奇的是，天花接种在中国10世纪便已出现。这种病在中国造成的危害比在欧洲还严重。"

殷宏绪等人对中国种痘术的介绍，在欧洲引起人们的高度重视。因为天花的流行曾夺取了千千万万人的生命，防治天花是当时医学上的一大难题。随后，这种方法从英国传到了欧洲大陆。

种痘术在欧洲的传播，是18世纪欧洲人的热点话题。伏尔泰就曾对中国的种痘法倍加赞扬，并尽全力加以宣传。他在《哲学通信》中专门有一封《谈种痘》的信，他写道：

我听说一百年来，中国人一直就有这个习惯，这是全世界最聪明、最讲礼貌的一个民族的伟大先例和榜样。中国人种痘的方法的确是大不相同的,他们并不割破皮肤,他们从鼻孔把痘苗吸进去,就好像闻鼻烟一样。这种方式比较好受,但是结果一样。这一点也可以证实:倘若我们在法国曾经实行种痘,或许会挽救千千万万人的生命。[1]

英国乡村医生爱德华·琴纳(Edward Jenner)可能从古代中国的做法中得到启发,成为牛痘的发明者。牛痘接种的成功,使严重危害人类的恶疫之一的天花开始迅速减弱,天花的流行程度也因此得利明显改善。1979年10月25日被正式定为"人类天花绝迹日"。

---

[1] [法]伏尔泰著,高达观等译:《哲学通信》,上海人民出版社1661年版,第43页。

第三篇 艺术神韵

第十一章 音乐与舞蹈

一 乐舞艺术在朝鲜的早期传播

中国的乐舞艺术具有悠久的历史。在新石器时代，初民就创造了原始的乐舞艺术。传说中有伏羲"作三十五弦之瑟"，黄帝伶伦制作乐器的记载。

西周是中国上古音乐的集大成时期，也是音乐的高度繁荣时期。《礼记·乐记》记载："昔者，舜作五弦之琴以歌南风，夔始制乐以赏诸侯……大章，章之也。咸池，备也。韶，继也。夏，大也。殷周之乐，尽矣。"

中国的音乐艺术也很早就传入朝鲜半岛。箕子朝鲜时期的文学，流传至今的有《箜篌引》。崔豹在《古今注》中记载：

《箜篌引》者，朝鲜津卒霍里子高妻丽玉所作也。子高晨起刺船，有一白首狂夫，被发提壶，乱流而渡，其妻随而止之，不及，遂堕河而死。於是援箜篌而歌曰："公无渡河，公竟渡河，堕河而死，其奈公何"声甚凄怆，曲终亦投河而死。子高还，以语丽玉。丽玉伤之，乃引箜篌而写其声，闻者莫不堕泪饮泣。丽玉以其曲传邻女丽容，名曰《箜篌引》。又有《箜篌谣》，不详所起，大略言结交当有终始，与此异也。

该记载讲述了一个哀婉动人的故事。在中国文学史上，这个故事广为流传，唐代李贺、李白、王建、温庭筠和王睿都曾以这个题目作诗，重新阐释这个"渡河"的故事。上文中的歌词："公无渡河，公竟渡河。堕河而死，其奈公何。"可以视为是朝鲜半岛最早的汉诗。箜篌是中国很早就从西域引进的乐器。

最晚在秦汉之际，朝鲜半岛和日本列岛上都已存在一种与中国铜制大铃或早期铜镈相类似的铜制打击乐器。这种乐器，被日本学者称为"朝鲜式小铜铎"或"铜铎"。其实就是一种铜制大铃或早期镈钟。在朝鲜三韩时代的马韩最重视五月与十月的春秋两次大祭。祭祀时，要将"铃"与"鼓"悬在高高耸立的大木上，用铃、鼓的声音来侍奉鬼神。参与祭祀的氏族成员要通宵达旦，饮酒歌舞。歌舞时，往往数十人相随踏地为节，其场面非常壮观。此处的"铃"，就是"铜铎"。

考古发现证明，铜铎（大铃）在朝鲜半岛分布较广。除了见于南部古属三韩之地的大邱坪里洞、扶余合松里外，还见于北属高句丽的平壤、中部汉城附近的槐亭洞等地。从其形制特征上看，与早于它的中国战国中期辽西凌源三官甸青铜短剑墓出土的铜制大铃极相接近：两者器形、高度大体相同，定口齐平，上有桥形钮，钮的两侧各有两个圆孔，表面光素，两侧无扉棱。朝鲜半岛铜铎有可能受到了来自辽西的影响，同时又保留有自身的传统。

朝鲜半岛还使用一种铜制铜铃——八珠铃。这种乐器是在一个弧形铜板的四周，按八等分附有八枚球形响铃，可摇动发声。这种响铃在早于它的中国辽宁北票仓粮窑、喇嘛洞等三燕文化墓葬中多有发现。

到朝鲜三国时期，与中国大陆音乐文化交流就比较频繁了。高句丽接受了在中国宫廷流行的西凉乐、疏勒乐、安国乐、康国乐等音乐，那时就已经传入筝、琵琶、阮等乐器。据《隋书》记载，高句丽的音乐"高丽伎"曾传入中国，成为宫廷演奏的九部乐之一，所用的乐器有14种之多。

位于黄海南道安岳郡柳雪里的一座高句丽古墓（冬寿墓，375年）前室壁画有奏乐图，图中乐队坐，仪仗队立，有箫、鼓等。据认为在殿庭演奏的这种仪礼乐，应是鼓吹乐。鼓吹乐为中国古代重要乐种，其下又可分为黄门鼓吹、骑吹、短箫铙歌、横吹几种，而高句丽的这种殿庭鼓吹，应为中国汉代的黄门鼓吹。从该墓的回廊大行列图不难看出：由檐鼓（枴鼓）、檐钟（镯、钲）组成的前部鼓吹，以及由二重鼓、箫、角、铎形打击乐器组成的后部鼓吹，据认为应是中国汉代的短箫铙歌。从该墓后室壁画舞乐图中看到使用的乐器有玄琴、洞箫以及晋人创制的阮咸。

位于半岛西南方的百济和中国南朝以及北朝的北魏曾有密切的音乐交流，并发明了艺术水平较高的假面舞，这种舞蹈用吹打乐伴奏，后来还传到了日本。百济所用的乐器有鼓、角、竖箜篌、筝、篪、笙箫、笛等。百济甚至还保存了很多中国已经散佚的文化遗产。

百济于6世纪末期对日本音乐界产生了很大影响。玄琴是高句丽的固有弦乐器，在日本却称作百济琴。《日本书纪》记载："百济人味摩之归化，曰学于吴，得伎乐舞。"

新罗国的歌曲则比较发达。《三国史记》记载，新罗文武"四年（664年）三月，遣星川、丘日等二十八人于府城（公州），学唐乐"。朝鲜古代宫廷乐舞分为两类：唐乐，指由中国传过去的乐舞；乡乐，指朝鲜本国的乐舞。这种分法大约始于统一新罗时期。此时，音乐家于勒创制了伽倻琴，形成了以三种弦乐器（伽倻琴、玄琴、乡琵琶）和三种大小不同的竹制横笛为主的三弦、三竹乐队。此外，还使用铜鼓、腰鼓、琵琶、洞箫、笙、箜篌等从中国传入的乐器。这一时期，玄琴艺术得到发展，创作了许多乐曲，宫廷中也设置了专门的音乐机构"声音署"。

二　宋朝乐工在高丽的活动

高丽时期与中国的音乐交流仍然不断，高丽的宫廷乐广泛地接受中国音乐影响，这种影响涉及音调的进行、乐器的制作、乐谱的记谱法乃至乐队的编制等诸多方面。

  宋神宗熙宁年间，高丽遣使向宋"请乐工"。宋派乐工前往，"数年乃还"。其后，高丽朝多次"请乐工"，演成惯例。据《高丽史》记载，高丽文宗二十六年（宋神宗熙宁五年，1072年）二月，宋朝派到高丽的乐师女弟子真卿等人在开成教《踏莎行》歌舞；同年十一月，女弟子楚英传《抛球乐》《九张机》，别伎《抛球乐》弟子13人，《九张机》弟子10人。文宗三十年（宋神宗熙宁九年，1076年）二月，楚英在开成的王宫重光殿演出王母队歌舞，一队55人，舞成四字，或"君王万岁"，或"天下太平"。熙宁八年（1075年）三月，高丽又通过泉州商人傅旋来求借乐艺等人。宋神宗批示教坊按试子弟中选取10人赴高丽传艺。另外，高丽还派遣习艺者随入宋使臣到

朝鲜宫廷乐器编钟

宋京城接受乐舞训练，在同文馆聘请教坊乐师教习宋乐舞。

之后，高丽又多次请求"大晟雅乐"和"燕乐"，宋朝廷允其所请，派乐工前往传授，并带三乐谱和乐器。赠送的乐器，包括铁方响5架、石方响5架、琵琶4面、五弦2面、双统4面、筝4面、箜篌4座、笙篥20管、笛20管、篪20管、箫10面、匏笙10攒、埙40枚、大鼓1面、杖鼓20面、拍板2串等16种。此外还有曲谱10册、指诀图10册。同年十月，睿宗亲至太庙用宋新乐。

高丽睿宗十一年（1116年）十月，睿宗亲临太庙荐"大晟乐"，并奏新制《九室登歌》。高丽王朝用上述乐器在祭孔和祭祖仪式中演奏大晟雅乐。于是，高丽"乐舞益盛，可以观听"。宋使徐兢说，高丽国有大乐司、管弦坊、京市司三种音乐机构，乐工近千人。可见其盛。

高丽末年，中国的明王朝建立后，高丽恭愍王迎合明太祖推广中华礼制、与普天之下共享和乐之治的理想，缔造了明丽关系史上的蜜月期。尽管这一时期非常短暂，但为中华礼乐赋予十分丰富的意义，既代表儒家文化，代表伦理和社会秩序，也代表了当时最高的文明。恭愍王十九年（1370年），明太祖向高丽赠送雅乐，恭愍王同时派遣高丽乐工前往中国南京学习音乐。

朝鲜是唯一从中国传入古典乐舞大晟乐的国家。高丽朝的音乐，分为乡乐、唐乐和雅乐三类。乡乐指朝鲜固有的音乐，有24篇；雅乐指宋徽宗所赠的大晟乐。大晟乐传入高丽后，即作为正乐，用于郊祀、宗庙和朝廷典礼。唐乐指以前从中国陆续传入的音乐，歌曲有：献仙桃、寿延长、五羊仙、抛球乐、莲花台等40多首曲目，宋代的词乐《念奴娇》《洛阳春》等也经常在高丽王朝宫廷中表演。由着皂衫的舞队，与着黑衣幞头的乐官和着黑衫红带的女伎，合着音乐的节拍舞蹈。乐器有：方响（铁制16枚）、洞箫、笛、觱篥、琵琶、牙筝、大筝、杖鼓、教坊鼓、拍板（6枚）。

传入高丽的雅乐，歌曲有太庙乐章等十余首。由文武六佾舞队合着音乐的节拍舞蹈。文舞，48人持竿（乐器）翟（雉尾）舞蹈。武舞，亦48人持干（盾牌）戚（大斧）舞蹈。文舞，前有纛旗；武舞，前有旌旗。乐器有金钟（编钟）、玉磬（编磬）、柷敔、搏拊、一弦琴、三弦琴、五弦琴、七弦琴、九弦琴、瑟、笛、埙、篪、巢笙、和笙、箫竽笙、晋鼓。

《高丽史》卷七一《乐志》中收录宋代传入的歌舞曲7套，曲词30首，还有小令慢曲44首，共73首，列于"唐乐"。据考证，上述曲目，有15首可考为柳永等人的作品，其中柳永8首，晏殊1首，欧阳修1首，苏轼1首，李甲1首，阮逸女1首，赵企1首，晁端礼1首，其余均不可考。[1] 高丽的音乐机构，据《宣和奉使高丽图经》记载：有三等，"大乐司二百六十人，王所常用。次管弦坊，一百七十人。次京市司，三百余人"。宋教坊派去的乐艺人员，都在大乐司传授乐舞。

三　藤原贞敏在唐学琵琶

中国的音乐艺术也很早便传到日本。5世纪移民到日本的汉人秦酒公，擅长琴艺，并以琴艺侍奉朝廷。据《日本书纪》记载：雄略十二年（468年），天皇怀疑一位工匠而欲处罚他，"时秦酒公侍坐，欲以琴声使悟于天皇，横琴张曰……于是天皇悟琴声而赦其罪"。

日本列岛各氏族部落普遍使用铜铎作为祭祀的重器。弥生铜铎可能是受到中国的二里头铜制大铃或上周早期镈钟的影响，由日本制成。

7世纪时，日本陆续兴建了法兴寺、四天王寺、蟓刚寺等，并在每年四月八日、七月十五日举行斋会，是为浴佛节、盂兰盆会的滥觞。此时，日本已经有了较简易的佛教仪式和仪式音乐形态，并渐趋完整。至天平八年（736

---

[1] 吴熊和：《<高丽史·乐志>中宋人词曲的传入时间与两国的文化交流》，《韩国研究》第1辑，杭州大学出版社1994年版，第25页。

年），唐僧道璇赴日，与来自天竺、林邑、瞻婆诸国的僧侣共同传授不同国家的佛法和梵呗。日本音乐界据此认为道荣和道璇是最早来日传授梵呗的中国僧侣。

9世纪初，日僧空海与最澄到唐朝留学，它们带回的唐朝新兴佛教的音乐仪式，成为日本现存的各派声明之源流。从最澄、空海入唐学法回国后，悉昙学（梵语学）在日本逐渐传播兴盛。随后，日本的"声明"逐渐从悉昙学向真言、梵赞转变，以致在日本佛教界已将"声明"等同于"梵呗"。所以，日本佛教所谓"声明"，是指法会的"声明"，即一种在佛教仪轨中的歌咏形式。

除了佛教音乐之外，还有日本音乐家来唐学习，并且也有唐朝音乐家东渡执教，这推动了中国音乐在日本的流传。

早在隋炀帝大业八年（612年），曾在中国学习乐舞的百济人味麻之到了日本，传授"伎乐舞"。圣德太子十分喜爱伎乐，召集了一批日本的青少年跟从味麻之学习。同时，在雅乐寮职员令中设伎乐师、伎乐生，并将这种舞蹈定为佛教祭仪，由此逐渐兴盛。据日本史书记载，当时对传入日本的中国乐舞，"皇太子厩户最好而讲之，于是韩、吴诸乐始行于世"。所谓"韩乐"指朝鲜乐舞，"吴乐"指的就是中国乐舞。味麻之带去的"伎乐面"（假面具）至今还保存在东京国立博物馆。流传到日本的伎乐曲目有：《狮子舞》《吴公》《金刚》《迦楼罗》《婆罗门》《昆仑》《力士》《大孤》《醉胡》《武德乐》，称为"十伎乐"。

遣唐使时期，来华的日本人中有部分人就是专门为学习中国音乐而来，如精于弹琴的良岑长松、擅长琵琶的藤原贞敏等。

藤原贞敏喜爱音乐，好学鼓琴，尤善弹琵琶。他随遣唐使来中国，在长安从中国乐师刘二郎学琵琶。刘二郎赠给他乐谱数十卷，还将自己的女儿嫁给他。藤原的夫人是一位才女，既会弹琴又会弹筝。藤原夫妇回国时，刘二郎又赠紫檀紫藤琵琶一面。人们认为：日本筝法和琴法，就是这位夫人从中国带去并传播的。回国后，藤原贞敏"定琵琶四调传于世"，被尊为日本琵琶的开山之祖。藤原贞敏曾任仁明、文德、清和三代天皇雅乐师，扫部头之职。

《续日本后记》卷八记载：承和五年（838年），藤原贞敏在众官员面前表演的场景："遣唐准判官正六位上藤原朝臣贞敏弹琵琶，群臣具醉。赐禄有差。"之后，琵琶在日本得到了流传和发展，出现了一批琵琶的演奏家和作曲家。像蝉丸、源博雅、平经正、藤原师长等，他们不仅是琵琶演奏的名手，有些还创作了许多琵琶作品，使琵琶乐作为一种体裁在日本延续、流传至今。

其他东渡的中国人也有为中国音乐的传播做出了贡献。如天平神护二年（766年），唐人皇甫东朝和皇甫升女于舍利会共奏"唐乐"，天皇为美妙动听的唐乐所沉醉，即刻

源于波斯的四弦琵琶 唐作为礼品赠送给7世纪末或8世纪初访问中国的日本使节 日本正仓院藏

授予二人叙位官阶五位下，次年又任命为雅乐员外助。

唐代音乐在日本流传甚广，主要有唐乐、伎乐、散乐三种。唐乐是唐代宴会时使用的音乐，即"燕乐"或"俗乐"，它们流传到日本以后，被改造为日本的雅乐。当时传入日本的唐乐有五调，即壹越调、平调、双调、黄钟调和般涉调。曲目有《秦王破阵乐》《万岁乐》《五常乐》《太平乐》《甘州乐》《春莺啭》《倾杯乐》《越天乐》《团乱转》《喜春乐》《剑器》《王昭君》《夜半乐》《何满子》《六胡州》《如意娘》《天长久》《采桑老》《崇明乐》《圣明乐》《武媚娘》《泛龙舟》《还城乐》等100多种。这些曲目中，有些是器乐曲，有些是舞乐曲，有些是在乐器的演奏中加入唱词，叫作"咏歌"。舞者边舞边唱，大多是用汉语原文演唱。如日本的《仁智要录》一书中就记载有《五常乐》的汉语唱词，《续教训抄》《体源抄》中也分别记载有《甘州乐》《泛龙舟》《还城乐》的汉语唱词。[1]部分曲目如今仍在日本的舞台上演奏，一些日本的民谣，如筑前的黑田节（黑田调）据说就是唐乐《越天乐》的曲调配上日语歌词而形成的一种民谣。日本保存至今的古乐谱所用的符号与记谱方法和敦煌发现的唐乐谱极为相似。

唐时传入日本的《兰陵王入阵曲》被日本人视为正统的雅乐，格外珍视，对其保留和传承需要遵循一套十分严格的"袭名"与"秘传"制度。日本的《兰陵王入阵曲》也称陵王、高陵王、罗陵王等，是一个非常重要的表演，并被视为日本国粹"能剧"的祖始。《兰陵王入阵曲》为一人独舞，表演时手持短棒的"兰陵王"头戴怪兽面具，面具有尖鼻、环眼、吊下颌，如张巨口，头顶有飞龙装饰，身穿刺绣红袍，腰系透雕金带，在类似中国古典乐器的齐鼓、羯鼓、钲、筚篥、笙的伴奏下缓缓移步，整个舞乐显得苍凉、缓慢和沉幽，没有展现战场上的紧张和激越的节奏。有学者研究，日本所传《兰

---

[1] 武安隆：《文化的抉择与发展——日本吸收外来文化史说》，天津人民出版社1993年版，第160页。

陵王》舞乐的服饰、道具、乐器都与唐朝段安节的《乐府杂录》中的记载相似。[1]日本古代在五月五日赛马节会、七月七日的相扑节会、射箭大赛等活动庆祝胜利时,都要表演《兰陵王入阵曲》。就连宫中的重大活动和宴会,甚至天皇即位也要表演。直到现在,日本奈良元月十五日"春日大社"举行一年一度的日本古典乐舞表演时,《兰陵王入阵曲》仍作为第一个节目表演。

隋唐的许多民间歌曲也随着日本留学生的归国传入日本并对日本的民间音调产生显著的影响。大约8世纪后期,日本流行一种歌谣俗曲,称为"催马乐"(saybala)。据日本学者河口慧海考证,"saybala"是西藏语"saybar"的音译。"saybar"是"地方恋歌"的意思。但日本的催马乐的内容并不限于爱情,歌词中有时掺杂藏语。[2]

传入日本的乐器也有多种,包括琴、瑟、筝、曲项琵琶、五弦琵琶、阮咸、尺八、革案、笙、排箫(比竹)、竽、方响、鼓等。其中有一部分乐器在中国早已失传,而日本仍保存至今。在隋唐两代传入日本的乐器中最有影响的是筝和琴。十三弦的筝是在唐代传入日本的,一并传播过去的还有民间的许多筝独奏曲。据日本的《琴曲抄》的序言中记载,一位叫石川色子的女官,在彦山跟唐人学得筝曲后于887年将这些筝曲传给了当时的宇多天皇。筝及筝曲传入日本后,逐渐发展成日本人民群众十分喜爱的一种民族音乐形式。七弦琴在隋唐时代传入日本,在正仓院里至今珍藏着唐代传入的七弦古琴。同时,在日本很早就流传了我国的著名琴曲《易水》《幽兰》等。在我国已失传的梁末隋初的丘公明撰编的《碣石调幽兰》至今仍完好地被收藏在日本京都西贺茂的神光院里,这是目前发现的世界上最早的文字谱。

琴和琴谱流传到日本后,经过几代人的努力,形成了具有日本民族风格

---

[1] 鼓松:《唐代舞图与戏面》,《文艺研究》1981年第1期。
[2] 阴法鲁、许树安:《中国古代文化史》第2卷,北京大学出版社1991年版,第228页。

的琴乐。盛唐时期十分重要的乐器"尺八"也传入日本。据记载，在日本的天武天皇时代，邀请到日本去传授中国音乐文化的唐乐师中，就有专门的尺八师，他们为日本的宫廷培养了两名尺八生，后来尺八逐渐发展并传入民间，成为具有日本独特风格的代表性民族乐器。

此外，唐代一些著名的音乐书籍《古今乐录》《乐书要录》《琵琶谱》《横笛》等也传入日本。唐开元年间，吉备真备在中国留学回国时，带回日本由武则天亲自编选的著名乐书《乐书要录》以及方响写律管声12条、铜律管一部等。《乐书要录》是我国一部重要的音乐理论著作，这部著作10卷本在日本完好地保存了400多年，后来才渐渐残缺，如今，日本仍保存有其中的五、六、七卷。留学僧永忠在中国学习经论以及音律，归国时带回律吕旋宫图、日月图各两卷以及律管12只。随着音乐理论著作的大量传入，我国的音乐理论和音乐思想也传入了日本。

正仓院保存着许多唐代乐器和舞蹈所用的服装器具等文物。其中一部分是圣武天皇天平胜宝四年（752年）东大寺举行大佛开眼会时所用的。乐器有金银平文琴，通体施精美的金银平纹饰，轸、足为象牙制，琴底凤池内有"乙亥元年（735年）季春造作"的字迹。螺钿琵琶，其背面嵌螺钿花纹，面板装有捍拨，上绘一白象，四人骑坐奏乐。还有琵琶拨子。螺钿紫檀五弦琵琶，其捍拨处贴玳瑁簿片，上面嵌骆驼载胡人弹琵琶图象。螺钿紫檀阮，其圆形捍拨上，绘有花下弹阮图象。刻雕尺八，通体雕刻精美花纹和四女像。漆竖箜篌残件，有槽、颈、脚柱、响板、梁等部分。从此残件和有关图像来看，古代竖箜篌的音箱在向上弯曲的曲木上，其下面的横木只供系弦之用。日本流传有古抄本《五弦谱》1卷，正仓院也保存《天平琵琶谱》1页，是天平十九年（唐玄宗天宝六年，747年）抄本。这两种乐谱所用符号和记谱法与《敦煌曲谱》相似。正仓院还保存笙、排箫、筝、腰鼓等乐器和有关文字、图像资料，都是研究唐代音乐和中日文化交流历史的珍贵实物。

唐代中国音乐的传播，对日本音乐文化的发展产生了重大影响。701年，日本仿唐设立了"雅乐寮"。雅乐寮是专门掌管音乐的机关，内部有舞师、笛师、唐乐师、高丽乐师、百济乐师、新罗乐师、伎乐师、腰鼓师等专家，分别教授学生。日本雅乐采用了唐乐宫、商、角、徵、羽五声音阶，加上变徵、变宫成为七声音阶。八度音程内设十二律音，与中国的十二律相对应。起初，日本十二律的名称是沿用中国的律名，平安朝以后才改称日本律名。此外，唐代大曲的序、破、急等形式也被日本雅乐所吸收。

日本皇室贵族中不少人都喜爱唐乐，如嵯峨天皇不仅喜好琴、筝、笛、琵琶，也能作曲。传说《鸟向乐》即为嵯峨天皇所作。仁明天皇不仅经常作为吹笛能手参加雅乐演奏，还模仿唐乐，创作了《长生乐》《西王乐》《夏引乐》《夏草井》等乐曲。平安时代创作乐曲之风甚盛，涌现出一大批有才华的音乐家，对日本民族音乐的形成和发展产生了较大的影响。[1] 唐朝的"雅乐"在中国本土已经失传，但日本的宫廷乐队至今尚能演奏。日本新年期间的表演节目中，中国宫廷音乐《万岁乐》、中国民俗歌舞《踏歌》和日本神道音乐《大歌》已经融为一体，以致令人很难辨认出其中的各种音乐族性因素。

我国的儒家礼乐思想传入日本后，为日本朝廷所接受。公元757年，日本孝谦天皇的诏敕中出现了移风易俗的礼乐思想："安上治民，莫善于礼。移风易俗，莫善于乐。"从孝谦天皇的诏敕中可以看出，日本对音乐价值的认识和儒家的礼乐思想高度一致。在这种礼乐思想指导下，日本对音乐的追求也同样是所谓的"雅正"之乐，排斥所谓的"淫乐"。

舞蹈和音乐联系尤为密切。奈良时代宫廷中出现了受唐乐影响的"舞乐"，造就了一批技艺高超的舞人和乐师。专业艺人的出现，对丰富日本民族舞蹈的创作，完善日本民族舞蹈的技巧并提高其表演艺术，发挥了重要的推动作

---

[1] 武安隆：《文化的抉择与发展——日本吸收外来文化史说》，天津人民出版社1993年版，第161—162页。

用。那时的"舞乐",从形式上分为文舞和武舞,文舞温文尔雅、优美娴淑;武舞手执刀枪,威武雄壮。作于12世纪的《信西古乐图》等书保存了不少流传到日本的唐舞蹈,其中部分舞蹈还保存至今。又如《万岁乐》,据唐朝杜佑的《通典》所记:"鸟歌万岁乐,武太后所造也。时宫中养鸟,能人言,又常称'万岁',为乐以像之。舞三人,绯大袖。并画八哥,冠作鸟形。"现在日本流传下来的《万岁舞》,舞者四人,也戴鸟冠,其舞姿态,如鸟翔集,翩翩往复,进退中节,和《通典》所记也大体相似。[1] 至今正仓院还保存有当时的舞蹈服装和道具,如袄子、大刀、接腰、半臂等。

《信西古乐图》全名《信西入道古乐图》,也称为《傩图》《唐傩图》《唐傩绘》,据说是12世纪的作品,现存本由日本禅信大僧正(1400—1467年)三条宫书御室绘制,后花国帝(1419—1470年)亲书舞名及引注。图中标明名称的乐舞图有18幅,未标单人形象图9幅,拟兽舞图4幅,杂技百戏图14幅,另有乐器及演奏者图14幅。藤井贞干《好古小录》记载:"唐舞画一卷,即《教训钞》及《续教训钞》所载《唐舞绘》者也。此乃乐舞图中之至宝也。"日本学者认为这是研究中国唐代乐舞的珍贵资料。

四　明清音乐家在日本的活动

明代渡日的曹洞宗僧人东皋心越对于日本音乐也产生了较大的影响。他把中国有数千年优良传统的古琴艺术,广植到扶桑沃土中,灿开了经久不败的艺术花朵。他的书法、绘画和金石篆刻艺术,也对日本文化艺术界产生了深刻的影响,但以琴学的传播最有深度。

东皋心越的琴学师承,据说源自明末清初琴家庄臻凤,著有《琴学心声》琴谱。东皋心越东渡后,他的七弦琴艺术使当时日本社会各界大开眼界,他

---

[1] 常任侠:《唐乐与日本雅乐》,《人民音乐》1981年第4期。

广授琴道，前来受益请教者络绎不绝，其无不悉心传授，史载"心越善于诗文书画，巧弄七纮琴，传十六曲。弟子人见竹洞，杉浦琴川传其曲"。他的四传弟子儿玉空空把他尊为日本琴学的发轫者。《日本琴史》卷四说："琴学盛于日本，实师（东皋）之功也。"

此后的百余年间，东皋琴学代有传人。他的代表弟子有名流人见节（号竹洞，又号鹤山）及幕府贵官杉浦正职（号琴川）。由于二者的推动，18至19世纪，琴学传入到主要是儒官及学者的日本人士中间。杉浦琴川又于宝永年间编辑了心越的琴曲出版，即后来被称为的《东皋琴谱》。该谱多次重版，在日本产生了影响较大。

自此以后，中国琴学得在日本广为流行200余年而不衰。

明末清初流寓日本长崎的中国文人中，一些音乐家对中国音乐传播到日本起到了不可忽视的作用。魏之琰于康熙十一年（1672年）年来到长崎，随身携带了240多首明代的流行歌曲谱和伴奏乐器笛、箫、笙、云锣、管、琵琶、月琴、瑟、檀板等。这200多首歌曲，包括根据诗经、乐府、唐诗、宋词谱写的歌曲，明太常寺歌，还有一部分佛曲。日本人称之为"明乐"。魏之琰来到日本后，曾到上京宫中演唱，但并未受到广泛的关注。魏之琰本人及后代，视其乐其器如前朝旧国，一直珍秘于家。

明乐在日本受到广泛注意是在日本宝历、明和年间（1751—1772年）。魏之琰的孙子魏皓唱奏的技艺甚高，一次应宫廷显贵邀请在船上演奏后，引起轰动，日本人士称之为"明乐""魏氏乐"。许多日本名人拜他为师。他将家传乐谱中第1册的乐曲50首以《魏氏乐谱》于明和五年（1768年）由日本芸香堂刊印，并由其学生从平信好师古传习。曲谱用直行长格式工尺谱记写。歌曲有《估客乐》《敦煌乐》《水龙吟》《桃叶歌》《清平调》等。唱词出于古代诗词反映了两国在音乐文化交流方面的悠久传统。明代万历至清代道光年间都有西方传教士在北京活动，其中部分曲调可能受后世和日本音乐的影响而有所变化。另有日本安永九年（1780年）筒井郁（景周）所编《魏氏乐器图》，收集明乐所用乐器、衣冠之图像赞赏并附文字说明。

清代的小曲如《思贤操》《平沙落雁》《秋鸿》《渔樵问答》《洞天春晓》《禹会涂山》《九连环》等，后也陆续传到日本，日本人将其与魏氏所传歌曲合称"明清乐"，在部分文化人中间流行。

19世纪，仍有一些中国文人流寓长崎。他们从中国航行到日本长崎后，与长崎的文人进行了广泛的接触，讲学论道，产生了较大的影响。其中金琴江被称之为演奏清乐的高手，他于1825至1827年间滞留于日本，以个人授业的方式教授日本人学习清乐。其弟子中有著名的僧侣远山荷塘和医师曾谷长春。二者后来将跟金琴江学来的音乐，开创门户并加以传承。此二人后来移居江户，并在部分学者和文人间讲习"清乐"，其门下弟子有宫泽云山、市河米庵和渡边华山等人。

据《荷塘道人圭公传碑》载，远山荷塘幼年时就能够领悟佛意，17岁时出家。他26岁到达长崎，主持崇福寺。他曾随姑苏出身的李邺嗣学习音乐，随闽中出身的徐天秀学习梵呗等，皆究其精妙。他还随月琴名手金琴江学习月琴，并与擅长词曲的中国人江芸阁、朱柳桥、李少白、周安泉等交友，广学明清传奇、词曲、鼓、笛、筝、琵琶等。在长崎居留5年之后返回日田后移居江户，向友人传授传奇《西厢记》《琵琶记》。后又移居浅草，慕名而来的门徒日众。

远山荷塘去世之后，金琴江这一支流有曾谷长春继续从事"清乐"的演奏与传授活动。1833年画家平井均卿的两个女儿平井连山和长原梅园一起随同曾谷长春学习"清乐"。随后也因为二维的加入和努力，"清乐"在日本获得了大范围推广普及。

天保二年（1831年），中国音乐家林德健从福建到达长崎。林德健门下弟子有颖川连（号春渔）、三宅秀莲、三宅瑞莲姊妹和盐谷五平（号雀园）、津田南竹、岩永子成等。三宅瑞莲门下的小曾根乾堂以长崎为中心从事"清乐"的传承活动。小曾根乾堂少年时代即擅长书画，并随三宅瑞莲学习月琴。他博学多识，与当时的名士胜海舟、坂本龙马等人交往甚密，并亲自教授坂本的夫人阿辽学习月琴。明治初期于东京教授女儿菊、女佣雪、弟子清三郎等数十人学习"明清乐"的伴奏乐器月琴、明笛、胡弓、蛇皮线、唐琵琶、鼓等的演奏技艺。他有时身着中国服装演唱，曾在宾离宫隔廉为天皇演奏"明清乐"。

林德健的第一代弟子颖川连在随他学习了几十首"清乐"后，于天保五年（1834年）移居江户，开始开门授徒，从事"清乐"的传播和教学的工作。其门下弟子较多，其中有镝木溪庵、石田半兵卫、滨地不卜斋等。特别是镝木溪庵使该门派得到了传承和发展，光大了门庭，其影响最为广泛。镝木溪庵除了跟颖川连学习之外，也曾经随远山一圭、颖川连之兄弟梅亭、宫泽云山等人学习"清乐"，常叹异邦乐调与节奏自有体系，遂钻研自古至明清的古乐，以及明清的俗曲、声律等。逐渐悟出妙理，因而开一代之乐宗。他自作《流水调》、编纂《清风雅谱》；所用乐器皆自己亲自动手制作；他开门授徒，弟子多达数百人，声名远播四方，被称做"清乐"的"东京派"。

另外，来自中国的贸易船的船主江芸阁、沈萍香在日本期间，与日本文人多有交谊，他们将中国音乐传授给日本朋友。其中著名的有葛生龟龄、大岛秋琴，他们编辑了最早的清乐乐谱刊本。葛生龟龄的《花月琴谱》刊行于1831年，大岛秋琴的《观生居·月琴词谱》刊行于1860年。

五　传教士对中国音乐的研究

明清之际来华的欧洲传教士，对中国音乐也有关注和研究，并著文向欧洲介绍中国音乐。利玛窦的《中国札记》和曾德昭的《大中国志》都谈到了中国音乐。

稍晚来华的传教士钱德明对于中国音乐的研究和介绍，在传教士中十分突出。钱德明是一位音乐家，擅长吹奏横笛、弹羽管键琴，1751年进京后，秉承利玛窦等前辈耶稣会士的"学术传教"路线，将音乐作为他与中国士人联系的纽带。他的音乐造诣很高，除了熟悉西方音乐理论，更擅于演奏键盘乐器和吹奏长笛，多次为皇室演奏。他深入研究了中国音乐，并翻译了李光地所撰的《古乐经传》。这部著作是雍正四年（1726年）李光地的孙子李清植等人整理刊行的，共有5卷，是一部颇有价值的中国音乐历史和理论的著作。钱德明将这本书译出后，将译稿寄给了巴黎金石和美文学科学院。但《古乐经传》的法文译稿西传后并未得到充分利用，甚至还遭到当时法国音乐界的几位著名人士的严重曲解和篡改。钱德明得知《古乐经传》译稿被篡改后，他在一名中国文人的帮助下撰写了《中国古今音乐篇》。

《中国古今音乐篇》于1780年在巴黎出版。在这部著作中，钱德明首先在前言中概述了中国音乐史。法国汉学家陈艳霞指出："钱德明神父的论著提供了一种从最远古时代起直到本人所处时代中国音乐的历史概况。他追述了音乐在中国发展的最重要的曲折过程：黄帝时代的兴旺发达景象、伶伦发明律吕、春秋战国的战争、秦始皇诏令焚书坑儒对古代音乐的破坏、近代文人们的迂腐，清代在所谓古乐的伪冒招牌下的窒息音乐并使之出现了衰败。"[1]钱德明强调说："如果那些不带成见的而又有适当精力阅读本论著的人，不会产生某种有关中国人音乐体系光辉的思想，那么他们至少也可以坚信，这是中国人独有的一种音乐体系。"[2] 他希望通过这部对中国音乐介绍的著作，

---

[1] [法]陈艳霞著，耿昇译：《华乐西传法兰西》，商务印书馆1998年版，第235—236页。

[2] [法]陈艳霞著，耿昇译：《华乐西传法兰西》，商务印书馆1998年版，第104页。

使这些人能够得出对中国音乐的正确评价。

《中国古今音乐篇》主要参考李光地的《古乐经传》和朱载堉的《律吕精义》写成，第一部分中介绍了中国乐器，包括石、皮、丝、木、竹、金属等八音、八种乐器、律准、五弦琴和七弦琴的调音方法等,并附有绘制的乐器图；第二部分中论述了中国音乐的"律"，主要介绍了中国律学理论；第三部分是论述中国音乐的"调"，即调式理论。书中附有三段中国祭祀仪式中赞颂祖先荣耀的歌曲，即《先祖颂》。

钱德明对中国音乐作出积极的评价，强调中国音乐体系的独创性及其在世界音乐发展史上的重要地位。

《中国古今音乐篇》是向西方人系统介绍中国音乐的开山之作，向欧洲人展示了中国特有的音乐体系，被誉为中西音乐交流史上的一页"重大资源"。正如陈艳霞所说：钱德明神父有关中国人音乐的著作在18世纪下半叶就如同满月一般闪烁光芒。直到18世纪末，法国研究中国音乐的一些主要著作都不同程度地引自《中国古今音乐篇》。

钱德明还著有《中国古代宗教舞》，介绍了从尧之后包括小舞（文舞、武舞、旄舞、羽舞）、大舞（大韶、大夏）等舞蹈及配乐、配器（干戚、五彩缯等）、步法（起、停、转、收）、转势、眼神方向及动作寓意，附有大量墨画。

第十二章 书法艺术

一 书法艺术在朝鲜的传播

世界上各民族都有自己的文字，唯有中国的文字成为一种艺术。书法艺术是中国独有的艺术形式，把文字的书写性发展到一种审美阶段。书法艺术在中国艺术中占有重要地位。人们对书法艺术投以的热情以及它丰富的传统，人们对它的尊崇，都丝毫不亚于绘画。书法是中国美学的重要图腾。林语堂先生说过：书法给中国人提供了基本的美学，我们在书法艺术中才能够看到中国人艺术心灵的极致。"如果不懂得中国书法艺术及其艺术灵感，就无法谈论中国的艺术。"[1]

书法是中国艺术中时间最悠久、空间最辽阔、内涵最丰富、影响最深远的一种艺术。在朝鲜三国时期，中国的书法艺术就已传播到朝鲜半岛，所流行的书体主要为地方色彩浓厚的"俗体书"。依据迄今的考古发现，位于今朝鲜平安南道龙冈郡城岘里乐浪郡秥蝉县遗址的《秥蝉神祠碑铭》，为现在能见到最早的朝鲜书法艺术作品。统一新罗前的优秀书法遗存有《咸镜南道黄草岭真兴王巡狩碑》，此碑书法笔势遒劲典雅，有中国北朝书风。康有为在《广艺舟双楫·碑品》中，曾将此碑评为"高品"："若高句丽故城之刻，新罗巡狩之碑，启自远夷，来从外国，然其高美，已冠古今。"

新罗统一后的优秀书法遗存有：《太宗武烈王碑》，碑首"太宗武烈大

---

[1] 林语堂：《中国人》，学林出版社1994年版，第285页。

韩国风俗画《士人挥毫》

王之碑"八字篆额,据传系金仁问的手笔。此篆额笔势典雅,与中国唐代篆书相比,亦得列为一流。崔致远撰文并书篆的《双谿寺大空塔碑》,则堪与中国唐代四大家媲美。华严寺的石刻《华严经》表明:中国唐初流行的王右军行书的"写经体",已为新罗吸收。断俗寺《神行禅师碑》的行书,笔势遒劲流畅,为沙门灵业的手笔,被评论为"淡而辣""擅倚天之笔"。《圣住寺白月葆光塔碑》系崔致远撰文，崔仁滚楷书，书风与中国唐代徐浩相近，笔势宽厚温和，颇有清新之感。《凤岩寺寂照塔碑》为崔致远撰文，释慧江书并刻，书风近于中国褚法。

新罗统一时代最杰出的书法家是金生。金生终生致力于书法，年逾80时仍临池不辍，时称其隶书行草皆入神，书写王体最为出色，被誉为"东海书圣"。据《三国史记》记载，高丽朝学士洪灌随进奉使入宋。宋翰林侍诏杨球、李革至宾馆与高丽使臣交流书法，洪灌出示金生行草一卷，杨、李大为惊讶，说："不图今日得见王右军手书。"洪灌说："非是。此乃新罗时人金生所书也。"杨、李笑说："天下除右军，焉有妙笔如此哉！"洪灌屡言之，杨、李二人终不信。由此可见金生书艺之一斑。954年立的《奉化太子寺朗空大师白月栖云塔碑》，即金生真迹的集字。

中国的书法艺术在高丽广泛传播并产生了较大的影响，使高丽时代的书法艺术较之前的时代有了显著的发展。宋初，中国流行欧阳询的楷书，传入高丽后，成为高丽最爱慕学习的一种书体，在高丽前期特别流行。高丽王宫神风门的题榜之字，就采用"欧率更之体"。宋政和七年（1117年），权适等高丽进士归国时，带回宋徽宗的亲笔诏书。徽宗的书画都颇有名，高丽睿宗特命设置天章阁于王宫之内，珍藏宋徽宗的亲笔诏书和亲笔书画，并向群臣展示欣赏。第二年，高丽重修的安和寺竣工，此前高丽曾趁使节赴宋之便，在宋求妙笔书写匾额。宋徽宗闻之，亲笔书写佛殿匾"能仁之殿"，又命蔡京书写寺门额"靖国安和之寺"，以赠高丽。1124年，高丽向宋请书家，宋遂派"篆、籀、真、行、草"全才的徐兢作为使臣的助手前往高丽，其书法作品备受高丽文人学士的欢迎。

高丽前期的书法，宗承中国六朝至唐的书风，在初唐三大家中尤重于欧阳询。释玄可书的《玉龙寺宝灵塔碑》，极近《醴泉碑》，达到了以假乱真的程度。书者不详的《净土寺弘法国师实相塔碑》，近于《虞恭公碑》，饶有神韵，颇具风趣，古色浓郁，属高丽碑之精品。洪协善书写的《智谷寺真观禅寺碑》属欧体书风，淳厚古朴，颇具韵味。具足达书写的《地藏禅院悟真塔碑》及《净土寺法镜大师慈灯塔碑》，笔致俊劲，显现出北魏奇伟书风。释禅扁书写的《五龙寺法镜大师普照慧光塔碑》亦显出北魏碑志之古拙。兴法寺的《真空大师塔碑》是一座集字碑，碑文系高丽太祖御制，崔光胤集唐太宗字。唐太宗的《晋祠铭》《温汤铭》，由新罗遣唐使携回新罗，唐太宗的屏风书、书翰等日后也流传至高丽朝，所以高丽能临摹其笔迹完成集刻。李齐贤赞誉此碑"字大小真行相间，鸾漂凤泊，气吞象外，真天下之宝也"。

宋代"书法四大家"的作品传至高丽后，使高丽书法又有了进一步的发展，出现李元符、崔诜、吴彦候、坦然、崔瑀、文克谦、李仁老等书法名家。吴彦候承欧阳询的皇甫碑法，所书的《灵通寺大觉国师碑》，竟被误认为是唐碑。坦然宗承颜法，又习晋、唐的行书及李阳冰的铁篆，被誉为"海东神品四贤"之一。他的作品有《真乐公文殊院记》《僧伽窟重修碑》《北龙寺碑》等，都是书中珍品。他的书法作品《文殊院记》与王羲之的《圣教序》一脉相通，又融入了唐代以后传承的写经字体的笔法，形成了一种新的书风。

元皇庆二年（1313年），高丽忠宣王在元大都设置了万卷堂，赵孟頫等一批元朝文人经常在此出入。忠宣王对赵孟頫特别宠遇，跟从赵孟頫学到了很多书画技巧。这在当时赵孟頫对忠宣王赠诗《留别沈王》中不难看出他们的友情。忠宣王还是王世子时，从元带回了4000卷书画作品，到忠肃王时期又有1800余册书籍流入了高丽。恭愍王妃鲁国大长公主入京时也以万卷堂为中心，挖掘了很多图书和作品，并收集书画、器物、简册等，带回高丽。当时带到高丽的赵孟頫的手迹以及其他书画典籍，数量相当可观。中国明朝正统年间出使李朝的倪谦对彼国保存赵孟頫手迹之多也大为惊叹。

李齐贤在元生活期间与元的名士交往的诗、书、画作品至今仍有大量留存，如《益齐乱稿》，从中可以看出李齐贤与赵孟頫等的交往之密切。由于李齐贤等人的提倡,高丽末期和李朝初期,很多文人都喜爱临摹赵孟頫的"松雪体",并出现了一些赵体书法家。

二 "东国真体"与明清书风

李氏朝鲜的书法艺术,继承高丽末年遗韵,赵孟頫书体流行一时。安平大君为李朝前期书法大家,楷行草篆隶均冠绝一时。安平大君的代表作《梦游桃源图跋》,笔法流利轻快、清劲秀丽,取法赵体,达到逼真的程度。安平大君之书专仿子昂,而其豪迈相上下凛凛有飞动意。由于安平大君学习松雪体所取得的突出成就,当时士人争相仿效,从而使松雪体盛极一时。

当时较为有名的书法家如文宗、世祖、姜希颜、成三问、徐居正、成任等均学松雪体。文宗国王擅长楷书,笔致遒劲,深得中国晋人之奥妙,并取法赵体,达到出神入化之境。文宗的《烈圣御笔帖》,笔法清劲流丽,与安平体相似。姜希颜的《尹炯墓碑》上的字稍显肥厚庄重,以上都是在松雪体影响下产生的独特的艺术风格。

世宗数次收集刊行赵孟頫真迹,并把赵孟頫的《归去来兮辞》刻帖赐宗亲和诸位臣下。文宗元年,安平大君上交了《历代帝王明贤集》的古帖和《赵子昂真草千字文》,文宗命校书馆将这些版本摹印。世祖也命令铸字所、校书馆、承政院、礼曹等,印制赵孟頫字体供成均馆学生和一般人士作为字本学习。校书馆所藏《集古帖》中有赵孟頫《证道歌》《真草千字》《东西铭》和王羲之《东方朔传》《兰亭记》、李雪庵《雪庵头陀帖》以及永膺大君李琰家中所藏赵孟頫的《赤壁赋》等,付印送成均馆,为诸生楷范。

郑道传与黄喜在赵体的基础上又习米芾书法,兼具霸气与秀丽。申穑所书汉城崇礼门匾额,深得欧阳询法之精髓。后来,明代书法家文徵明、祝枝山、王宠、董其昌等人的书体也都在朝鲜流行。成守深和李退溪是这一时期最具代表性的两位书家。成守深的书法，用魏晋古法，呈现出苍古雄浑的气象。李退溪的书法吸取二王，笔力遒劲，以端正见长，具有遒健典重的气质。李退溪出现后，认为魏晋书法贵在自然，并主张向钟、王笔法复归。16世纪后，钟、王书体再次兴起。

韩濩（石峰）也是早年学松雪体，后将松雪体与王羲之体完美融合，逐渐摆脱了松雪体的局限性，以刚健的结构表现出韩民族特有的严谨端正、刚硬朴实的艺术感觉，并最终创立了石峰体。1583年，宣祖令韩濩书写《千字文》，并颁发到了全国。从此，石峰体风靡了一个时代，从王公贵族到乡土僧侣，无不受到石峰体的影响。韩濩一生留下了许多字迹，如《许晔神道碑》《徐敬德神道碑》《箕子庙碑》《金光启碑》等，被称为"朝鲜书法第一人"。

17世纪末18世纪初，在文化艺术领域，朝鲜特色日益明显，这一时期的思潮被称为"真景文化"，也称"东国真风"。在书法领域，则出现了体现这一文化倾向的"东国真体"。其创始者和代表人物为李溆（玉洞）和尹斗绪（恭斋）等。李溆的父亲参加燕行使时，购入若干古书和王羲之法帖的善本，其中就有《乐毅论》，在李溆的学书过程中起到了重要作用。他在《乐毅论》的基础上，上溯魏晋古法，并融入米芾的特点，创造出了

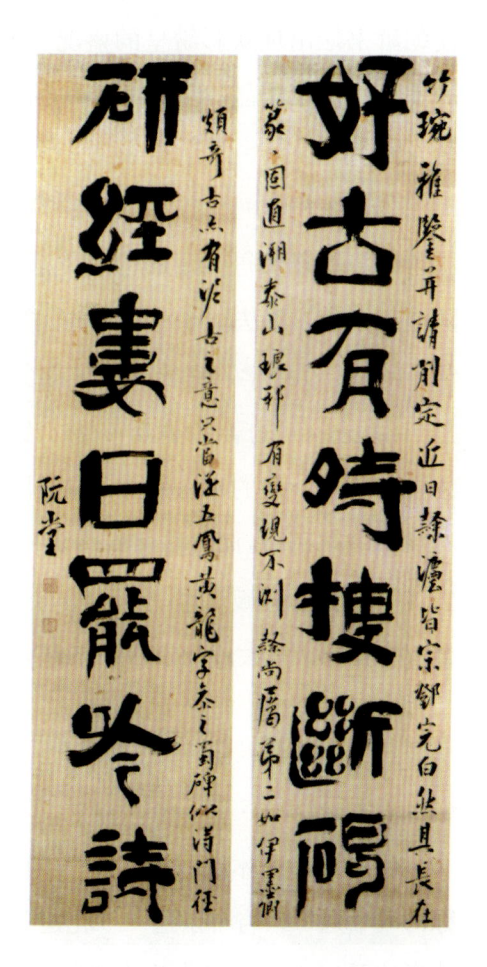

金正喜隶书对联

"玉洞体",自成一格,改革了当时的书坛,开启了"东国真体"。他为了强化书法家的精神层面,他将易理引入书法,著述了《玉洞笔诀》。

尹斗绪继承并发展了李淑的书法传统,将李淑的书法传给了内侄尹淳(白下)。李匡师则从尹淳学书,初学王羲之和米芾,后来关注魏晋以前的篆隶古碑等,确立了"东国真体"。

李朝后期,洪大容、朴趾源、李德懋、朴齐家、李书九、申纬、金正喜等大批文士来华,与清朝书坛大家交往,在书法、金石学等方面,所获甚丰,使朝鲜书坛出现众彩纷呈的盛况。宋代的苏轼、米芾,元代的赵孟頫,明代的文徵明、董其昌、王铎,清代的刘铺、翁方纲、成亲王等名家的书体均流行一时。

代表朝鲜这一时期的大书法家金正喜工于隶书,对笔画的粗细、曲直,墨色的浓淡以及每个字的构成,都十分讲究,独具匠心。金正喜年轻时曾跟随朴齐家学习书法。他继承了洪大容和朴趾源"吸收外物而善己"思想的"北学"脉系,在经学、佛教、诗文、绘画等方面也有较高的造诣和深入的研究,是19世纪朝鲜的著名学者。在书法领域,他达到了"字即为诗,诗即为画"的至高境界,他的书法脱胎于中国隶书,但是他在布局上富于画感,善于在不对称中见和谐,而且笔触有力无比,使笔下的字充满活力,创出了著名的"秋史体"。他为突破风靡书坛100余年的"东国真体",积极导入和吸收清朝金石考据学,集大成而形成新的艺术思潮。金正喜因而被称为朝鲜"书圣"。

三 "三笔"与"三迹"

中国绘画艺术在日本传播的同时,书法艺术在日本也得以广泛传播,被称为"书道",与"茶道""花道"鼎足而立。日本书法家今井凌日曾指出:"书法是以中国和日本为中心发展起来的东方独特艺术形式。两国的书法有兄弟关系，当然中国是兄，日本是弟。"[1]

南北朝东魏时期有人传去佛像及经文，因而这一时期日本也一度盛行写经字体。书写经典是大乘佛法十法行之一，在印刷技术尚未发展之时，盛行抄写经文。日本朝廷为了促进日本文化，提高国民知识水平，设立国家机构，专门负责经管抄写经书人才。例如圣德太子曾学书法，《圣德太子传历》记载："即赐文笔书法，日别习书写数千字，三年后，学王右军书，时人大异。"推古天皇曾选派34人随从百济僧观勤学习书法。在大学寮和国书寮，均设有书博士掌教书法。

现存日本最早的书迹，是圣德太子在615年写的《法华义疏》。《法华义疏》的书法楷书行书相交，间亦杂有草书，其书风笔调，则仿六朝隶楷体裁，似与北魏之造像铭有所渊源。"由于通过百济而带来的汉字书法，也由于与隋朝的使者往来，直接引入中国书法，使感受特别丰富的圣德太子书作立刻就被大陆的墨香笼罩起来。格调优美而和谐的《法华义疏》，构成了最早的日本书法历史上的第一块里程碑。"[2]

现存天武十四年（686）河内国志贵评（郡的古制）内知识结缘经《金刚场陀罗尼经》，是日本最早的纪年经。本经书体极为细劲俊秀，存有后世写经中未见的古风。长谷寺铜板《法华说相图》，是同期作品，

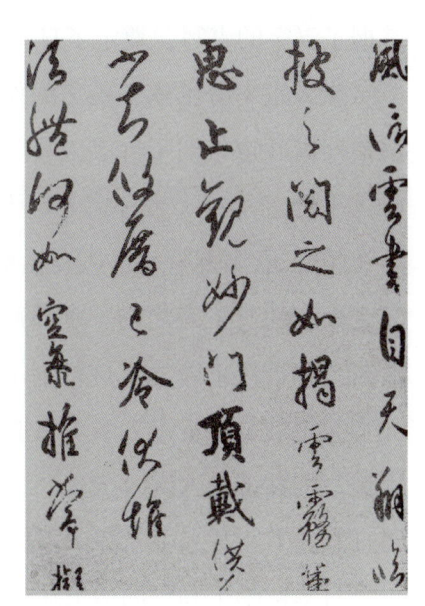

空海的书法作品

---

[1] 姚嶂剑：《遣唐使》，陕西人民出版社1984年版，第72页。
[2] [日]榊莫山著，陈振濂译：《日本书法史》，上海书画出版社1985年版，第5页。

其下边铭文的书体显示出与它极为相近的风格。除了佛像铭文外，在金石文上还有大量的墓志铭，它们与写经体相异，书体更为自然，由于最早在中国书风上融入了民族情趣而值得关注。

奈良盛期，由于圣武天皇推行兴盛佛教的政策，写经作为保佑国家的事业而大力推行，这使写经事业达到鼎盛。数量众多的写经有一部分流传至今。早期的书体还残留奈良前期的锐劲笔法，以后表现出典雅的盛唐样式，完成了所谓天平时期的写经体。《贤愚经残卷（大圣武）》（东京国立博物馆藏）相传是圣武天皇的手笔，列为"古笔手鉴"名作的首位。字体略显粗大，端正而富有气魄，充满力量，与中国北魏的《始平公造像记》风格酷似。奈良时代的写经文字由挺直的笔画构成，字体端正。通过写经，古人们逐渐掌握了汉字的书写，奠定了日本书法的基础。

唐太宗十分推崇王羲之的作品，一时间使王羲之作品身价百倍，日本遣唐使回国时也带回了许多王羲之的手迹。现存的《东大寺献物帐》内曾记载有天平胜宝八年（唐玄宗天宝十五年，756年），光明皇后所献的王羲之法书20卷，欧阳询真迹屏风及临摹王羲之诸帖书屏风两种、大小王真迹1卷。其中尚存的有王羲之的《丧乱贴》《孔侍中贴》，都是著名的珍品。鉴真东渡时，曾带有王羲之真迹行书1帖，王献之真迹行书3帖，另有其他杂体书50帖。王羲之被日本人奉为书道臬圭，尊王羲之为"书圣"，将书法称作"入木道"，称王羲之为"大王"，称王献之为"小王"。"二王"的书法在当时日本的书法艺术中发挥了主导作用。

日本留学生和学问僧也从唐朝带回不少碑帖和真迹。空海携回的有：

> 欧阳询真迹1卷、不空三藏碑、急就章、兰亭序、李邕真迹屏风、释令起八分书1帖、鸟兽飞白1卷、德宗皇帝真迹1卷、张谊真迹1卷、大王诸舍帖1首、岸和尚碑1铜、徐侍郎（徐浩）、宝林寺诗1卷等。

最澄带回的有17种，其中包括王羲之父子、欧阳询、褚遂良等名家作品的拓本。最澄在《法门道具等目录》中的《书法目录》记载：

> 赵模千字文（大唐石折）；欧阳询书法（大唐石折2枚）；大唐圣教序（大唐石折）；王羲之书法（大唐石折1枚）；真草千字文（大唐石折）；褚遂良集1枚（大唐石折）；天后圣教碑（大唐石折）；安西内出碑（大唐石折）；台州龙世寺碑（大唐石折）；梁武帝评书（大唐石折）；润州牛头山第六祖师碑（大唐石折）；天台佛窟和上书法1枚（真迹）；王羲之十八贴（大唐石折）；两本书1卷（此间书）；开元神武皇帝书法（鹈鸪大唐石折）；真草文1卷；古千字文（此间书）。

除了"二王"外，唐书法家欧阳询、颜真卿、柳公权、虞世南等书法名家的墨迹，也受到高度重视。日本书法史家榊莫山指出："回顾一下奈良朝的书法，不管怎么说也是可以看出蕴藏着中国型的庄重感和威严感，并充满着追求唐风的志向的。"[1]

平安时代，空海、桔逸势和嵯峨天皇并称日本"三笔"，他们完全学习中国书风，并深得其味，把日本的书法艺术推向了一个高峰。关于"三笔"书法艺术，榊莫山评价说："嵯峨天皇、空海、桔逸势这'平安三笔'，敢于不断在日本推广强烈的中国唐代书风，遵循中国书法的规范……对中国书法热情洋溢的倾

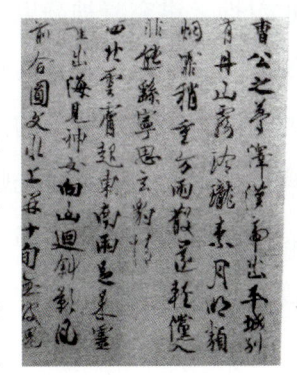

嵯峨天皇书法作品

---

[1] ［日］榊莫山著，陈振濂译：《日本书法史》，上海书画出版社1985年版，第14页。

倒。"[1]

这一时期的日本书法艺术,仅次于空海的,还有最澄及其弟子圆仁、圆珍等人,都是入唐高僧,对于书道笔法各有所长,然皆不脱离中国书法之风范。

平安中期,随着假名的出现,书法也开始"和化",书法界出现了小野道风、藤原佐理和藤原行成,世人称之为"三迹"。"三迹"创立和样书风为以后的假名书法的展开奠定了基础,形成了与中国的"唐样"书法有别的"和样"书风。

四 "禅林书法"的流行

宋元时代的书法艺术对日本也产生了较大的影响。宋代书法崇尚个性、峻烈、多禅味的书风,在日本被称为"禅宗体",虽不及唐代繁荣,但在日本镰仓时代却享有至高无上的地位。

中国的书法之道重灵性,讲究凝神静思,意在笔前,这与重妙悟而强调静虑、无我和任心随缘的佛理禅趣本来就具有某种内在的联系。日本入宋僧和入元僧回国时,带回很多中国师僧授予的法语、偈颂、顶相赞等。他们回国后作成书轴,挂在禅室墙壁上,以示对先师的缅怀之情,称为"挂字",作为修禅悟道的机缘。后世在壁龛中张挂书画欣赏的风气便由此兴起。宋元高僧潇洒而雄浑的墨迹,就这样陆续传到日本,并对日本书法的发展产生了较大的影响。

日本书法先受晋唐书法的影响,并逐渐创造日本化的"和样体",至镰仓时代书风又发生了变化。宋四大家的书法由中日禅僧先后传入日本,入宋

---

[1] [日]榊莫山著,陈振濂译:《日本书法史》,上海书画出版社1985年版,第28页。

僧和入元僧中有很多人在中国学习书法，功夫卓著。荣西、俊芿和希元道元3位入宋僧学黄庭坚的书风后，均留下出色的墨宝，如荣西有传世墨迹《誓愿寺盂兰盆一品经缘起》。荣西的弟子道元，也学黄庭坚书法，墨迹有《明全戒牒识语》。荣西以后，重源、觉阿、金庆等僧人入宋，都带回了宋僧和当时书法家的作品。特别是俊芿回国时，曾携回《法帖碑文》76卷，还有其他杂碑拓本。

圆尔辨圆在宋时学南宋张即之书法。圆尔回国时，还带回许多宋代书法拓本、书帖和无准的一些墨迹。从圆尔自笔遗偈"利生方便七十九年，欲知端的佛祖不传"，以及东福寺所藏《圆尔请文案》等遗迹来看，其书法颇有些像张即之的行书。笔墨之间透露着一种洒脱、任运随缘的禅意。圆尔还为自己题写了很多"自赞"以及应求法者之请写了很多"法语"，求法者将圆尔的这些法语与偈颂挂在禅室，作为修禅悟道的机缘。他们在体会墨迹所蕴涵禅的境界的同时，也会从墨迹中汲取部分书法的妙处。

圆尔辨圆在宋代书法风格的影响下，以五山禅僧为中心的书法流派更是崇拜张即之和苏轼的宋代风格。兰溪道隆也学张即之书法，现存的书法作品有《法语》《规则》《金刚般若波罗蜜多经》《巨福山建长寺钟铭》等。他

无学祖元墨迹

与擅长黄庭坚书法的荣西合成日本禅林两大书派。其后，一山一宁等僧又将元代风格带进了日本。自己宋元书风长期流行于日本镰仓以至室町时代。

圆尔辨圆之师无准师范就是一位书法大家。其墨迹手法浑厚、气势磅礴，但又不失温润味，有"一字千金"之称。圆尔辨圆回国时曾带回一些无准师范的墨迹，后来他在博多开创承天禅寺时，无准又寄赠禅院额字等，因此，很多无准的手迹留存在日本。特别是其声名广为传播后，入宋僧更是想方设法搜罗其墨迹。据《选佛场额字考》一书所载，仅现存日本的无准手迹就有"自赞顶相""印可状""山门疏""选佛场""潮音堂""云归"等17种。

室町以后，随着茶道的兴起，茶禅一味，禅僧的书法常被装裱起来挂进茶室，视作珍宝，以作鉴赏之用。无准的墨迹在日本一向是众茶家的憧憬之物，天正十六年（1588年）山上宗二所编《茶器名物集》就收录有无准师范的三幅墨迹。据石州侯的茶会记，宽文三年（1663年）十月至第二年的二月，每月会举行几次夜会茶事，每次挂在茶室的都是无准的墨迹。昭和十一年（1936年）十月，京都北野举行有名的"怀古大茶汤"时，挂的也是无准的墨迹《汤》，因其蕴含的深刻的茶文化意味，博得了世人的喝彩。无准的墨迹深受日本人的喜欢，与圆悟克勤、虚堂智愚乃至日本镰仓至室町时期的名僧大师、国师，梦窗疏石、一休宗纯等的手迹一样均被奉为传世之宝。

在众多入宋僧以及赴日中国禅僧影响下，日本禅僧的书法一度为大陆风格，出现了许多书法名家，产生了"禅林书法"，即"禅宗样"。梦窗疏石、虎关师练、宗峰妙超等，虽未曾去过大陆，但其书法却与宋的禅僧不相上下。"梦窗长于草书，有宁一山之风。虎关钦慕黄山谷。大灯国师在气宇宏大方面，于禅僧中堪称出类拔萃。禅家的宋代书风也延伸到宫廷。花园天后、后醍醐天皇等，都在皈依禅宗与学习宋学的同时，在书法上学习宋代风格，完全放弃了继承尊寺流派的优柔的宫廷'和样'书风，而倾向于刚劲豪放。"[1]

此后的入元僧，多学元代新流行起来的赵子昂的书风。如入元僧寂室元光与赵子昂有直接或间接的来往；入元僧雪村友梅曾赴翰苑拜访赵子昂，并在子昂面前模仿唐代李邕的笔势挥毫作书，令子昂大为惊叹。又如实翁总秀在元朝时，据传元帝因见他书法秀挺，诏令不许浪书。铁舟德济最善草书，据说凡是得到他片纸只字的人都如获至宝。他们回国后，住在京都、镰仓的五山十刹，接待游僧时，当然也和中国的禅林相似，授以法语、偈、颂、顶相赞等。善于吟诗的僧侣，也每多因要求而在画上题诗，有的在道友相会时赋诗，连写在长筒上，用玉轴锦襟裱装成诗轴，凡此等等大为流行。

这样，素称唐式或禅宗式的书风大为兴盛，禅寺壁龛以至茶室的挂轴，便成为不可或缺的装饰品。

---

[1] [日]尾藤正英等著，王家骅译：《日中文化比较论》，浙江人民出版社1992年版，第217页。

第十三章 中国画风

一 古墓壁画与水月观音

中国的绘画艺术，充分表现了中国人的审美精神和艺术情趣，表现出特有的东方神韵。通过绘画艺术，可以反映出中国人心灵深处的隐秘的精神世界。林语堂先生指出："平静与和谐是中国艺术的特征，它们源于中国艺术家的心灵。中国的艺术家具有以下特点：他们与自然和睦相处，不受社会枷锁束缚和金钱的诱惑，他们的精神深深地沉浸在山水和其他自然物像之中。尤为要者，他们必须胸襟坦荡，绝无丝毫邪念。因为他们坚信，一个优秀的艺术家首先要是一个好人。他必须首先'坚其心志'或'旷其胸襟'，这主要是通过游历名山大川，凝神观照，沉思冥想而达到的。"[1]中国的绘画艺术是平静和谐的艺术。"正是这种平静和谐的精神，这种对山中空气（'山林气'）的爱好，这种时常染上一些隐士的悠闲和孤独感的精神和爱好，造就了中国各种艺术的特性。于是，其特性便不是超越自然，而是与自然融合。"[2]

早在古朝鲜时期，中国的各种工艺品和艺术风格就曾大量传入朝鲜。到了朝鲜三国时期，文化交流的规模日益扩大，致使朝鲜的艺术创造浸染着浓厚的中原风格。

---

[1] 林语堂：《中国人》，学林出版社1994年版，第282页。
[2] 林语堂：《中国人》，学林出版社1994年版，第284页。

第三篇 艺术神韵

高句丽古墓壁画 《飞天像》 平安南道南浦市江西大墓（7世纪）

　　例如高句丽古墓壁画，无论是题材还是技法，都可见高句丽艺术与中华文化的联系。高句丽古墓壁画是现存东方最古老的壁画的一种，不仅以其艺术性，而且以其多样性和丰富的内容，得到了较高的评价。壁画墓集中分布在集安、平壤、安岳三地，壁画题材大体可以分为三类：社会生活风俗画、图案画和神灵画。前两类多为3世纪中期至5世纪中期的作品，后一类多为5世纪末至6世纪中期的作品。壁画的神灵题材大多取材于中国的神话故事，如代表四方和整个宇宙的四神：青龙、白虎、朱雀、玄武。在中原，汉代墓葬里早已出现四神图像，到南北朝时四神已成为墓室壁画、墓志和石棺上不可缺少的形象。高句丽晚期的墓室壁画多以四神为主要题材。此外，还画有的驾鹤仙人王子乔，也来自中国神仙故事。有的壁画中画有中国神话传说中的人类始祖神伏羲、女娲，所画的伏羲氏双手举一日轮，其中画一三足鸟；

女娲双手举一月轮，其中画一蟾蜍。二者均作人首蛇身。人首蛇身的伏羲、女娲像在西汉初期早已成为常见的装饰图样。日中画三足鸟、月中画蟾蜍，既取材于中国的神话传说，也采用了中国的表现手法。另外，壁画的狩猎图、树木图等，也都与中国同样作品的构图一致。高句丽墓室壁画在吸收中国绘画技巧和表现方法的同时，创造了本民族的绘画特色。无论设色和用线，都达到了气韵生动的效果，具有较高的艺术地位，是东方绘画艺术的瑰宝。

　　百济的墓室壁画也深受中国文化的影响。忠清南道公州西北郊的宋山里墓群被认为是百济中期的王族墓葬。1932年发掘的6号墓中其墓室壁画，有取材于中国神话故事，用白粉绘成的四神图，两侧绘有日月图像。东、西、北壁皆有宝珠形壁龛，以青、绿、赤彩绘。此墓葬与高句丽中晚期的墓葬壁画存在一定的联系。此墓的墓砖纹饰受到中国南朝的影响，所用砖中部刻有"梁宫瓦为师"的铭文。1971年发掘的武宁王陵，

高丽　《杨柳观音图》

从墓的构造和建法来看，均以长江中下游南朝砖室墓为范本。墓砖形制也与中国南朝的风格颇为近似。墓中有两方方形墓志，以六朝书体镌刻。墓中出土的方格规矩神兽纹青铜镜，阳刻，四兽一人像，有铭文带，据信是百济复制的、典型的中国六朝镜。该墓还出土了来自中国的青瓷器。

百济的绘画艺术发展水平较高。5世纪中叶，百济出了一位名叫因斯罗我的著名画家，于463年到达日本。597年，百济又有阿佐太子到日本，以《圣德太子像》闻名于世。610年，高句丽画家昙征到日本，在法隆寺金堂作壁画。这些人都为日本绘画的发展起了重要作用。

《三国史记》记载过这样一件事：新罗善德女王继位前，曾见到一幅来自唐朝的《牡丹花图》。她看后说："此花虽绝艳而必无香气。"因为鲜花和女人有相似之处，"大抵女有国色，男随之；花有香气，蜂蝶随之……此花绝艳而图画又无蜂蝶，是必无香花。"这段文字说明，唐朝的绘画技艺已传入新罗，而善德女王的精敏鉴赏能力也证明新罗人已达到很高的艺术修养和欣赏水平。

贞元末年，有新罗商人在长安高价收购著名画家周昉的画作，最后买到数十卷，回国出售。可见当时中国的绘画作品已经有许多传到新罗。另外，唐代画师也有至新罗传授画技。据《三国遗事》载，新罗古传曾记，唐天子有宠姬，美艳绝伦，于是命善画者为之图形写真。画师奉敕图成，不慎误落赤笔，点污于脐下，欲改而不能，疑赤痣必为天生。画献上，天子看后说："形象很逼真。只是，其脐下之志本为爱姬之内秘，此人如何得之并写之？"于是怒形于色，欲加重刑。经丞相劝谏，乃改容曰："朕昨夜曾作一梦，若能画出我梦中所见之形象，则赦之。"画师乃画十一面观音像呈上，果与梦见一致，遂获释。但此画师仍心有余悸，于是与博士芬节相约，渡海至新罗同修佛事，于众生寺草画塑成大悲观音像，还在北岳金刚岭的柏栗寺塑成大悲像一躯。

新罗也有人入华学画。据《历代名画记》载，唐德宗朝，有将军金忠义学画,"绝巧过人""迹皆精妙"。金忠义为新罗国人,在唐官至少府监。他是在中国活跃的唯一新罗画家,其事迹记载在《新唐书》和《历代名画记》。

《三国史记》还记载新罗画家率居的事迹,说率居"生而善画。尝于皇龙寺壁画老松,体干鳞皴,枝叶盘屈。鸟鸢燕雀往往望之飞入。及到,蹭蹬二落。岁久色暗,寺僧以丹青补之,鸟雀不复至。又庆州芬皇寺观音菩萨,晋州断俗寺维摩像,皆其笔迹。世传为神画"。

中国绘画作品和绘画艺术也广泛传播于高丽,对高丽时代的绘画艺术产生了直接的影响。义天在宋求法归国时,携归或高丽所存的宋画有:宋哲宗所赐佛祖图影、高丽文宗真容、天竺天吉祥真容、飞山戒珠真容、宋本名画和庐山19贤真容等。1074年,高丽遣使金良鉴入宋,访求、购买中国画,竟耗资300余缗。高丽又表请宋朝派遣医、药、画、塑之工,宋神宗命罗拯"募愿行者"赴高丽传授技艺。其后,高丽又遣画家随使入宋,学习、观摩宋画。

熙宁九年(1076年),高丽使臣崔思训带领画工数人,奏请宋朝允其摹写相国寺壁画。相国寺是开封一佛教名刹,唐宋时,该寺院处于鼎盛时期,殿宇宏伟,像设庄严,壁间多名家画迹。高丽画工将相国寺壁画尽模携归,将其重绘于高丽兴王寺正殿西壁。高丽人对这些壁画十分"宝惜"。

高丽设有图画院和画局,有工匠从事绘画创作,此外,还有很多业余画家,其中包括国王和大臣贵族。高丽绘画艺术承北宋画风,名画有李宁的《礼成江图》《天寿寺南门图》、李佺的《海东耆老图》、朴子云的《二相归休图》、恭愍王的《普贤骑象图》《鲁国公主真》《天山大猎图》等。李宁曾入宋游学,宋徽宗命李宁画《高丽礼成江图》,深受徽宗嗟赏,徽宗曾命翰林侍诏王可训等向李宁学画,足见其备受重视。

高丽时期由于《华严经》与华严宗信仰的盛行,《观音图》以描述"水月观音"为主,不但作品数量多,水准也高。水月观音又称白衣观音,日本称为杨柳观音。水月观音图的特色,便是观音姿态的自在活泼与背景以山水来表现的手法。高丽水月观音多身着薄纱裳衣,侧面半跏趺坐于中央,下方以南巡童子或海上龙王胁侍,背景则是流泉浴池,林木郁茂,香草柔软。画面中出现有善财童子、岩窟、念珠、供养者、宝珠、海龙或青竹等。高丽画工除了忠实体现《华严经》中观音所在的净土世界以外,似乎也尝试将现实人间的情景或憧憬的理想融入画幅之中。如湖严美术馆藏高丽《水月观音图》,观音侧身半跏趺坐于水边奇岩怪石上,单脚垂踏莲花,右手持念珠,左手倚靠于岩石。菩萨头戴化佛宝冠,两侧有垂饰物,宝冠之上再覆盖一层薄纱垂下,神情悠闲自得。菩萨裳衣的描绘极尽精致,以龟甲格子为底,缀以莲花纹;领子袖口之间饰以唐草纹或云凤纹,加上"S"形漩涡圆纹的金泥,显得非常纤丽庄严。菩萨前方有高丽青瓷净瓶,瓶中插杨柳,身后有大圆光与双青竹,足下莲花池散布着珊瑚璃等七色宝石,画面右下角则有向观音双手合掌的善财童子。

高丽水月观音图则以正面像较多,现日本西福寺藏朝鲜《水月观音菩萨图》,是以金泥细线在紫绀色染成的绢布上描绘,画中以岩窟洞穴的山水为背景,菩萨半跏趺坐于水中平台,泉流萦映,宝冠异常华丽,化佛阿弥陀佛位于方圆形光环内,颇为特殊。观音右手持莲花,左手轻放膝上,纹饰璀璨,璎珞环身,菩萨、童子的身部分着上金彩。根据画记载"功德主咸安郡人尹氏"内文,得知本图为王室贵族发愿所作。

二 李朝画坛的中原风

李氏朝鲜时期,无论是在王宫中,或是在文人之间,都热衷于收藏中国书画。这些收藏对于李氏朝鲜绘画艺术的发展起到了重要的作用。当时最有名的中国画收藏家为李朝王子安平大君。据申叔舟正统十年（1445年）完稿的《画记》记载：

> 匪懈堂爱书画，闻人有尺牍片素必厚购之，择其善者装潢而藏之。一日，悉出而示叔舟曰："余性好是，是亦病也。穷探广搜十余年而复得有是。"嘻，物之成毁有时，聚散有数，安知夫今日之成，复为后日之毁，而其聚与散亦不可必矣……

根据申叔舟《画记·序》所载内容，安平大君给申叔舟看的收藏品是他从17岁到27岁，10年间所收集的书画作品共222轴。其中除朝鲜画家安坚的30幅、日本画僧铁关的4幅作品外，其余的全是中国书画，包括东晋顾恺之、唐吴道子、王维，宋郭忠恕、李公麟、苏轼、郭熙、崔慤，元赵孟頫、鲜于枢等中国历代名人书画作品。安平大君的收藏对李朝时代绘画艺术的发展起到了重要作用。如安坚就曾反复鉴赏安平大君收藏的中国名画，对其绘画艺术风格的形成颇有启迪和影响。

李朝的画家主要有两类：一类是上层社会的文人画家，一类是来自"中人层"的专业画家或称"画员"。李朝前期的绘画艺术基本上继承了中国北宗画的画法，宗承以郭熙、李成为代表的北宋画法，以及从夏珪、马远开始的南宋院体画法和明代的院体画及浙派画法。15世纪李朝最有影响的画家有安坚、崔泾、李上佐、姜希颜、崔寿峸、梁彭孙等人，他们都受到中国北宗画风的深刻影响。

生活于15世纪的李朝画家安坚，自幼聪明敏捷，做事谨慎且博识。喜爱绘画，擅长山水画，受中国五代、宋初李成和北宋著名画家郭熙的影响颇大。安坚不仅凭借卓越的天赋，又与当时最出众的松雪体书法家和最大的中国画收藏家安平大君深交，将其所藏中国画深入研究并领会极高境界后，兼取各

安坚 《梦游桃源图》

家而自成风格。他留下的作品有《冬景山水图》《梦游桃源图》《青山白云图》等无数优秀作品。他的山水画深为朝廷器重。其笔法刚劲优美,对奠定李朝初叶绘画发展的基础作出较大贡献。与新罗的率举、高丽时代的李宁一起被称做朝鲜的三大画家。

安坚的代表作《梦游桃源图》,这幅画卷长106cm,宽38cm,是在绸缎上用墨和淡彩绘制的,上有当时高官名儒21人的题跋。画面构图宏伟,风景新奇,画中呈现出美妙的幻想世界,异常逼真,宛如亲临其境。由于安坚的绘画功底深,又汲取了中国绘画技法,故能融会贯通,自成一格。他在对朝鲜山水的深刻观察和准确描绘基础上，写陶渊明桃源之境，寄托了自己的理想，流露出浓厚的朝鲜情趣。这幅作品将中国文学中所谓"桃源"的理想境界通过"梦游"重新解释，表现出独特的境界。

李朝文人画家姜希颜曾有过入华的经历，是李朝著名的文士。绘画宗法中国南宋院体和明初浙派风格，有诗书画三绝之称。他的传世作品《高士观水图》和《高士渡桥图》，鲜明地表明出他与中国明代院体画及浙派画有渊源关系。在《高士观水图》画面右侧，蔓草笼覆的绝壁之下，有一名文士贴着下巴匍匐在岩石上，闲逸地俯望涧中流动的溪水。他的笔法豪放简洁、活泼洗练、文气浓郁、才气流溢，生动地描绘出奥妙的自然和人被自然景物所陶醉的意境。

生活于15世纪末至16世纪中叶的李朝画家李上佐，出身家奴，属于下等阶级，本无资格入图画署，但由于画技超绝，被中宗破格提拔成为画员。他宗承中国南宋院体画的画风，主要作品有《松下步月图》《雨中猛虎图》《罗汉图》等。《松下步月图》的画面中心耸立着一棵生长在岩隙的劲松，一老人在树下散步。月夜萧瑟，秋风劲吹，树枝摇曳，赏月老人的衣襟随风飘拂。此画中的山岩、突兀的老松以及仅以线表现的远山等，完全是中国画家马远的构图及画法。他和安坚一样，都是深得中国绘画精髓的画家。

韩国学者张辰城认为：明代浙派与宫廷画家对15世纪到17世纪朝鲜艺术具有深远的影响。他特别指出戴进对于朝鲜画坛的影响："如果观察15世纪晚期至16世纪的韩国作品的风格，还是显示戴进对韩国绘画系统的形成产生了深刻的影响。例如佚名画家《赤壁图》中，远山堆叠而上，颇似云头皴的造型，与戴进的《溪堂诗意》相近。而李兴孝（1537—1593年）、秦再亥等韩国画家的作品，所运用的半边构图、斧劈皴法，都可以找到与戴进相近的因子。""16世纪韩国重要的画家李庆胤对于浙派画风的学习更为明显，其作品无论是笔法、造型或主题，都与吴伟相近。例如李庆胤在《高士濯足》

《高士观瀑》等册页作品，就显示出如此的趋向。"金明国是宫廷画署的成员，他"率意不羁而充满张力的笔墨，快速而宽绰的皴笔以及构图方式，似乎源自吴伟、王谔以及被称为'狂态邪学'的画家张路。例如金氏的名作《雪中归路图》，描绘冬景之际，大雪覆盖的送别场景，这与戴进的《袁安卧雪》的情景类似"。[1]

被誉为朝鲜诗、书、画三绝的画家金禔，在16世纪后半期的朝鲜画坛上驰名一时，是一位诗书画俱佳的画家。他不仅擅长山水画，其他诸如人物、牛马、翎毛草虫画也很出色，晚年官至图画署别提。1590年参与了《光国原从功臣》图卷的创作。其山水画师法安坚体与南宋院体，又吸收浙派的诸多特色，形成独特的画风。与崔岦的诗文、韩濩的字号称当代三绝。他的代表作《童子牵驴图》带有明显的浙派后期的画风。他的哥哥金祺也是有名的文人画家。

李祯是16世纪后期的杰出画家。一般认为：李朝绘画（主要指山水画）风格演变上可分为前后两期，前期主要师承郭熙、李成为代表的北宋画风和以马远、夏圭为代表的南宋院体画风，还有明代的院体和浙派。如果按明代莫世龙的标准，可以概括为"北宗"；后期则宗法"元四家"，以及更主要的宗法明末清初时所推崇的属于"南宗"的画法，而李祯正是这一转变期的代表画家。李祯祖父是著名的宫廷画家李上佐，父亲李崇孝、叔父李兴孝也各有画名。他出身画院世家，自幼有异才，5岁能成单幅，10岁已经小有所成。1589年参与长安寺的改筑工作，绘制了大量山水画与佛画。李祯善画枯木平远、竹石茅舍，画法疏简，格调天真幽淡，以淡泊取胜。他的《楼阁山水图》《寒江钓舟图》等作品，有中国南宗画的趋向。特别是《寒江钓舟图》的构图，与中国元末四大家之一的倪瓒，及继承倪瓒画法的明代吴派画家的意趣一致。

---

[1] 刘洋名：《"东亚视野下的浙派"系列讲演纪实》，台北《故宫文物月刊》2009年第3期。

17世纪以后，朝鲜画坛开始接受中国南宗画的影响。黄公望、吴镇、倪瓒、王蒙等元末四大家，明代的沈周、文徵明等吴派画家，以及清代的正统派"四王"（王时敏、王鉴、王翚、王原祁）、吴历、恽寿平等的画风，均在朝鲜广为流行。特别是黄公望、倪瓒、沈周、文徵明的画风更受欢迎，并一再被仿作。明代后期董其昌的画风和画论的影响也较为明显。中国南宗画的文人画风，通过朝鲜使臣及画员，把中国的真作或仿作传入朝鲜后。此外，中国的《顾氏画谱》及《芥子园画传》等明清时期的画谱传入朝鲜，对于南宗画在朝鲜的流行也起了不小的作用。

李朝画家郑敾是对朝鲜画的形成起关键作用的人物。他早年受中国清初文人画影响较大。他的《仁谷幽居图》，画中书斋的窗门敞开，庭院里有碧绿的梧桐亭亭玉立，一介书生在凭窗远眺。这种题材自然使人联想到中国明清时期文人画中常见的"碧梧清暑"。其墨法与树枝画法鲜明地体现出典型的中国南宗画法。不过，郑敾在此基础上逐渐脱离中国画传统，在中年以后逐渐摆脱清代画风影响，游历全国名山大川，开始实景写生。他深为金刚山的雄伟气势以及峭拔的山岩所陶醉，用一种类似冰柱的垂直皴法加以表现出来。他以朝鲜的山水实景，诸如松林、天空的云朵为蓝本，凭着自己对大自然的真实感受，创造出不同于中国传统的画法。这种画法被称为"东国真景山水画"，对朝鲜绘画的形成起到关键作用，被誉为"东方山水之画宗"。

李朝末期，在中国清代南宗画的影响下，以金正喜为中心，崇尚文气、书卷气的画风在朝鲜得到进一步发展。金正喜轻视真景山水与风俗画，而十分推崇南宗画的"文字香"与"书卷气"。他的代表作《岁寒图》《墨兰图》，充分显示出他已进入南宗文人画的佳境。

许维对于中国南宗画风在朝鲜的发展发挥了重要作用。因金正喜推崇元末的"大痴"黄公望为"重在写意"的南宗画代表画家，故许维以"小痴"为号，以表景仰追随之意。许维宗承倪瓒、黄公望画风，又在此基础上形成了自己独特的风格。他的《雪景山水图》，运用淡墨、干笔、短笔麻破，乃典型的中国南宗画法。[1]

三　"唐绘"在日本

日本的古墓壁画也深受中国画风的影响。从3世纪后半叶到7世纪，在日本文化史上叫做"古坟文化时代"。在与中国交往密切的九州北部地区的同期墓室石壁上，绘有在中国墓葬中早已出现了的装饰绘画和浅浮雕。其中最引人注目的是福冈县的竹原古坟的彩色壁画。壁画绘在横穴式墓室里的正面石壁，壁画的中央绘有牵马的马夫，马夫的头上是一头腾空的似马非马、似龙非龙的动物，马夫的脚下似乎是一条驶在波涛上的小船。这些形象的两边各绘有一把中国古代由侍者手执、为帝王障风蔽日用的长柄扇。整个画面似乎说明能够用陆上的马、水上的船、空中的龙和忠实的奴仆护送这个有尊严的灵魂到极乐世界。

1972年在奈良附近发现的高松冢古坟，古坟内的壁画，由东壁南侧的《男子像》、西壁北侧的《女子像》，以及分别于东西壁中央、北壁和天井的青龙、白虎、玄武、星宿组成，是一个大的古坟壁画群。壁画以细腻的笔法，栩栩如生地描绘出男子的庄重表情，女子的丰满体态，以及艳丽的服饰，透出几分中国唐代绘画的样式。1998年，在奈良明日香村古坟，考古工作者使用超微型摄像机，在石室（石椁）内探察出彩色壁画，四壁为四神图，分别是东青龙、西白虎、南朱雀、北玄武，顶部为星宿图，东西斜面为日月图。年代约在7世纪后期到8世纪初，是日本发现的第二例壁画墓，其规格与高松冢

---

[1] 陈玉龙等：《汉文化论纲——兼述中朝中日中越文化交流》，北京大学出版社1993年版，第246—253页；朝鲜科学院历史研究所：《朝鲜通史》上卷第2分册，吉林人民出版社1973年版，第672—674页，上卷第3分册，第731—733、925—925、1030—1034页。

辉耀四海——影响世界的中华文明

日本高松冢古坟西壁的女子群像壁画

一致。

到了中国唐代，在日本遣唐使入唐的随行人员中，有专职的画师，他们在中国的活动也很活跃。他们学习唐画技艺，模仿唐代名画。如第十九次遣唐使藤原常嗣在赴长安途中经过扬州，在龙兴寺法华道场琉璃殿南廊墙壁上，看到悬挂的梁朝画家韩幹所画南岳、天台两大师画像，乃命其兼从丽田家继用卷本摹写下来。

空海归国时携回的"真言五祖像"，据传为当时著名画家李真等10余人合作，是传世的唐代绘画珍品，至今仍藏在京都教王护国寺内。日本著名画家中村不折在《中国绘画史》中说："中国绘画是日本绘画的母体，不懂中国绘画而欲研究日本绘画是不合理的要求。"

唐朝人物画、山水画的传入，推动了日本绘画艺术的发展。756年光明皇后给正仓院的赐品中，有21件用各种不同的绘画装饰的屏风，如风景、宫室、宴会、仕女、马匹、禽鸟、花木以及其他许多景物，都属于中国风格。其中著名的六折屏风画《树下美人图》，每折屏风都描绘一个立在树下的身穿中国唐代服装的美女。这幅屏风画明显地受中国唐代绘画的影响，以柔和的细线，描绘美人丰润的脸庞，以及身披唐式服装的丰腴的体态。

日本这类屏风画，不仅是屏风的形体，而且画题也都是中国式的，故日本绘画史将这一部分日本画称为"唐绘"。法隆寺有一件叫做"玉虫厨子"的佛龛，佛龛侧壁面上的一幅漆画是《舍身饲虎图》。这幅画在黑漆的底面上，以朱、绿青、土黄三色制作，构图明朗，造型概括简练，对比鲜明，很好地显示了材料的特点，是日本早期绘画的杰作。

9世纪以后，在唐代艺术的影响下，进一步刺激了日本美术民族风格的发展。画家们将部分文学作品画成连续的故事性的长手卷，被称为"绘卷物"，其中不乏优秀之作。《源氏物语绘卷》是绘卷物的代表性作品。作者以丰富的想象力和灵活多变的构图，巧妙地安排了各类人物和环境，人物、道具的勾勒和设色，都显得华贵而真实，画面本身也尽显装饰之美。

《经国集》中收有嵯峨天皇与3位廷臣咏清凉殿画山水图的唱和诗。读了这些诗，山水图的画面历历在目：山峦叠嶂，断崖葛藤；山下有水，渔者垂钓，鸟飞其上；林中有屋，松下有仙，云间飞鹤。这完全是中国人想象中的神仙世界。都良香的《都氏文集》中收有他赞美白居易及其肖像的画诗；岛田忠臣的《田氏家集》中有题竹林七贤图诗，也都是中国风味的人物画。

这一时期从中国传去的大量佛像和佛教绘画，推动了日本宗教美术的发展，形成了流丽典雅的画风。日本的似绘（即肖像画）起源于佛教的画像，它与9世纪时传入的中国晚唐时期的佛像存在密切的联系。当时日本的佛教画强烈地体现着唐代的画风。所绘佛像，服装上饰以彩色花纹，以代替切制金箔，脸相饱满，黑色轮廓细致而又柔和。如奈良法

鸟毛立女图　日本正仓院藏

隆寺金堂内的壁画，在四个最大的壁画上画着四个天界的景象，即释迦佛天界、阿弥陀佛天界、弥勒佛天界和药师佛天界。在每一天界的中央是主佛法座，周围则画有众菩萨及四天王，上面画有宝盖，宝盖左右各有一个飞天。该题材与敦煌壁画如出一辙。专家们认为，法隆寺壁画反映了初唐的艺术风格。这些壁画是日本、中国和朝鲜的艺术家们的精彩合作。另一著名作品《绘因果经》8卷，以上图下文的形式，描绘了佛本生的故事，并且衬托着树木、山岩，其中人物的画法以及表现树石的方法，写经的书法，都显示着唐朝的艺术风格。另外，高野山圆珍的"赤不动尊"、圆城寺空光的"黄不动尊"和歌山的"五大力吼象"等，使用强烈的色调与凹凸的画法，表现其威猛慑人的精神力量，用笔细劲，严谨而传神，实为中晚唐的佛画风格。

四　禅风与日本水墨画

平安时代后，日本人吸收和融合了中国的画风，逐渐创造出日本独特艺术风格的民族画法，即"大和绘"。但是，从13世纪起，"从中国大陆上，首先是宋朝、其后是元朝传来的新的影响，又渗入日本国内，14世纪日本绘画便呈现一副完全不同的面貌。"[1]

宋代美术向日本的传播，最初是从入宋僧奝然开始的。奝然带回日本大量的佛画。佛画通称"变相"，曼荼罗是佛画的一种。中唐以后佛画开始在中国流行。佛画主要有如下类别：佛像（最为有名的即"旃檀佛像"）、菩萨像、明王像、罗汉像、天龙八部像、高僧像、曼陀罗画（或"曼荼罗"）、佛传图、本生图、经变图、故事图、山寺图、杂类图、水陆画等14种。这些图像奝然可能都带回了日本。其中有部分佛像、菩萨像、罗汉像、经变图画至今仍有留存。

---

[1] [日]秋山光和著，常任侠、袁音译：《日本绘画史》，人民美术出版社1978年版，第88页。

所存留于世的佛画都是版画。当时宋朝的佛画,无论是木版画还是铜版画都大量印行,深入到普通民众之中。奝然传入的大量佛画对日本绘画艺术产生了较大影响。日本自平安中期以后,大量制作类似的镜面像,明显是受到宋代铜版画艺术的影响。

在奝然带回的佛画中,最有影响的是他带回的十六罗汉画,现藏于清凉寺。罗汉像在中国本来始于六朝时代,但作为罗汉画开始发挥独特妙趣的,却在禅宗大为兴盛以后,同时画法也逐渐脱离普通的佛画,专以潇洒的笔触画出飘逸的神态。到五代时出现了许多画罗汉像的名师,主要集中在四川、吴越两地,其中以贯休(禅月大师)最为著名,他所绘的罗汉,"形多古野",达到了罗汉画的完满境地。

南宋径山寺无准师范像(局部) 日本京都东福寺藏

奝然带回的十六罗汉画,即为该风格。奝然是罗汉画传入日本的先驱。后来陆续传入日本的杰出罗汉画有:京都高台寺藏十六罗汉、京都相国寺藏十六罗汉、摄津多田院藏十六罗叹、下总法华经寺藏十六罗汉、京都大德寺藏五百罗汉。这些罗汉画对于日本镰仓时代的佛画产生了较大的影响。镰仓时代创作的《释迦三尊十六罗汉》是受此影响的代表作之一,通常认为是以奝然所携回的佛画为蓝本而创作的。

北宋徽宗时代,翰林院画有很大发展,"院体画"名作甚多,名家辈出。同时,士大夫的"文人画"也十分盛行。南宋时期又发展新绘画(水墨画)。一些入宋日僧和日本艺术家来中国学习,有的请宋朝画家去日本传授技艺,或将宋画带回日本,引发了欣赏和模仿宋朝绘画的热潮。

宋代中国绘画艺术对日本的影响,与禅宗有密切关系。禅向来是与书法、绘画相通相合的。对于绘画来说,禅那种超然的意境,自由洒脱、简练、空灵的气韵,深刻地影响着中国的绘画艺术。而在绘画中,一般又将禅宗绘画称为禅画。南宋禅林风习,弟子受其师认可时,需要其师一幅肖像画(即所谓"顶相")以为凭证。所谓"顶相",属于禅画的一种,指禅宗祖师的肖像。在禅宗内部,师父向弟子传法时,往往授以自己的"顶相"(肖像)作为认可的证明。在"顶相"的上面,还有自题赞辞或请其他高僧题赞。"顶相"既是弟子继承其师之法的凭证,同时也是学僧通过"顶相"追忆恩师的教导和人格的一种方式,因此,在南宋非常盛行。日本入宋僧在回国时,也将其宋朝师僧的肖像画带回日本。例如现藏于东福寺的无准师范的画像,是圆尔辨圆入宋师事师范时,请当地画工画的肖像,并请师范自己题了赞。这幅肖像身倚禅椅,手持警策,可称为这类肖像画的典型,面容中施以淡薄的阴影,展现了写实的手法,这是南宋画的一般特色。一般认为这是最早传到日本的顶相图。其他入宋僧中也有许多人带回这种肖像画,如妙见道祐和觉琳跟辨圆一样带回了师范的顶相赞,山史惠云带回了净慈断桥妙伦的顶相赞,桂堂琼林带回了径山虚舟普度的顶相赞。

宋朝禅师顶相画大量流入日本,引发了"顶相"在日本的繁荣,由此引来顶相在日本长达400年的辉煌,成了纵贯日本镰仓、室町乃至江户时期颇具影响力的艺术形式。如14世纪的一幅梦窗疏石的画像,便是其弟子无等周位所画。无等周位使用简单化的纤细柔和的线条,明显地表达了这位禅僧的性格，从他鬓边稀稀的白发上指明他的年高德劭；由眼睛周围一些皱纹而加强的沉稳凝视的目光和故意闭紧的嘴唇，显示了这位高僧精神的集中；黑色线条描画着形体的轮廓及衣服的褶纹，显得更鲜明有力，为这幅画像赋予了一种可喜的韵律。简单朴素的颜色达到完美无缺及高度精练的谐调。这幅作品忠实地反映了宋代肖像画的写实风格，尽管表现的像貌十分严肃，但其中仍充满了画家与其师僧之间的亲密和谐的至深情感。当时，有些顶相画还成了肖像雕刻的样板，创作出俊乘坊重源坐像（藏奈良东大寺）、北条时赖坐像（藏镰仓建长寺）、无学祖元坐像（藏镰仓圆觉寺）等非常写实的杰作。顶相画的盛行，使日本也迎来了镰仓雕刻艺术的巅峰期。

与中国绘画艺术影响有关的另一种艺术形式是水墨画。"日本人真正开始学习中国的水墨美术，约于14世纪的镰仓时代后期，而其兴盛却要晚到15世纪左右的室町时代。日本水墨画的发展主要与对中国宋元文化的憧憬和佛教禅宗思想在日本的盛行有着十分紧密的联系。"[1]

在日本禅僧中有不少擅长绘画的人，甚至在五山十刹等禅寺中出现了很多"画僧"，如善画墨竹的西云竹，善画山水的宗远也、愚溪惠、瑞上人；善画花鸟的参上人，善画不动象的龙湫，善画三笑图的瑞岩藏主，擅长肖像的道林宏成，善画佛像的明兆，等等。他们的作品"为日本绘画界放出新的光芒"。最初日本画僧们在作水墨画时，所爱好的题材是释迦、文殊、视音等佛像，还有圣者的达摩、布袋等形象，以及中国高僧和隐士们的功德，而且经常喜欢画一些象征纯洁或高雅情操的植物，如竹、松、兰花等。关于风景画则主要是作为悟道的境地，所谓"禅境图"，它解释着某位祖师怎样由于一种意外的偶然事件或与他的师尊在谈话中，得到启发而证因悟道。

从15世纪前半期开始，"诗画轴"开始流行起来。禅僧们为了表现他们

---

[1] 晋介辰：《马夏笔墨符号的复苏与递变——从浙派到日本》，台北《故宫文物月刊》，2008年第8期。

孤高的理想及布置清静幽雅的环境，他们常创作风景画，其中有他们在幻想中所留恋的精致的楼阁。图画上部的空白部分，则留供友人题写一些赞颂在大自然怀抱中愉快生活的中国式诗句。这种特殊形式的立轴称为"诗画轴"。"从现存的许多诗画轴中……我们可以找到这些受到宋画启发的风景构图的发展：透视法及表现场景深度的概念（三点透视的理论）日益明确，同时，一座高山占据了全幅画面的中心。""这一时代的日本画家们成功地同化了中国山水画的塑造性结构以及'一角'式[1]的象征笔法在构图上表现大自然的雄伟及深邃等。两位南宋的著名风景画家，马远与夏珪的艺术，在当时特别受到尊崇。"[2]中国学者王伯敏的《中国绘画史》也说，浙江画家的花鸟山水画、水墨画对日本产生了重大影响。他指出："马（远）、夏（珪）山水，一度是南宋占压倒之势画派。他们的这种画风，还远及东洋，为日本画坛所尊重。"[3]

可翁宗然曾在1317年来中国，住了10余年。他是最早把中国南宋名僧牧溪（法常和尚）的画带入日本的人，并成为日本绘画史上开创日本枯淡墨画的奠基人。现今日本京都鹿王院所藏《出山释迦像》上还有可翁的印记。《寒山图》是他的代表作，在日本被列为国宝。

铁舟德济擅书法，兼长绘画，义堂周信称赞道："老禅游戏笔如神，书画双奇称绝伦。"铁舟对中国文人画中最流行的"四君子"题材也颇感兴趣。早期水墨画的代表人物主要有吉山明兆、如拙、天章周文等人。明兆是东福寺的画僧，曾流传下各种不同题材的绘画，如佛画、彩色绘像及水墨风景等。如拙是相国寺的画僧，他曾奉将军足利义持之命，完成了一幅名为《瓢鲇图》

---

[1] 如一角残山，可以象征无限深邃的境界。中国画多取一角处为观点，俯视全景，与西洋透视法不同。

[2] ［日］秋山光和著，常任侠、袁音译：《日本绘画史》，人民美术出版社1978年版，第97、98页。

[3] 王伯敏：《中国绘画史》，上海人民美术出版社1982年版，第302页。

的画，是这一时期水墨画的代表作。《瓢鲇图》描绘一个老渔翁试图用瓢去捕一条鲇鱼的寓言，河岸以竹林衬托。这里故意用了水墨画的技法，正如一位与他同时代的僧人在题辞中所说：它确有一种"新的风趣"。周文也是相国寺的僧人画家，后被邀请主持将军幕府的御用绘所。他继承了如拙的水墨画技巧，最擅长用美妙的墨笔线条，烘托以浅墨淡彩，来表示那大气的特色。

"综观日本水墨画坛的缘起和发展，大约在足利义满晚年以降的北山文化时代，水墨的山水构图已是室町画坛的主流，日人以中国画本为根据的制作方式，有所谓'笔样'及'画样'的摹习方式。'笔样'是着重在画家的笔法，'画样'则是注重画本的景物组合之概念。无论从周文的画僧系统、阿弥派、狩野派等这些画坛宗师人物的画作上均可见到，南宋院体（夏珪）画风是他们崇尚追求的'笔样'及'画样'的共同渊源之一。观察他们的作品，从其整体的风貌和个别的细部，不难发现，都具有继承南宋院体画或浙派的痕迹。"[1]

五　中国画谱在日本的流传

中国画谱在日本的流传，也是中国绘画艺术影响日本画坛的一个渠道。画谱是习画的粉本，明末流行《古今画谱》《名公扇谱》《唐诗五言画谱》《唐诗六言画谱》《唐诗七言画谱》《梅竹兰菊四谱》《木本花鸟谱》《草木花诗谱》8种，合称"八种画谱"，图画皆有诗赞相配。这本书是于宽永年间（1624—1644年）传入日本的。宽文十二年（1672年）首次和刻，宝永七年（1710年）再次和刻，流传甚广。其中的一些图谱被日本南画家刻意临摹，反复袭绘。"八种画谱"的流传不仅局限于南画家，当时日本的各类工匠如染织工、螺钿工、雕刻工、陶艺工等，皆将其视为图案宝库，从中获取创作灵感。

---

[1] 晋介辰：《马夏笔墨符号的复苏与递变——从浙派到日本》，台北《故宫文物月刊》，2008年第8期。

第三篇　艺术神韵

　　另一中国画谱《芥子园画传》也传入了日本。《芥子园画传》在中国问世（第一集于1679年，第二、三集于1701年）后不久，就通过贸易的渠道传到了日本，因此，在较短的时间内（1688—1704年），此书就已为日本画坛所知。据说日本画家、奉为日本南画始祖的祉园南海（1677—1751年）在长崎逗留期间发现了一本《芥子园画传》，后又将其传给了池大雅。池大雅因此领悟到南宋文人画艺术的师徒相传的秘密。

　　日本艺术家们从17世纪末开始广泛推崇和应用《芥子园画传》。宽延元年（1748年），平安书肆河南楼刊刻《芥子园画传》6卷。安永九年（1780年）菱屋版和刻本《芥子园画传》问世，此书卷汇同河南楼版于文化九年（1812年）由菱屋孙兵卫一并付印。1780年《芥子园画传》第一部全部出版，最终被确立为练习中国画不可或缺的经典，成为"画家真正的奇宝"。《芥子园画传》作为习画的入门书、图案集和临摹本，受到江户画坛的一致推崇，直到明治时代，还在日本不断再版。"这些刻本中介绍的关于绘画理论、技术和插图的珍贵专集，对18世纪的日本绘画产生了决定性的影响。这些著作首先影响了画家，同样成为绘画初学者的入门教材，同时也满足了部分仅仅想认识中国画作艺术爱好者的需要。"[1]

　　森岛中良（1754—1808年）在《反古笼》中讲述了一个有关《芥子园画

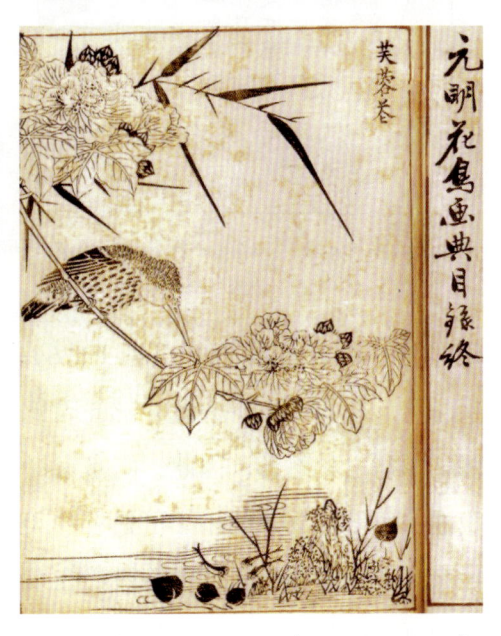

日本1764年出版的《元明花鸟画典》

---

[1] 马尔凯：《17世纪中国画谱在日本被接受的经过》，台北《故宫文物月刊》，2008年第8期。

辉耀四海 ——影响世界的中华文明

和刻本《芥子园画传》1753年版

传》的故事:"根据锹形蕙斋(1764—1824年)所说:有一富家藏有《芥子园画传》全集,由于只此一部,因此,富家将之秘藏,不为任何人所知。而橘守国与之相熟悉,因此,向富家提出临摹几页,并将临摹的画页仔细地收藏在一个旧的藤条箱中。可是有一天夜里,来了一个贼,将家里席卷一空。后来人们发现那个旧藤条箱被扔在京都某处街道的干沟里,可能是因为每一张画页上都有橘守国的藏书印,人们立刻通知他并将画页还给了他。"

第十四章 欧洲的"中国风"

一 中国风格的图谱

大航海时代后，新航路的发现，催生了欧洲大规模的海外贸易，从葡萄牙、西班牙开始，各国纷纷建立东印度公司，每年都有大批的商船从欧洲远渡重洋，来中国采购商品，并由此延伸到经过澳门抵达日本长崎、经过马尼拉到墨西哥的商船航线以及东南亚、印度洋的航线。一时间，全世界都卷入该贸易体系之中，辐辏相随，络绎不绝。中国精美的丝绸、瓷器以及各类工艺品、茶叶和其他生活用品不断涌入欧洲。

数量巨大、品种繁多、质地精美的中国商品通过各国的商船，源源不断地输入欧洲，极大地影响了欧洲人的日常生活，引起欧洲人生活的深刻变化。不仅如此，瓷器、丝绸和茶叶等中国商品在欧洲生活方式和艺术风格的变化中扮演了重要的角色。中国画也通过传教士、使臣、学者、商人传入欧洲。意大利传教士、宫廷画师郎世宁（Giuseppe Castiglione）长期供职于中国画院，寄回许多中国画，并被印成小画册广为流传。法国传教士、油画家王致诚（Jean Denis Attiret）也将很多中国画带回欧洲。英国牛津的青年博物学家布莱克曾在广州西关收集了700多幅关于树木、水果和花卉的中国画运回英国。

当时流行极广的中国印板绘画对欧洲各地方的艺术学校产生了深远的影响。这种学校多为皇家宫廷用具设计图案，欧洲各国也陆续出版了部分图案集，供各类产品设计参考。这些图案中，一部分是从中国外销艺术品和欧洲人的

辉耀四海 ——影响世界的中华文明

法国 18 世纪 90 年代《中国装饰图案》

中国游记插图中获得灵感，同时加入自己的创意绘制而成。

法国雕刻家于基埃（Gabriel Huquier）刊印了《六百瓶谱》《中国花卉翎毛图汇》《中国图案入门》《中国式灯罩缝纫法》。于基埃还创作了一系列的绘画，命名为《壁画图案及为爱好装饰术者而作的想象画》。

法国著名画家布歇（Francois Boucher）搜集了于基埃所绘中国人像、因格兰所绘的人像、阿凡林所绘的四元素和中国人像及于基埃设计的绣帷图案，出版了《各类中国人物图案汇编》一书。其中有11幅中国人物的铜版画：

（1）佩洛诺雕刻的中国医生；

（2）中国夫人；

（3）中国植物学家；

（4）中国不信教的女人；

（5）中国变戏法的人；

（6）中国的街头卖艺者；

（7）中国音乐家；

（8）中国小姐；

（9）另一个中国音乐家；

（10）中国士兵；

（11）另一个中国士兵。

法国画家毕芒（Jean-Baptiste Piliment）是波兰国王的首席画家。1755—1760年，他先后在伦敦和巴黎出版的画集有：

（1）《中国儿童游戏汇编》；

（2）《中国阳伞集萃》；

（3）《中国小阳伞》；

（4）《关于6个中式小船的集子》；

（5）《12幅中国车船》；

（6）《中国之书》；

（7）1771—1773年，将上述画集汇集成《中国花卉、装饰、边饰、人物和主题图画集》出版。该画集对丝织工场、印花棉布工场和挂毯设计工场都具有较高的参考价值。中国风的画、室内装饰和观景楼等的构思和制图都是由毕芒自己完成，并亲自用腐蚀铜板法雕刻，另有一部分由其他画家完成。他设计的中国风格的图案传遍欧洲，在细木镶嵌、漆绘、壁纸、瓷器、珐琅鼻烟壶、陶砖、纺织品上，处处可见他的影子。

这类书籍在当时广为流传，为在欧洲推广和传播中国绘画艺术发挥了重要作用。巴黎附近的杨工厂在18世纪末和19世纪初以木刻型版生产印花棉布著称，该厂厂主肯普夫选中了图案设计师尚普设计的一幅中国风印花图案，工厂生意迅速拓展。据说这幅作品的来源，是1680年前后在苏州地区刻印的两幅牡丹图的组合。

1981—1982年，法国圣迪埃举办了一个"1765—1830年法国东部瓷器制造中的中国式装饰图案"展览，并为这个展览出版了一个精美的图册。这本图册中特别论述了中国装饰风格风靡欧洲的全过程，包括法国17世纪的异国情调风格绘画、1650—1800年欧洲的"中国式"装饰图案、1650—1830年欧洲采用的中国装饰图案的实例统计表、中国装饰图案的断代等，特别是斯特拉斯堡、尼德维耶、阿佩里等地区生产的中国式图案，还有法国东部瓷器制造作坊中的"中国式"图案等。从该展览中便可大体了解当年中国式图案在欧洲工业美术发展中的影响。

二　中国趣味与洛可可风格

17和18世纪的欧洲，先后流行了巴洛克和洛可可两种艺术风格。在17世纪末18世纪初，欧洲艺术领域的主导风格是巴洛克风格。巴洛克样式的特点是宏大、辉煌、壮丽，但又使之刻板。此时正值路易十四时代，所以又被称为"路易十四风格"。而17世纪后期，正是欧洲人为中国的物品和艺术所迷狂的时期，"与当时欧洲艺术领域的巴洛克风格恰好重叠。巴洛克艺术虽然源自古典风格，但它华丽的装饰感、昂贵的材质、奢华的氛围，与当时人们对中国的想象基本吻合。这个外销瓷器上的釉色和华丽的装饰，比大理石更为光洁的中国漆家具，奢华的中国锦缎和刺绣上色彩的丰富变化，甚至外销艺术品昂贵的价格，有关东方旅行神奇而又冒险的经历，均顺应了这一时期的时代精神。"[1]

中国艺术风格对于欧洲的影响，更表现在对洛可可风格的形成起到的促进和推动作用。洛可可风格是与巴洛克截然不同的一种艺术风格，同时也是在巴洛克风格基础上发展的风格。德国学者利奇温（Adolf Reichwein）指出：巴洛克艺术中"已经受到中国的影响"，而"洛可可时代的装潢从巴洛克时代的装潢衍生而来，同时，在诸多方面，只是对巴洛克原有的元素加以发展。但它又受到中国的影响，演变为一种独立的新风格。"[2]

"洛可可"（Rococo）一词源于法语"rocaille"，意为假山石或装饰用的贝壳。"洛可可风格"（Rococo style）指的是18世纪风行于欧洲的一种艺术上的解放运动。洛可可风格的特点是轻飘活泼，线条丰富，色调灰淡，光怪陆离，重自然逸趣而不尚雕琢，与欧洲以前流行的严谨匀称的古典风格

---

[1] 袁宣萍：《17至18世纪欧洲的中国风设计》，文物出版社2006年版，第95页。
[2] [德]利奇温著，朱杰勤译：《18世纪中国与欧洲文化的接触》，商务印书馆1962年版，第37页。

辉耀四海 ——影响世界的中华文明

描绘18世纪欧洲上层人士生活的绘画 集中展现了当时的"中国热" 包括中国丝绸、瓷器、茶等

完全不同。"洛可可的艺术风格色调柔和、鲜明、不拘线条。主题不喜悲怆，却倾向于喜悦……在艺术思想上，它展现了幻想对现实的反抗，自由对纪律秩序的反抗。因此，它视自己是独特的无拘无束的艺术。事实上，它的精雕细琢、优雅纤巧、费工费时完全迎合了宫廷的趣味。尽管如此，洛可可艺术在内容与形式上自成体系，同时也有其独立的逻辑规格。"[1]

洛可可风格出现于17至18世纪，正值中西文化交流高潮之际。洛可可风格的产生和发展主要受到中国文化的影响。虽然这种艺术风格和审美趣味离不开欧洲文化历史的基础，但是，它与中国古代艺术风格的契合与接近，以及当时欧洲社会流行的追求"中国风格"（chinamode）和"中国趣味"（Gout chinois）、模仿中国式样的时尚，也证明其受中国文化的影响颇深。所以，"洛可可风格"和"中国风格"二者有时存在重叠的关系，或者说在诸多方面具有相似性，有时是指同一种艺术现象或艺术形式。作为欧洲文化史上一个重要阶段的洛可可时代，它弥漫着中国文化的优雅情调，是中西文化交流史上别具风味的一章。洛可可艺术与中国古代艺术风格之间具有较强的融合性，本质上，它一种"中国味的新风格"。

关于当时流行的"中国风格"，2004年版的《不列颠百科全书》是这样解释的：

> 中国风格（Chinoiseris），指17至18世纪流行于室内、家具、陶瓷、纺织品和园林设计领域的一种西方风格，是欧洲对中国风格的想象性诠释。在十七世纪最初的一二十年中，英国、意大利及其他国家的工匠们开始自由仿效从中国进口的橱柜、瓷器与刺绣品上的装饰式样。最早出现中国风格的是1670—1671年路易·勒弗为路易十四在凡尔赛宫建造的特里农宫的室内设计。这股风潮迅速蔓延，特别是在德国，几乎没有哪

---

[1] 杜美：《德国文化史》，北京大学出版社1990年版，第91页。

个王公府邸在建成时没有一个中国房间（如符腾堡的路德维希宫）。中国风大多与巴洛克或洛可可风格融于一体，其特征是大面积的贴金与髹漆，大量应用蓝白两色（如代尔伏特陶器），不对称的形式、不使用传统的焦点透视，采用东方的纹样与主题。这种轻盈、不对称以及题材变化多样的特征也在同时期的纯艺术中得以体现，如在法国画家安东尼·华托以及弗朗西斯·布歇的绘画中。

对这种风尚的向往促进了大型不规则园林的诞生。宝塔与凉亭在18世纪的欧洲园林中随处可见。在英国，将欧洲对中国哲学观念的理解与英国关于崇高、浪漫与"自然"的观念有机结合，产生"英国式"或"中英式"花园。威廉·坦普尔爵士与后来的威廉·钱伯斯爵士在欧洲大陆产生了较大的影响。19世纪中国风格逐渐消失……20世纪30年代，在室内设计领域再度流行。[1]

在当时欧洲人的心目中，中国是一个遥远、神秘、开明、温和、文质彬彬、道德高尚的"文化国家"。而大量流入欧洲社会的中国美术工艺品，更激起了人们对遥远帝国的想象与神往。实际上，在当时流入欧洲的中国商品中，很多商品均具有鲜明的艺术性质，而且这些商品又有许多是以生活日用品的形式出现的，深入到人们的日常生活之中，就使这种艺术性质深入到、渗透到大众文化领域，因而具有广泛的群众性。"瓷器、绸缎、漆器、屏风、壁纸、绘画、雕刻所具备的艺术性质，使得它们格外引人注目。这是因为，中国外销艺术品精美的工艺和别致的造型，以及全然不同于西方传统的装饰纹样，为欧洲提供了异国情调的审美体验与想象空间……大部分没有到过中国的欧洲人，正是通过外销艺术品认识中国并感知中国

---

[1] 袁宣萍：《17至18世纪欧洲的中国风设计》，文物出版社2006年版，第4—5页。

文化的。"[1] "以淡色的瓷器,色彩飘逸的闪光丝绸的美化的表现形式,在温文尔雅的18世纪欧洲社会前,揭露了一个他们乐观的、早已在梦寐以求的幸福生活的前景。这个文雅轻快的社会……闪现于江西瓷器的绚烂彩色、福建丝绸的雾绢轻裾背后的南部中国的柔和多变的文化,激起了欧洲社会的喜爱和向往"。[2]

但是,"中国风格"实际上是一种"西方风格",是欧洲对"中国风格"的"想象性"诠释。欧洲人对中国的艺术并非完全照搬和简单套用,也并非单纯模仿,虽然初期模仿较多,甚至较为拙劣,但更多是出于对中国艺术的倾慕而进一步的"想象",也是一种新的创造。

三 中国风格影响的欧洲绘画

在洛可可时代,中国文化对欧洲的绘画艺术产生了重大影响。英国学者赫德逊(G.F.Hudson)说:"我认为,18世纪欧洲和远东之间最重要的影响交流发生在绘画方面。"[3] 一方面,由于大量工艺美术品的传入,形成普遍的审美意识的"中国趣味";另一方面,也有一些中国山水画、人物画流传到欧洲,为欧洲画家直接欣赏借鉴中国绘画艺术提供了可能。所以,与当时收藏中国瓷器、漆器等工艺品相似,中国画也被人们热心搜寻珍藏。"当时,人们已为中国画的气氛和奇妙的形式所陶醉,因而心情向往。他们最初在瓷器中所发现的并深为喜爱的风致,在丝绢中发现的使其为之倾倒的绚烂多彩,

---

[1] 袁宣萍:《17至18世纪欧洲的中国风设计》,文物出版社2006年版,第53页。
[2] [德]利奇温著,朱杰勤译:《18世纪中国与欧洲文化的接触》,商务印书馆1962年版,第20页。
[3] [英]赫德逊著,李申、王遵仲译:《欧洲与中国》,中华书局1995年版,第266页。

辉耀四海——影响世界的中华文明

法国华托 《孤岛维舟》 巴黎卢浮宫藏

在中国画中又有所体现。"[1]

接受中国绘画艺术影响而突出表现洛可可风格最杰出的是法国画家华托（Jean—Antoine Watteau）。华托是法国绘画艺术史中一位十分重要的人物，他使法国绘画摆脱了刻板的巴洛克风格，开启了洛可可画风。在技术上，华托在诸多方面借鉴了中国画法，为风景画注入了独立的生气。他以山水烘托人物，把山水作为背景或壁画。他使用娇嫩而半透明的颜料作画，喜爱玫瑰色、天蓝色、紫藤色和金黄色的基调。上述色调和构图呈现的画面展现出和谐的视觉效果。特别是他描绘的风景，重峰叠嶂、流云黯淡、烟雾迷蒙，晕染出一片蒙蒙大气。埃德蒙·龚古尔（Edmond de Goncourt）评论华托说："我们认为缪埃特城堡的中国工艺品是纯粹想象力的结果。应该说在他接触的所

[1] [德] 利奇温著，朱杰勤译：《18世纪中国与欧洲文化的接触》，商务印书馆1962年版，第41页。

有事物中，融入了自身的个性特征，即其诗意的发明。这位大师对异国风情的再现，根据的是对物件和对中国人性本质的严肃研究。关于这点我们可以在维也纳的阿尔贝蒂娜（Albertina）博物馆中看到其表现。这是一幅伟大的画作，对一个中国人的一双黑眼睛做了仔细研究，琢磨了他的典型气质，逼真地再现了他的服装和有特色的拖鞋。综上所述，画作研究了这位天神之国代表的所有特点。他的名字甚至也被华托用铅笔标注在左边的一块石头上：F.Sao。"[1]

华托最著名的作品《孤岛维舟》描绘了在一座小丘上，一些盛装的贵族男女坐在枝叶茂盛的树木和花环簇拥的维纳斯像下面，有几个人已经走下小丘走向岸边，那里有金色的船只和快乐的小爱神们在等待他们。远处，在朦胧的烟雾中显现出那个幸福之国的岛屿的轮廓；一对对恋人渴望到达那里，以领略爱情的真正幸福。这些沉湎于爱情的人们，融合于山石树木大气之中，给人以无限亲切悠然之感。[2] "任何仔细研究过宋代山水画的人，见到这幅画的山水背景，不由地会立刻感受到二者的相似之处。他不能使景物与画中人合为一气；他所画的蓝色的远景，仍旧保持自己独立的存在。形状奇怪的山峰，一定不是他平日所见的山水……它们的形状却与中国的山水高度相似。用黑色画出山的轮廓是中国式的；表示云的奇妙画法也是如此。华托喜欢用单色山水作为画的背景，这正是中国山水画最显著的特点之一。"[3] 华托还画过不少中国景物和人物画，但都是凭想象画成，画中的境界展现了他幻想中的东方。关于华托作品的历史价值，赫德逊指出：

---

[1] [法]亨利·柯蒂埃著，唐玉清译：《18世纪法国视野里的中国》，上海书店出版社2006年版，第36页。

[2] 李浴：《西方美术史纲》，辽宁美术出版社1980年版，第378—380页。

[3] [德]利奇温著，朱杰勤译：《18世纪中国与欧洲文化的接触》，商务印书馆1962年版，第41页。

在绘画方面，洛可可风格以华托为其伟大的代言人。他表现了它那飘逸感，它那精致和感情的细腻，它那欢乐和弦外之音的黯然神伤，它那超然物外的向往，不是追求另一宗教世界，而是追求一首田园牧歌和乔装的仙境。华托的精神就其中找到了他自己特有的画技，使他的绘画有其自己特殊的如梦一般的感情气氛。[1]

在法国画家中，具有中国情调的还有毕芒、布歇等人。毕芒曾印行一套和华托风格很相近的雕版画，题名《中国茅舍》，在小小的敞开的茅舍之下，有中国人，有古怪的柏树，婀娜的蔓草，有代表人们所熟悉的中国桥梁的一二弧形物，亦有杂花，完全是一派中国田园风光。

布歇是法兰西学院院长，国王的首席画家，戈贝林皇家作坊的艺术总监。他早年十分崇拜华托，曾把华托留下的多种素描刻成版画，出版了《千姿百态》画册。布歇继承了华托的优雅传统，吸取中国画的螺旋形构图和漂浮意象，使他的绘画作品具有鲜明的中国特色。他曾为蓬帕杜夫人画过肖像画，为她设计女服和装饰品，他设计的图案成为当时出入宫廷的贵妇人们所效法的榜样。布歇富有装饰的才能，他的绘画也都具有装饰的要素，如《爱之目》《牧歌》等。他以擅长花鸟著称，也画过一幅山水画。他创作的《中国皇帝上朝》《中国捕鱼风光》《中国花园》和《中国集市》，画面上出现了大量写实的中国物品，比如中国的青花瓷、花篮、团扇、中国伞等，画中的人物装束很像是戏装，与当时的清朝装束相去甚远，但依然具有明显的中国特色。其中《中国捕鱼风光》，上有蔚蓝的晴天，下有一二中国建筑物，其前有一老人垂钓，旁有一妇人作观水之状，有一小童持伞荫蔽老人，深得中国画之神韵。

中国绘画艺术对英国水彩画的发展产生了直接的影响。利奇温指出："另

---

[1] [英]赫德逊著，李申、王遵仲译：《欧洲与中国》，中华书局1995年版，第261—262页。

一种艺术,也如园林学一样盛行,也是情感时代的作品,同时也是沿袭中国画画法而来,即水彩画法。由于配合自然的新情感需要,因此产生了全新的水彩风景画。"[1] 英国画家亚力山大·科仁斯(Alexander Cozens)和约翰·科仁斯(John Cozens)父子,是首先以水彩作风景画的画家。他们作设色山水,常以中国墨打稿。这一技法在浪漫主义时期及其后成为一种普遍的艺术表现形式,受到了传统中国绘画技法的强烈影响。据英国史学家记载,在水彩画发展初期,很多画家用中国墨。

法国布歇 《中国花园》

四　摹仿中国工艺美术的新时尚

中国古代绘画艺术不仅直接影响欧洲画坛的洛可可风格,而且民间美术中亦随处可见中国的风格,例如嵌镶品、丝绢图案、手绘及印花绸绢、瓷器、

---

[1] [德]利奇温著,朱杰勤译:《18世纪中国与欧洲文化的接触》,商务印书馆1962年版,第109—110页。

漆器、家具以及壁纸等工艺品，都染有"中国风"。有西方学者说："当西方人醉心于中国最热烈之时，中国元素，影响于欧洲生活诸多方面，尤以手艺为最。"

在洛可可时代，追求和仿制中国工艺美术品，成为欧洲社会生活的一种新时尚。中国的瓷器、漆器、家具、轿子、壁纸和丝绸、刺绣及其制作工艺传入欧洲，不仅为欧洲人的日常生活提供了诸多便利，还在一定程度上改变着他们的生活环境和生活方式，更为重要的是，它们还将一种神秘而飘逸的艺术风格和神韵带到欧洲，直接影响了欧洲人的审美趣味和艺术追求。在众多工艺美术作品中，出现了大量模仿中国纹样或中国情调的设计，或者称为"中国风格"的设计。正如美国学者罗伯特·芬雷所说："实际上，东西文化相逢的最终产品，是一个颇有创意的'想象中国'同化并在地化的中国意象。种种所谓中国情调的图案，尤其是人物和山水元素，将中国视觉文化的复杂性过滤成定型的刻板成分，变为能够欣赏、理解的风景画，而不再是深邃难解的文化符号。"[1]

流传到欧洲的中国瓷器对洛可可艺术风格的形成产生了重要影响。15世纪时，瓷器在欧洲还是极其稀有的珍品。16世纪以后，中国瓷器大量运销欧洲，使收藏瓷器成为欧洲社会的一种时尚。不久，中国的制瓷技术也传到欧洲。各国相继办起瓷器工场，它们大都模仿中国瓷器，描绘亭台楼阁、小桥流水、菊花柳树等独特的中国艺术风格的图案。温雅清脆的中国瓷器不仅为洛可可艺术提供了新的物质材料，同时"象征了洛可可时代特有的光彩、色调、纤美"[2]，凸显了这一时代特有的情调。

---

[1] [美]罗伯特·芬雷著，郑明萱译：《青花瓷的故事》，台湾猫头鹰出版公司2011年版，第371页。

[2] [德]利奇温著，朱杰勤译：《18世纪中国与欧洲文化的接触》，商务印书馆1962年版，第27页。

外销的象牙雕缎面绣花鸟扇

  中国的丝绸早在古罗马时代就已运销欧洲。但是，由于价格昂贵，只有极少数贵族才能问津。到洛可可时代，丝绸在中西贸易中成为大宗货品，因而得以推广，成为社会普遍需要的消费品，与此同时，欧洲的丝织业也得以发展。欧洲各国的丝织业均模仿中国的丝织技术和纹样图案，特别是法国生产的丝绸，丝质柔软，同时大量采用中国的纹饰图案，所以，"法国产品的这种技术特点，连同中国风格的花式装演，均取法于中国"。[1]在洛可可时代，丝绸和瓷器的设计中，均采用来自中国的风格和图样，成为当时流行的"中国风"设计的重要表现形式。有人说，中国文化对于洛可可风格的影响，

---

[1] [德]利奇温著，朱杰勤译：《18世纪中国与欧洲的文化接触》，商务印书馆1962年版，第36页。

不在文字方面，而在于中国清脆的瓷器和各种丝绸上绚艳悦目的光泽。

浓郁而精美的东方风格丝织刺绣产品在洛可可时代大量传入欧洲后，立刻成为皇室贵族和上层社会妇女的爱好之一，同时出现许多模仿和仿制的工场。在法国丝织业中心里昂，卑尔蒙德以中国刺绣图案为范本，设计了许多奇妙的花卉图案，对里昂刺绣术起到十分显著的推动作用。马鲁特的刺绣图案将螺纹、格子及逼真的小花大胆地融合，同中国的意匠十分相像，显然也是受到中国的影响。另外，著名画家布歇等人也常为刺绣品提供图样。17世纪初，法国宫廷刺绣匠师瓦尔利特等人创建了刺绣公会，专门向宫廷刺绣师提供具有东方风格的刺绣图案和样式。17世纪末，中国刺绣工具绷圈传入法国，普通家庭主妇可以用这种技术自制家用的枕袋、靠垫、台布、垫布等。"洛可可由于取法中国的范例，发现了产生'撞色'或'衬色'（颜色相反而益彰）及'匀色'（由浅入深的颜色）的新方法。"金色和银色的线，主要用于产生光亮的效果，要产生相对称的暗色，就用短缝的方法；欲使其面光润，则用线步不同的浅浮面绣法。"这个事实，无疑是证明中国影响的又一个证据。用这种新丝线，他们得到犹如洒粉的效果和光滑的色泽，在洛可可时代着色成品中可以看到已达完美的造诣。"[1] 18世纪，巴黎的刺绣业飞速发展，刺绣匠师公会有250多名成员，他们生产的刺绣品在花式花色上因中国图案的启发而不断增多。

壁毯也是这一时期表现中国趣味的一种艺术形式。这主要表现在壁毯的图案设计上。有一件制作于17世纪末的英国著名的伦敦Soho壁毯，原件现藏于美国的耶鲁大学，该壁毯共有4幅，图案分别是："音乐会""公主梳妆""进餐""坐轿"。其中"坐轿"的画面是一位王子坐在一顶加盖的轿子上，由两个随从抬着，几位女子等候王子的到来。"进餐"表现皇帝和皇

---

[1] [德]利奇温著，朱杰勤译：《18世纪中国与欧洲的文化接触》，商务印书馆1962年版，第37页。

后坐在帐篷里进餐，前景有人垂钓。地上的颜色是深暗的，画面上的人物较小，身着中国、印度和欧洲风格混搭的服装，人物活动就在一个个浮岛上展开：人们在岛上钓鱼、散步、上树采果子、聊天、坐车等，配以中国式建筑、异国情调的棕榈树和奇异的植物、与东方有关的禽鸟和神秘的动物等，构成一幅幅十分神奇的画面。

巴黎的戈贝林（Gobelins）是专为皇室和贵族制作挂毯的工厂，它的产品大量采用中国绘画和图案，例如皇帝上朝、皇后品茶、夜宴、采茶等。宝塔、亭榭、仕女、花鸟、鹦鹉、猴子、拖着辫子的官员等，也都是挂毯上常用的图案。挂毯上还时常出现下述中国场景：一个学者在埋头读书，两个仆人跪在他的身后等候吩咐，远处的宝塔隐约可见；园中亭下，丫鬟张伞为女主人遮阳，女仆跪着向女主人献花，远处是海边，礁石旁有若干渔夫影影绰绰地在捕鱼。法国博韦（Beauvais）皇家作坊是1664年建立的，它不仅生产专供王室的产品，也供应其他顾客。1732年的一份文件中记载："该作坊中最美观的图案之一是中国图案，由于它被如此频繁使用而现在几乎从中无法辨认出内部元素。"[1]法国学者玛德玲·佳丽指出："这些壁毯实际上是欧洲人根据中国人的内容而在造型艺术领域的第一批作品。"[2]18世纪20—30年代，生产的一套10幅以中国皇帝为主题的大型系列壁毯，有"皇帝的接见""皇帝出行""天文学家""夜宴""摘凤梨""采茶""打猎归来""皇帝登舟""皇后登舟""皇后品茶"等，展现了一系列宏伟的中国皇帝的生活场面。1752年，画家布歇也曾为博韦织毯厂制作了许多挂毯的画板，其中有一套包括9幅画的挂毯，这9幅画分别是：

---

[1] [法] 玛德玲·佳丽：《法国博韦壁毯中的中国图景》，安田朴、谢和耐等著，耿昇译：《明清间入华耶稣会士和中西文化交流》，巴蜀书社1993年版，第205—206页。

[2] [法] 玛德玲·佳丽：《法国博韦壁毯中的中国图景》，安田朴、谢和耐等著，耿昇译：《明清间入华耶稣会士和中西文化交流》，巴蜀书社1993年版，第206页。

（1）中国皇帝的召见；

（2）中国皇帝的宴请；

（3）中国婚礼；

（4）中国捕猎；

（5）中国捕鱼；

（6）中国舞蹈；

（7）中国市场；

（8）中国风俗；

（9）中国园林。

据说，这套挂毯是布歇参照传教士王致诚寄给巴黎的《圆明园四十四景图》设计的。1764年，法国国王路易十五将根据这份画稿设计织造的挂毯赠送给了乾隆皇帝。据说乾隆皇帝对这套壁毯十分欣赏，赞不绝口，在圆明园中开辟了专门的房间来收藏。可惜在英法联军"火烧圆明园"时，这套挂毯不幸被损毁。

第十五章 山水园林

一 禅风影响下的日本造园艺术

中国传统园林艺术是中国传统文化的重要组成部分，是中国文化精神最为直接、形象和生动的展示。中国的园林艺术在中国传统哲学思想和文化艺术的影响下，形成了特有的风貌，在世界园林史上独树一帜，是东方造园体系的典型代表。

中国古典园林是风景式园林，是人们在一定空间内，经过精心设计，运用各种造园手法将山、水、植物、建筑等加以构配而组合成源于自然又高于自然的有机整体，将人工美和自然美巧妙地相结合，从而实现虽由人作，宛若天成。这种"师法自然"的造园艺术，体现了人的自然化和自然的人化。中国园林的主旨是表现大自然的天然山水景色，表现和追求自然美。它长于情景交融的意境表现，运用写意的手法，创造出自然、宁静、淡泊、幽深的境界。人们可以在人为创造的自然环境中，或游或居，怡然自得，享受林泉之乐，表现出一种人与自然和谐统一的宇宙观。

日本的园林艺术深受中国造园艺术形式的影响，特别是在禅宗佛教传入日本后，禅宗美学对日本的造园艺术产生了较大的影响。

禅宗美学非常强调欣赏自然美，山水之美的欣赏与表现在禅宗美学中占有非常重要的地位，禅宗风格的山水诗画、禅宗庭园等都是禅宗美学再现山水之美的实例。禅宗美学对于日本古典园林的影响非常深刻，几乎所有类型

日本天龙寺曹元池庭院

的园林类型都有所体现,无论是舟游、回游的动观园林,还是枯山水、茶庭等坐观庭园,都在不同程度上反映了禅宗美学枯与寂的意境。

入华的日本禅僧以禅宗崇尚自然、喜爱山水的灵性,对园林浓缩天地的艺术形式有着特殊的情感。回国后,在禅寺庭院模仿杭州、苏州名园,陶冶性情,体会"物我一如"的禅境。室町时代起,朝廷贵族、禅宗僧侣热爱造庭,认为山水庭院有助于参禅,在质朴、空灵、通透的庭院里吟咏禅诗,观赏园景。

禅僧们大都擅长园林设计,其中最具特色的要数"枯山水"造景艺术。"枯山水"又称"假山水"(镰仓时代又称"乾山水"或"乾泉水"),即用白砂石铺的砂子代表庭园的水面式庭园,最早系仿造中国苏杭等地山水的意境,其中每个石头的命名都有中国的典故。枯山水中使用的石头,气势浑厚;象征水面的白砂常被耙成一道道曲线,好似万重波澜,块石根部,耙成环形,好似惊涛拍岸。如果需要花木点缀,也是偏爱使用矮株,尽量保持其自然形态。寥寥数笔，抽象写意，尺方之地现天地浩然，"一花一世界，一叶一如来"。这种以凝思自然景观为主的审美方式，典型地表现了禅宗的美学观念，所造之境多供人们静观，为人们的冥想提供一个视觉场景，人们只能通过视线进入它的世界。它的美更多地需要靠禅宗冥想的精神构思，因而具有禅的简朴、枯高、自然、幽玄、脱俗等性格特征。枯山水抽象、纯净的形式给人们留出无限遐想的空间，它貌似简单而意境深远，耐人寻味，能于无形之处得山水之真趣，这正是禅宗思想在造园领域的凝聚。它不单是一种表现艺术，更是一种象征的艺术和联想的艺术。基于这一点，与中国古典园林可游、可居相比，它更像是一幅立体的水墨山水画，是在三维空间中追求二维的效果。

　　日本人好做"枯山水"，无论大园小园，古园今园，动观坐观，到处可见"枯山水"的实例。例如京都龙安寺，在无一树一草的庭园内，经过巧妙的构思，通过石块的排列组合，白砂的铺陈，加上苔藓的点缀，抽象化为海、岛、林，幻化出另一种境界，所以龙安寺也称"空庭"，使人从小空间进入大空间，由有限进入无限，达到一种"空寂"的情趣。

　　禅宗影响下的日本造园艺术的另一突出表现是茶室。茶室是为茶道兴建的建筑，茶室以素淡萧索为样风，追求自然天成。草庵风茶室是日本流行最广、最具特色的建筑形式。这种茶室外部造型好像草庵，尺度不大，材料结构都很简朴、原始。茶室内部利用凹间、窗户和天花布置营造丰富多彩、千变万化的小空间。大量使用自然材料，不加修饰，追求空寂、枯寒的气氛。这种自然、优雅的中性色，配合阳光从外面射入，使内外空间表现出简朴、实用、洁净、安详的氛围，从而启发茶人的清静情趣，排除私欲，探寻本源，达到觉悟的目的。

　　茶室外的庭院叫做"茶庭"，地面略做起伏，青草覆面。茶庭格调洗练、简约，并突出其"闹中取静"的山林隐逸气势，以便于沉思冥想，故造园设计比较偏重于写意及平淡恬逸的境界。园中有水井一口，供烹茶洗漱之用。一般在茶庭内、外露地之间，用碎石和白砂铺成一条干枯的小溪，溪上架桥，增加园林气氛。园内植物主要为草地和苔藓。除了梅花以外，不种植任何观赏花卉，为的是避免斑斓的色彩干扰人们的宁静情绪。这种由喧嚣入静寂的庭院设计，就像中国宋代兴起的"城市山林"，使人在朝野不妨心存江湖。在茶庭中，一切都安排得朴素无华，富有自然情趣，更加突出禅者、茶人心造其境的禅宗主旨。以禅宗心身感悟的方法，将人们引入一种淡泊清幽的脱尘境界，使人更加真切地感受到对精神空间的追求。步入这样一个不受外界干扰的寂静空间，内心的一切浮躁都会慢慢沉淀，即使不去刻意寻找，禅意也会从清幽的茶器中油然而生，别有一番美的意境。

从日本枯山水园和茶庭中，可以看到，中国"壶中天地"的园林审美倾向传入日本后，被日本人改造成一种以高度典型化、再现自然美为特征的写意庭园。无论是枯山水园还是茶庭，虽然本身并不大，但常常使人感受到空间的延伸感，或者是一种从小空间向大空间甚至是向无限空间扩展的精神诱导。它们那种抽象、纯净的形式，给予人们无限的遐想。

这种融合了禅宗审美趣味的日本园林一直持续到江户时代，同时也产生了新的发展。明代画家和造园艺术家计成的《园冶》传到日本后，引起日本艺术界的重视，并对日本的造园艺术产生了深远的影响，日语中"造园"一词便源自计成的《园冶》。日本首先援用"造园"为正式科学名称，并尊《园冶》为世界造园学最古名著。

二　欧洲人对中国造园艺术的介绍

来到中国的欧洲人，看到与他们习惯的园林式样完全不同的中国园林，看到与他们习惯的建筑样式完全不同的中国建筑，留下深刻的印象同时，还

《英中园林图解》一书中的圆明园长春仙馆图

会产生强烈的视觉冲击。所以，近代早期来华的传教士、商人等，都有不同程度的对中国园林和造园艺术以及中国建筑风格的介绍。当时，中国的园林和建筑艺术对欧洲人具有巨大的吸引力。在中国文化的影响和刺激下，欧洲各国的建筑园林艺术在洛可可时代有了突出的发展，形成了欧洲造园艺术文化史上具有特殊意义的阶段。

最早来中国的传教士利玛窦曾多次提到中国的建筑和园林。其后，传教士卫匡国（Martino Martini）的《中华新图》、安文思的《中华新史》等一系列关于中国的著作中有相当篇幅描述了中国园林，使西方人对中国园林有了进一步了解。

1724年，意大利传教士马国贤（Matteo Ripa）把铜版画《避暑山庄三十六景图》带回英国伦敦。这是中国园林图像资料第一次传入西方，标志着西方人对中国园林的了解进入图像时代。这"三十六景图"的原作是清代画家沈嵛奉康熙皇帝之命所绘的《御制避暑山庄图》，康熙五十一年（1712年），版刻名手朱圭、梅裕风以该画稿为底本，雕刻成木版《御制避暑山庄三十六景图》。次年，康熙五十二年（1713年），马国贤又以木版"御制图"为蓝本，主持印制了铜版《御制避暑山庄三十六景诗图》，在36幅铜版画另侧，有名臣王曾期所书诸景点记述和康熙题诗。马国贤将这些铜版画带到英国，起初收藏在热心中国风园林的伯灵顿勋爵家中的图书馆，现存于大英图书馆。有研究者推测，马国贤在伦敦时，曾经向英国人介绍过中国园林，并比较了古罗马的贺拉斯和西塞罗的牧歌式理想。他还可能比较过法国画家克洛德·洛兰的罗马郊区风景画和中国的山水画，在众多画作中见到了中国园林中典型的"精巧的野趣"。所以，人们认为马国贤的伦敦之行，对英国乃至欧洲的园林艺术产生了极大的影响，它也可作为英国园林风格发展中的基点，推动了英国以及欧洲园林设计的革命，对中国园林艺术的西传发挥了重要的作用。

另一位来华传教士王致诚也对中国的园林和建筑风格持有新的观点。王致诚在1743年给在巴黎的朋友达索写了一封长信，其中详细描述了他称为"园中之园"即圆明园的美丽景色。王致诚本人是一位画家，乾隆三年（1738年）来中国，受召供奉内廷，学中国绘画技法，参酌中西画法，形成新体画风，号称清廷"四洋画家"之一，乾隆十九年奉命至承德避暑山庄为蒙古族厄鲁特部首领作油画肖像，乾隆二十三年曾制作紫光阁武功图中《阿尔楚尔之战》图。由于王致诚具有良好的艺术修养，并且对中西方艺术都深有体会，所以，他对于中国造园艺术的看法就不同于前述几位传教士仅仅是作为参观者的意见。可以说，在当时来华传教士中，王致诚关于介绍中国园林的书信是最为全面且影响力最大的文献。

在王致诚看来，中国的园林建筑给人一种画意的感觉。他指出了中国园林的丰富性，充满了胜境幽处、意想不到的变化，充满了浪漫情趣，山重水复，木老石古。他认为中国人在园林建筑方面的创作是以作为景物的一部分而提出的，是对自然美景的补充。对于这种美景，王致诚认为无法描摹，只能说："只有用眼睛看，才能领略它的真实内容。"

1747年，王致诚的这封信收入巴黎耶稣会士杜赫德编的《中华帝国全志》，引起了较大的轰动，1749年被译成英文出版。1752年又以《中国第一园林特写》的书名再度在英国出版。关于王致诚书简的影响，一位法国学者说："在迷恋中国工艺品和崇拜中国的高潮中，出现了王致诚的书简。所以在欧洲追求英国—中国式园林的热潮中，必须在其构成中划出不规则的小路、蜿蜒小溪、湖泊及其小岛、湖礁、瀑布等。不难发现，这种不规则和不对称状态与洛可可式的装饰高度一致。"[1]法国汉学家安田朴（René Etiemble）也说王致诚的书简"在欧洲掀起了一种引人入胜的好奇"。[2]

王致诚的这封信在欧洲广为流传，他笔下的圆明园成为欧洲人心目中的时尚园林和梦幻仙境，同时也引起了欧洲园林建筑家的极大兴趣，他们要求看更详细的素描。1744年，中国宫廷画家唐岱、沈源、冷枚等完成了《圆明园四十景图》。这套图是根据乾隆皇帝的旨意，历经11年绘制而成的。所谓"四十景"，是指圆明园内独成格局的40处园林风景群，一个景就是一座"圆中园"或园林建筑群。《四十景图》为绢本彩绘，各幅图分别附有汪由敦所书乾隆《四十景题诗》，共计40对幅，每对幅为右图左诗，每幅图的绢心

---

[1] [法]乔治·洛埃尔：《入华耶稣会士与中国园林风靡欧洲》，安田朴、谢和耐等著，耿昇译：《明清间入华耶稣会士和中西文化交流》，巴蜀书社1993年版，第303页。

[2] [法]安田朴著，耿昇译：《中国文化西传欧洲史》，商务印书馆2000年版，第527页。

64cm×65cm，连装池绫边为83cm×75cm，是目前世界上最长的绢制彩色工笔画。这套工笔彩画精品，成为后人领略圆明园盛期风貌的最直观最形象的珍贵史料，也为中国造园和绘画艺苑留下一束奇葩。后来，王致诚应友人之邀，将《圆明园四十景图》的副本寄到巴黎并受到了人们的重视。据说，1770年，巴黎曾有人出售王致诚寄到巴黎的《圆明园四十景图》的复制本。

1767年，法国传教士蒋友仁（P. Benoist Michel）在给巴黎的巴比雍神父信中，对中国皇家园林做了比较详细的介绍。蒋友仁也是一位艺术家，他于1744年到中国，1747年被乾隆皇帝委派参加修造圆明园之属园——长春园的"西洋楼"建筑群，主要负责其中人工喷泉的设计及施工指导。当年，第一个大水法"谐奇趣"即告完成。此后，他又指导续建了蓄水楼、养雀笼、黄花阵、海晏堂、远瀛观等多处水法工程。工程整体于1759年结束，前后长达12年之久。众多人工喷泉中，比较有名的是海晏堂前的"十二牲像喷水池"，即著名的"十二兽首"。所以，人们也会更加了解中国的皇家园林，产生更为丰富的体验。他在这封信中向他的朋友圆明园的美丽景色。

蒋友仁的这封信和王致诚介绍中国皇家园林的书信一样，也被收入杜赫德编著的《中华帝国全志》。

在蒋友仁之后不久，另一位传教士韩国英写过一篇题为《论中国园林》的论文，介绍了从古代直到清朝的中国造园史，详细论述了中国的造园艺术的基本原则和技法。他特别指出：当时设计营造皇家宫苑的中国建筑师或园艺师，往往富于艺术家、哲学家的修养。

在向欧洲介绍中国园林艺术方面，除了上述传教士们的介绍和推崇外，英国建筑家威廉·钱伯斯（William Chambers）也发挥了重要作用。

钱伯斯曾在一条瑞典东印度公司的商船上任货物经理。1742—1744年间，他到了广州后，收集了一批有关中国建筑、园林、服饰和其他艺术的资料。他对中国的园林产生了浓厚的兴趣，曾向一位叫李嘉的中国画家请教过中国的造园艺术。1748年，他再次到中国考察时，描画了许多中国建筑、家具、服饰等的式样，特别是对中国建筑做了大量的速写。1757年，他出版了《中国建筑、家具、服饰、器物的设计》一书，书中介绍了各种中国的建筑物和园林，有大量相当精确的插图。同年5月，他又在《绅士杂志》上发表了论文《中国园林的布局艺术》。钱伯斯的研究具有很高的价值，当时便产生了较大的影响，成为中国风尚的范本。

　　钱伯斯的著作阐述了他的基本造园理念，他认为真正动人的园林应该源于自然，但要高于自然，要通过人的创造力来改造自然，使其成为适于人们休闲娱乐之处。他认为古典主义的花园太雕琢，过于不自然，而所谓自然景致花园又不加选择和品鉴，枯燥粗俗。最好的是"明智地调和艺术与自然，取双方的长处，这才是一种比较完美的花园"。这种花园，就是中国式的花园。他说："任何真正中国的事物至少都有它独创的优点，中国人极少或从不照搬或模仿别国的发明。"他还指出：中国人"虽然处处师法自然，但并不完全抵触人为因素，相反，有时加入很多劳力。他们说：自然不过是供给我们工作的对象，如花草木石，不同的安排会有不同的情趣。""中国人的园林布局是杰出的，他们在园林布局表现出来的趣味，是英国长期追求而没有达到的。"[1] 钱伯斯相当系统全面地论述了中国的造园艺术。关于中国造园艺术的基本特点，他指出："大自然是他们的仿效对象，他们的目的是模仿它的一切美的无规则性。"他还指出：

　　　　首先，他们详察所选定的地址的地貌，看看它是平川还是坡地，有土丘还是有山岗，是开阔的还是幽闭的，干的还是湿的，是不是有许多小河和泉水，或者根本没有水。他们对各类环境都很重视，选择最适合

---

[1] 陈志华：《中国造园艺术在欧洲的影响》，山东画报出版社2006年版，第62页。

于自然地貌的布局方法，这种方法花钱最少，最能遮盖缺点，而又最能充分发扬一切优点。[1]

钱伯斯对于中国建筑和造园艺术的研究，在当时的欧洲各国产生了很大的影响，他所建造的丘园成为当时欧洲流行的"中国风"在园林建设上的一个样板，他的《中国建筑、家具、服饰、器物的设计》一书，也成为造园家们必备的参考书。因此，钱伯斯在英国乃至欧洲的造园史上创造了一个时代。

经过传教士们和其他商人、旅行家的介绍，以及钱伯斯等人的研究，还有许多中国的工艺品如瓷器、漆器、外销画等都有建筑和园林的图案，使欧洲人对中国的园林和建筑艺术形成了较为全面的认识。实际上，欧洲人是在当时关于中国的知识的总体的联系中了解中国造园艺术的。在当时的"中国风"正盛的气氛下，在"洛可可风格"弥漫艺术领域的气氛下，人们对于中国的造园艺术和建筑艺术表现出极大的兴趣，除了专业的建筑师之外，许多文人学者都以谈论中国园林为时尚的话题。相较于建筑师，他们对"中国风"的园林设计起到了更大的作用。一方面，政治家、哲学家们试图将造园艺术作为他们所鼓吹的社会制度与政治主张的具体体现，画家、诗人们则将园林作为其笔下艺术的载体和描绘对象。另一方面，诗人、画家、哲学家、政治家又不断地提出新的造园观念与美学思想，推动着造园艺术的不断发展演变。中国造园艺术在欧洲的影响也是17—18世纪欧洲人对中国的哲学、文学、艺术、政治理想、伦理道德产生浓厚兴趣的重要表现。

英国学者威廉·坦普尔爵士（Sir William Temple）在1685年出版的《论伊壁鸠鲁的花园，或论造园艺术》一文中全面论述了欧洲流行的多种造园艺术，其中赞扬了中国的造园艺术，说"中国的花园如同大自然的一个单元"，

---

[1] 陈志华：《中国造园艺术在欧洲的影响》，山东画报出版社2006年版，第63页。

它布局的均衡性隐而不现。他说：

> 我们的建筑和园林之美主要靠一定的比例、对称和统一，我们的园中树木都互相陪衬，排列得整整齐齐，行间距离相同。中国人瞧不上这种办法，他们说，一个会数数到一百的孩子，就能把树一排一排种得很直，一棵连一棵，要什么距离就什么距离。而他们最用心的地方，在于把园林布置得极美极动人，但一般却不易看出各部分是怎样糅合到一起的。虽然我们对这类的美毫无所知，可他们有一个专门用来形容这种美的字眼。如果他们一眼看上去对劲，就说"Sharawadgi"[1]好或者绝妙，还有类似的赞语。谁要是注意一下最好的印度袍子上的花纹，或者他们最好的屏风上、瓷器上的图画，就会看到这种散乱的美。[2]

坦普尔构拟了"Sharawadgi"一词，引起翻译家们的多种猜测，其实就是要表达一种"无序之美"，用以概括中国园林千变万化、如诗如画的特点。他认为中国园林的本质主要在于"自由而不受束缚的风格"。但是坦普尔不主张英国人去盲目地仿效中国的园林，因为极易弄巧成拙，反而不美。中国园林的流行，给英国引进了"一个新的审美规则"，因而影响了整个西方的美学史，使现代审美史到了一个转折点上。

到了18世纪，中国的园林和建筑艺术对欧洲影响越来越明显，更引起人们的极大兴趣。1712年，英国著名散文作家艾迪生（Joseph Addison）在《旁观者》杂志上著文讨论园林艺术。在园林美学方面，艾迪生深受李明中国报道的影响，提倡师法自然，反对人工造作，被称为"摆脱园林艺术中人工化

---

[1] "Sharawadgi"，虽经许多学者考证，尚不清楚原来的汉语词是什么。钱钟书认为可能是"散乱"或"疏落""位置"，也有人认为可能是"疏落有致"。

[2] 周珏良：《数百年来的中英文化交流》，周一良主编：《中外文化交流史》，河南人民出版社1987年版，第596页。

最有影响的初期倡导者"。他认为自然远远胜过最精致的人工,壮丽的宫殿和园林无法满足人们的想象力,而广阔的田野则能够。他大力称赞中国的园艺。他写道:

> 有一些曾经给我们介绍中国情况的作家说,中国人讥笑我们欧洲照绳子和尺子来种树的方法,因为任何人都会按一定的行列、相同的间距来种树。他们宁愿去表现大自然的创造力,因此,总是把他们所使用的艺术隐藏起来……我们英国的园林,恰恰相反,不是去适应自然,而是喜欢脱离自然,越远越好。我们的树木修成圆锥形、球形和方锥形。我们在每一棵树、每一丛灌木上都见到剪刀的痕迹……我们欣赏一棵枝叶茂盛而舒展的树,胜过一棵被修剪成几何形的树。我们认为花朵繁密的果园毫无疑问要比整整齐齐的花圃组成的回文图案美丽的多。[1]

艾迪生进一步指出,园林和诗歌中都有两种不同类型的艺术:一种是自然的,一种是人工的。他将花坛和花圃的建造者比作是十四行诗和英雄联韵体诗人,而将亭台、岩洞、格子篱笆和人工瀑布的建造者比作浪漫传奇的作者。他说:"我主张的园林结构是希腊诗人品达的长短句并具颂歌式的,具有自然的粗犷之美,而又不失艺术的细致风雅。"[2] 他认为中国园林是自然和艺术和谐的样板,它们利用自然的要素生成美丽的景色,"打造具有独特魅力的园林"。

艾迪生的朋友、著名诗人蒲伯(Alexander Pope)也积极鼓吹自然式的园林,他在1713年9月29日于《监护者》杂志第173号上发表文章,称赞中国园

---

[1] 陈志华:《中国造园艺术在欧洲的影响》,山东画报出版社2006年版,第39页。

[2] 范存忠:《中国文化在启蒙时期的英国》,上海外语教育出版社1991年版,第83页。

林崇尚"不加装饰的自然所具有的亲切淳朴之美","一切艺术的目的都在于模仿和研究自然",并挖苦刻意将花木修剪成亚当、夏娃、通天塔等形状的英国园林。他在一首诗中写道:

> 把自然这位女神看成个端庄的姑娘,
> 既不可过分打扮,又不是不要梳妆,
> 切莫使每个美景到处可以观赏,
> 此中奥妙就是在于若隐若藏,
> 要出人意料,要有变化,要遮没垣墙,
> 布景如此自可称至高无上。[1]

艾迪生和蒲伯还曾依中国植树的方式和他们所理解的中国式园林方法分别布置自己的花园,艾迪生还在自己的花园中引进中国的叠石假山和山洞。蒲伯曾打造了一座具有中国园林美学趣味的别墅花园,园内有一个天然岩洞,他为此骄傲:"请君前来观看,这里是伟大的自然。"经他们提倡,这种趣味一时蔚然成风,在英国产生了一种反对"正规花园"的运动,同时也出现了自然风景园。

三 风靡一时的"英—中花园"

中国造园艺术首先在英国产生了实际的影响。英国作家坎布里奇(Richard Owen Cambridge)就曾说:"我们是欧洲最早发现中国风格的人。"

1750年,钱伯斯受肯特公爵之托,在英国东南叫丘城(Kew)的地方建造别墅。他在此设计了一座中国式庭园,名为"邱园"(Kewgarden)。园中

---

[1] 范存忠:《中国文化在启蒙时期的英国》,上海外语教育出版社1991年版,第85页。

辉耀四海——影响世界的中华文明

伦敦邱园中的花园和鸟舍

垒石为假山，小涧曲折绕其下，茂林浓荫；园内有湖，湖中有亭，湖旁耸立一座高160英尺的九层四角形塔，每层有中国式的檐角端悬，屋顶四周以80条龙为饰，涂以各种颜色的彩釉。塔旁还有一座类似小亭的孔子庙，图绘孔子事迹，并杂以其他国家及其他宗教的装饰，惟雕栏与窗棂为中国式。邱园中某些局部的规划也具有较强的中国特色，在水面以及池岸处理上尤显突出，两者之间过渡自然。邱园中那如茵的绿草地，点缀其间的鲜艳的花卉，伫立一旁的深色调的参天古木组合后十分协调，充分体现钱伯斯独特的艺术感觉和创造力。1773年4月，一位诗人在《伦敦杂志》上写诗赞颂邱园：

> 让野蛮人的荣耀使眼睛尽情享受吧。
>
> 八月，围绕广场的宝塔建起来。
>
> 完成之后，展现在里士满无限风光里的
>
> 是丘园，一个令人惊叹的杰作！[1]

---

[1] [法]亨利·柯蒂埃著，唐玉清译：《18世纪法国视野里的中国》，上海书店出版社2006年版，第70—71页。

邱园是钱伯斯最著名的代表作，是钱伯斯式风格最佳体现。1763年，钱伯斯把"邱园"的建筑平面图和剖面图汇集成册，出版了《邱园设计图》一书。

钱伯斯建造的邱园引起了模仿的浪潮。大约在1770年前后，中国的园林及建筑实际上成为英国某些公园的主题，涌现出一批"中国风"园林。比较有代表性的，有建于1772年的德罗普摩尔（Dropmore）花园，不但有假山、水池和灌木丛，还有竹子和绿釉的空花瓷墩，极富有中国风味。此外，还有阿莫斯博雷（Amesbury）花园、夏波罗（Shugborough）花园、牛津的沃斯顿公园等均以中国式园林构图方式完成设计。

这一时期的英国园林，"堆几座土丘，叠几处石假山，再点缀上错落的树丛，造成景色的掩映曲折，增加层次，引三两道淙淙作响的流水，穿过高高的拱桥，偶尔形成急湍飞瀑，汇集到一片蒹葭苍苍的小湖里去，湖里零散着小岛或者石矶。溪畔湖岸，芦蒲丛生，乱石突兀，夹杂几片青青草地伸到水中。道路在这些假山、土丘、溪流、树丛之间弯来绕去，寻胜探幽，有意识地造一些景，大多以建筑物为中心，配上假山和岩洞，或者在等到远眺的地方，或者傍密林深处的水涯。"[1]

在众多园林建筑中，英国人最喜爱用的是"中国亭"。在18世纪，英国所建造的中国亭大部分是建造在水边或水中的，它们常常用于垂钓或划船。据研究，1738年，在英国白金汉郡附近的斯特花园中建造了英国目前发现的最早的中国亭。随着中国式园林的迅速传播，英国很多地区出现了中国亭。法国学者亨利·柯蒂埃指出："在一个秀气的园林中放置一个中式亭子，对所有的大领主和富有的金融家来说好像是花园必不可少的装饰。因为它的体积小，很轻盈，迅速替代了流行很长时间的、很多柱子支撑起来的圆形古典小

---

[1] 陈志华：《中国造园艺术在欧洲的影响》，山东画报出版社2006年版，第72页。

克劳德·路易·夏特莱 《小特里亚农宫的花园》 18世纪

庙。"[1]

18世纪后期，中国式庭园建筑在英国蔚成风气，日趋完善。此风传到法国，便有"英—中花园"之称。1770—1787年间，法国刊印了勒胡士编撰的《英—中花园》，共21册，使"英—中花园"这一名词开始流行。这部著作的内容十分庞杂，收罗了英国和欧洲大陆各国的"英—中花园"和中国式建筑，其中有法国宫廷收藏的中国园林宫室铜版画97幅，包括3幅圆明园的图，以及瑞典人切弗尔收藏的铜版图100多幅。

18世纪后半期，法国一些贵族刻意模仿中国园林，在私人花园里建造亭台楼阁宝塔，小桥流水，假山石岛，甚至将圆明园的花卉移植到法国。此时，

---

[1] [法]亨利·柯蒂埃著，唐玉清译：《18世纪法国视野里的中国》，上海书店出版社2006年版，第71页。

法国的风景园林开始出现在爱姆尼乌、拉瑞斯、皮提姆恩和姆考等地。巴黎的部分花园被设计成"自然式",内部有湖面、小溪,还有中国的桥、岩洞和假山,即在凡尔赛曾流行的所谓的"乡村之景"。1774 年,凡尔赛的小特里阿侬花园(Jardin de Petit Trianon)建成,这座花园由园艺师理查德设计建造。该花园位于小特里阿侬的东北、北和西北三面,内部有栽种异国植物的大温室、亭阁、大楼阁、塔、牛棚、羊舍、中国的鸟笼、大悬岩、上流河的源头、迫使河流积聚泥沙的岩石等。当时,这座花园被认为是"最中国式"的花园。这座花园是为玛丽—安托瓦尔特王后所造,王后可能阅读过王致诚有关圆明园的描述,所以才有了建造此类中国式花园的想法。

　　法国的大型中国式园林,流行一种"阿莫"(Le Hameau),就是"村落"。它在园林里自成一区,包括磨坊、鸡舍、牛棚、谷仓、农家等,围绕着一片草地或一湾池水。18 世纪后半期,法国还建造了部分大型公共园林,其中不乏按照中国风设计的园林。

第四篇 思想的魅力

第十六章 儒学在朝鲜的传播和影响

一 孔子儒学在朝鲜的传播

约公元前后,孔子的儒家学说传入朝鲜半岛。从那时起的漫长过程中,儒家学说在朝鲜逐渐传播、扎根,并日益本土化,形成具有民族特色的朝鲜儒学,成为朝鲜民族传统文化的主流。在一定意义上说,朝鲜思想文化史也就是朝鲜儒家文化的发展史。

儒家学说在朝鲜半岛的传播,对于朝鲜民族文化的发展发挥了巨大的作用。据说,早在公元1世纪初,便有部分朝鲜人能背诵《诗经》《书经》和《春秋》等。可见当时儒学经书已经传入朝鲜。汉朝在朝鲜半岛置郡400余年,当时中国政府已确立了儒家思想的统治地位,朝鲜四郡官府也以汉朝的统治思想为治理地方的指导思想。韩国哲学会编的《韩国哲学史》指出:"至少在汉四郡时代,儒家的经典和其他典籍一同被有识者所熟读。其中,作为伦理性的典籍可举出《论语》《孟子》《孝经》,此外还有《礼记》等。"[1]

朝鲜三国时代,儒家思想在朝鲜半岛的传播有所发展。儒家思想的传播对高句丽社会文化的发展产生了重大影响。高句丽以《周礼》为依据,仿效中国法制,制订各种律令与社会统治体制。据现存最古老的碑刻资料"广开土大王碑"的记述,从高句丽开国君主东明王的治国遗训"以道与治"中,

---

[1] 韩国哲学会编,白锐等译:《韩国哲学史》上卷,社会科学文献出版社1996年版,第100页。

即可以窥见儒教的影响，而从碑文赞扬广开土王的治绩中，更可以看到儒教政治原理的实践。正如柳承国所说："高句丽本是有着古代原始信仰的传统社会，而后接受儒教伦理与思想的洗礼，变型为伦理的、合理的社会。"[1]

在中国史书中有很多有关高句丽用儒学经典教育子弟的记载。《旧唐书》记载说：高句丽"俗爱书籍，至龄衡门厮养之家，各龄街衢造大屋，谓之扃堂，子弟未婚之前，昼夜于此读书、习射。其书有五经及《史记》《汉书》、范晔《后汉书》《三国志》、孙盛《晋春秋》《玉篇》《字统》《字林》，又有《文选》，尤爱重之"。

百济受儒学"五经"思想影响的时间较早，而且十分深刻。《南史》记载，百济毗有二十四年（450年），"百济遣使朝宋，求《易林式占文》，帝诏与之"。另据记载，百济"有文籍，纪时月如华人""其书籍有五经子史"。百济也与高句丽、新罗相似，派遣贵族子弟入唐留学。百济很早就有"博士"的称谓，他们是一批精通儒学"五经"的"博士"。据日本《古事记》等史书记载，日本最早接触到中国文化是通过百济的王仁博士。由此可见，儒学在百济时代兴盛情况的一斑。

新罗是三国中接受儒学最晚的国家，但影响至深。新罗真兴王二十九年（568年）建立的《黄草岭碑》中说："纯风不扇，则世道乖真，玄化不敷，则邪伪交竞。是以帝王建号，莫大修己以安百姓。"此处"修己以安百姓"一语出自《论语·宪问》，是儒学的重要政治理念，可见，当时新罗受儒学思想影响已相当之深。据《三国史记》记载，迟至善德王九年（640年），新罗始遣子弟入唐学习国学。但在此之前，新罗国内已有儒学传播，且有造诣较深者。

及至新罗统一三国前后，新罗的学术文化和教育事业有了显著发展，出

---

[1] [韩]柳承国著，傅济功译：《韩国儒学史》，台湾商务印书馆1989年版，第24页。

现了不少精通儒学经典和汉学的著名儒学家,如编纂新罗国史的居柒夫、创制"吏读"的任强首、薛聪等人。

由于政府的大力提倡,儒学在朝鲜三国都有比较广泛的传播,学习儒学经典成为一时风气,儒家思想也产生了较为普遍的社会影响。韩国哲学会编的《韩国哲学史》指出:到三国时代的中期,儒学"和我国的文化密切结合,同时也融入了我国文化的血脉"。[1]

至三国时代,已经比较全面、完整地引进了孔子及儒家思想体系,并在社会意识形态上占有主要地位,涌现了一批儒学思想家。对于儒家学说,朝鲜儒学家们特别重视"孝"的思想,认为"孝"是先天的,是人人都需要遵守的绝对准则,并主张家国一致、孝忠一致,将国家视为扩大了的家庭,主张以"孝"的精神忠于国王。"在三国时代,这种忠孝思想与后来从中国传来的孔孟儒学,在国家体制的建立与家庭伦理方面,都产生了较大的影响。"[2]朝鲜学者们还接受了儒家的天命论思想。如《三国史记》和《三国遗事》中均反映了中国儒家的天命论,说"国之兴亡在天,若天未厌高丽,则我何敢望焉"等。又吸取了董仲舒的"天人感立"的神学目的论,《三国史记》常常以"神雀集""白狐出""黑蛙斗"等灾异现象来表示国家兴衰、君死臣亡、战争胜败的先兆。

总之,在三国时代,儒学思想已完整地被朝鲜吸收,并被奉为治国之本,成为社会意识形态的主流。

---

[1] 韩国哲学会编,白锐等译:《韩国哲学史》上卷,社会科学文献出版社1996年版,第74页。

[2] [韩]柳承国著,傅济功译:《韩国儒学史》,台湾商务印书馆1989年版,第1页。

二　模仿中国的教育制度

三国中，高句丽是最先接受儒家学说的国家。高句丽小兽林王二年（372年），正式设立儒学的最高学府"太学"。这是朝鲜模仿中国制度建立国立大学的开始。太学是培养贵族子弟，使之成为国家官吏的教育机关。根据高句丽的职制，称将要出仕的人为"皂依仙人"，实指太学之学生；称监督、管理"皂依仙人"的官吏为"皂依头"，实乃太学负责人。"博士"是承担"教学之任"的，是负责讲论的教授。太学中的教学内容，主要是"五经""三史"。至此，孔子所修之《诗》《书》《易》《礼》《春秋》"五经"全部传至高句丽。据说高句丽学者几乎无人不通"五经"。"三史"一般指《史记》《汉书》和东汉刘珍等撰写的《东观汉记》。《后汉书》撰成并流行后，便取代《东观汉记》而成为三史之一。

太学之外，高句丽在城镇又设有"扃堂"。据旧新《唐书》记载，高句丽人喜学，至穷里厮家亦相矜勉。衢侧悉构大屋，号"扃堂"。"子弟未婚之前，昼夜于此读书、习射。其书有五经、《史记》《汉书》《后汉书》《三国志》、孙盛《晋阳秋》《玉篇》《字统》《字林》，又有《文选》，尤爱重之。""扃堂"

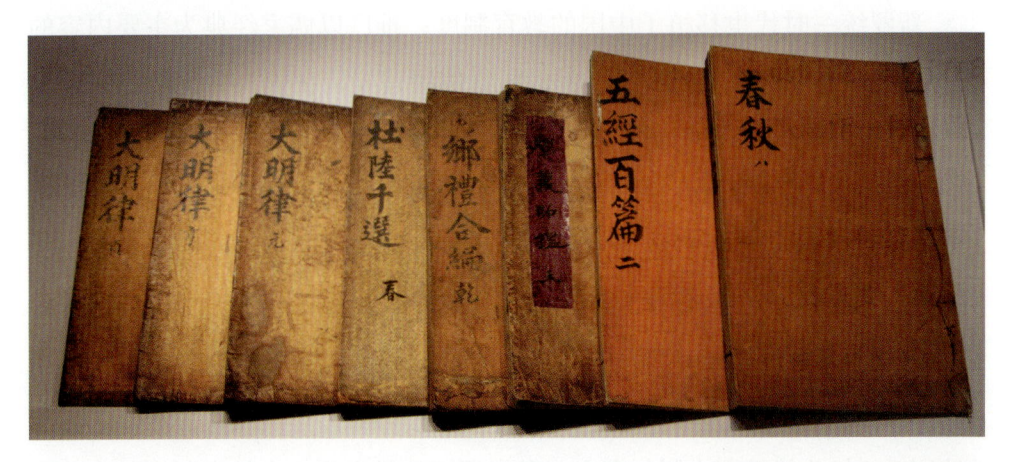

朝鲜时期印刷的中国典籍

是私立大学，为训练、教育平民子弟的机关。"扃堂"中的教科内容为经学、史学、文学，以学习汉字与汉文。因此，不管是在太学或扃堂，皆以教授儒学经典为主。

太学和扃堂的设立，为广泛传播儒学思想提供了极大的便利。高句丽政府还采取了部分其他措施，大力吸收中国文化，以进一步发展自己的文化。640年，高句丽"遣子弟入唐，请入国学"，向唐派遣留学生，以直接学习中国文化。

据《周书》记载，百济的青年学子"俗重骑射，兼爱坟史。其秀异者颇解属文，又解阴阳五行，亦解医药卜筮占相之术"，表明当时以中国经史为主要内容的百济教育事业有所发展。3世纪中叶以后，百济建立儒学教育制度，出现了王仁、高兴这样的儒家学者。6世纪初又相继出现了段相尔、高安茂等儒家学者。这4个人中有3人曾前往日本传授学问。

新罗统一三国之后，随着与唐朝的密切往来，以及大批入唐留学人员归国，进一步加强了对儒家学术文化的引进和吸收，儒家思想在新罗社会中产生了越来越重要的影响。对此，当时中国的统治者也有所了解，并将向朝鲜半岛推广儒学作为两国政治往来和经济文化交流的一项重要内容。

新罗统一时代也移植了中国的教育制度，推广以儒家经典为主要内容的教育。新罗神文王二年（682年），新罗仿唐建置，在中央立国学。在国学中学习的教科内容主要是儒家经典，包括儒家经籍、史学、文学、医学、数学、律令学等。"若能兼通五经、三史、诸子百家书者，超擢用之。"

747年，新罗景德王把"国学"改称为"大学监"（惠恭王时复故），并扩充它的内容，"置国学诸业博士、助教"，讲授医学、天文学等科技方面的课程。不过，虽然"国学"中的主要教育科目包括多方面的学问，但儒家经典的经学则是更重要的科目，其中尤以《论语》《孝经》为基础。柳承国指出："如此的教育之制与理念，乃根源于儒教思想，在教育制度与人才起用方面，彼此亦有相辅相成的作用。"[1]

由于新罗国学教授的是儒家典籍，考试以汉文试"五经""三史"，同时又采取多种渠道引进汉籍，以上措施不仅使汉籍在朝鲜半岛广为流传，中国儒家的敬天、修德、尊贤、正名的政治思想以及君仁、臣忠、父慈、子孝之社会伦理也得以广泛传播。

高丽时期，朝廷视儒学为"齐家治国"之学，大力倡导和推广传播。上至国王贵族，下至闾巷儿童，所受正式教育，都以儒家经典为主。高丽王朝的官学，从办学宗旨、教育内容、课程设置、教材选定到师资的选拔和晋升，全方位展现了崇尚儒学的特征。历代高丽国王将儒学教育放在首位，并多次下诏强调儒学教育的重要性。

高丽的国子监是仿唐制设立的国家最高教育机构。睿宗时代大力振兴官学，扩充国学，设置"七斋"：《周易》《尚书》《毛诗》《周礼》《戴礼》《春秋》、武学。其中一至六斋统称"儒学斋"，实际上是六项儒学专题讲座。睿宗又令国学立"养贤库"以养士，"选名儒为学官博士，讲论经史"。仁宗时，国子学、太学、四门学皆置博士助教，学生定员400人，教学的内容以儒学典籍为主。规定《诗经》《论语》为必修，限修一年；其他各经分修，《尚书》《公羊传》《穀梁传》各限一年半，《周易》《毛诗》《周礼》《仪礼》各二年，《礼记》《春秋左氏传》各三年。国子监内设有文庙和明伦堂，作为祭祀孔子和讲学的场所。高丽还在地方设置乡校，其作用等同于中等的地方教育机构。从国子监到乡校，构成了高丽国家的教育体系。

李朝的学校教育也是以儒学为主。李朝的学校教育体系为中央有成均馆，成均馆原则上是招收生员和进士的大学，分设"四书五经"斋、"大学"斋、"论语"斋、"中庸"斋、"礼记"斋、"春秋诗书易"斋。六斋即为六级，

---

[1] [韩]柳承国著，傅济功译：《韩国儒学史》，台湾商务印书馆1989年版，第68页。

生徒读完一斋后，升一级到另一斋，从"四书五经"斋直至"春秋诗书易"斋结业。在地方，所有道和邑均设有一所乡校。除乡校外，各地还设有若干教育平民子弟的书堂。

新罗时期，仿唐朝科举考试制度，制定了以儒学经典和汉学作为选择人才的主要考试科目的"读书三品出身法"，依学生结业成绩上中下三等录为各品官吏，规定"读春秋左氏传、若礼记、若文选而能通其义，兼明论语、孝经者为上。读曲礼、论语、孝经者为中。读曲礼、孝经者为下。若博通五经、三史、诸子百家书者，超擢用之。前只为弓箭选人，至是改之"。

"读书三品出身法"以法律形式固定了以学习儒学经典和汉学选拔人才的新制度，不仅提高了"国学"的地位，而且为大规模吸收和推广盛唐文化开辟了广阔的道路。

高丽始设科举试时，大抵采用唐制，其科举科目、策试内容、命题教材等，多"拟诸中华"，仿效宋朝，主要"以诗、赋、颂及时务策，取进士，兼取明经、医、卜等业"。科举考试科目主要包括进士科、明经科、杂科。进士科试以诗、赋、颂等，以文章选才；明经科试以儒学经典，按其理解程度取士；杂科则设有律令、医、卜等考试科目，选拔具有特殊技能的人才。仁宗十七年（1139年），礼部贡院还奏明按照北宋范仲淹对科举考试的主张，"先策论以观其大要，次诗赋以观其全才。以大要定其去留，以全才生其等级。斯择才之本，致理之基也"；又对科举法作了详细规定，设制述业、明经业、明法业、明算业、明书业、医业、叽嗒业、地理业、何论业、三礼业、三傅业等考试科目，使试举科目更为全面、系统。不久又仿北宋之制，行弥封誉录之法。

李朝建立后，制定了相应的规定，把科举制度作为选拔和任用官吏的主要制度。

李朝的科举考试主要分文武两科。武科是为录用武官进行的考试，文科则是为了录用文官进行的考试。文科必须经过三次考试，第一次是在地方，第二、第三次则在中央。三次考试合格者称及第，及第者大都被录为相应的文官。文科考试科目主要有儒教经典的解释（讲经）、有关现行政策问题的论文（对策）以及各种形式的汉诗文。除文科外，还有生员试和进士试，同样把儒学当作主要考试科目，也要经过两次考试。生员试是以解释儒教经典为主的考试，进士试是以作汉诗文为主的考试。合格者前者称为生员，后者称为进士。生员和进士虽然不能马上被录为官吏，但可随时参加文科考试，是一支将被录为官吏的官僚后备队。

韩国风俗画《书堂》

实行以儒学典籍为主要考试内容的科举制度，对于推动社会形成学习儒学的风气起到了较大的作用。如美国学者赖肖尔说的那样："李朝极端重视汉人文科学，统治阶级全都致力于儒家经典的研究。"

特别是这一时期完全效法了汉式科举制度后，使得整个统治阶级对为他们的统治辩护的儒学概念和经文更加感兴趣。既然精通儒家思想和哲学为他们的成功和成名铺平了道路，那么，新一代朝鲜人因此而萌发的雄心便是刻苦研读儒家经典，以期将来能够成名和捞取一官半职，荣宗耀祖。[1]

---

[1] [美]费正清、赖肖尔和克雷格著，黎鸣等译：《东亚文明：传统与变革》，天津人民出版社1992年版，第304页。

三　朝鲜的崇儒之风

朝鲜自三国时期就推崇孔子儒家思想，社会上下都流行崇儒之风。新罗王朝甚至把儒家思想作为治国理念。据记载，圣德王曾问政于弘儒侯薛聪，薛聪向国王提议："入使中国奉群圣贤画像，祭器典谟具来，立祠享之，立师国都，郡邑闾巷，各授典籍而教养之，不才者归于农工商，才者选址，使之心通仪习。"新罗朝廷对传播儒家思想、推广儒学教育十分重视，甚至国王也时常到"国学"听讲。为倡导尊重国学的理念，入唐宿卫、新罗王子金守忠归国时，曾携回文宣王、十哲、七十二弟子图，置于"国学"奉供。

高丽时代，儒教治国的理念有相当广泛的影响。高丽王朝创建者王建的"训要"第三条："传国以嫡，虽曰常礼，然丹朱不肖，尧传于舜，实为公心。若元子不肖，与其次子，又不肖，与其兄弟之众所推戴者，俾承大统。"第四条："惟我东方，旧慕唐风，文物礼乐，悉遵其制……"第七条："人君得臣民之心，甚难。欲得其心，要在从谏远谗而已……又，使民以时，轻徭薄赋，知稼穑之艰难，则自得民心，国富民安……"第九条："百辟群僚之禄，视国大小以为定制，不可增减。且古典云，以庸制禄，官不以私。若以无功人及亲戚私昵虚受天禄，则不止下民怨谤，其人亦不得长享福禄。切宜戒之……"第十条："有国有家，儆戒无虞，博观经史，鉴古戒今。周公大圣，《无逸》一篇，进戒成王，宜当图揭，出入观省。"都体现了儒学的治国理念。

在高丽历代君主中，成宗是最重儒崇学的一位。他认为，自古以来，君王治国都要用"五常"之义去教育臣民，以"六经"所载为制度规范。他还说："凡理国家，必先务本，务本莫过于孝。"于是，他要求"取则六经，依规三体，庶使一邦之俗，咸归五孝之门"。同时下令于全国"求访孝子顺孙，义夫节妇"。而其时名臣崔承老亦上书强调"行儒教者，理国之源"，主张"其礼乐诗书之教，君臣父子之道，宜法中华，以革卑陋"。

高丽朝廷模仿唐宋制度，设立御前经筵，定期讲述儒家经典。一次经筵讲解儒经的一两个篇目，讲完后还要进行讨论。所以，一次经筵就相当于朝廷的一次高级儒学研讨会。

高丽实行以儒学为主要内容的教育制度和科举制度，儒学与仕途相结合，使儒学具有特殊的地位，从而吸引众多学子埋头攻读。当时朝野上下，直至卒伍童稚都在学习儒家经典。徐兢在《宣和奉使高丽图经》中说：高丽科举取士，"以经术时务策，较其程式优劣，以为高下，故今业儒者尤多，盖有所向慕而然耳"。

高丽政府采取多种措施来推广儒学，以此提高孔子和儒学的地位。992年建国子监时，在其中特建文庙以祀孔。1091年在国子监里挂起七十二贤人的画像，之后，还将孔子像由新罗时期的画像改为塑像，并仿中国尊孔子为"文宣王"，加

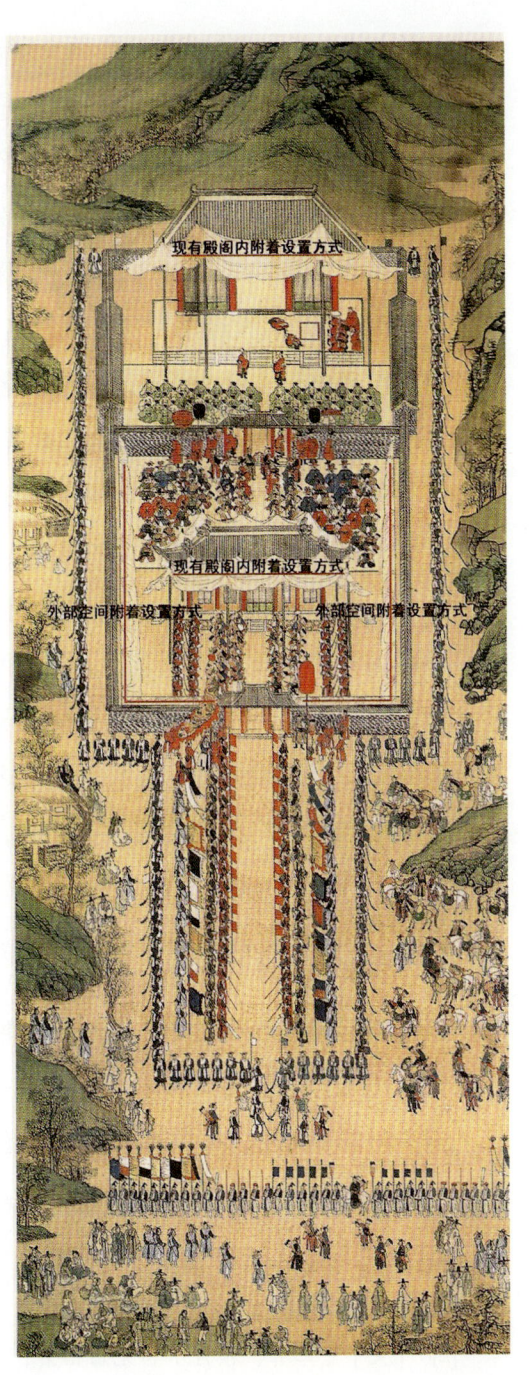

朝鲜《华城圣庙殿拜图》（局部）

谥"玄圣""至圣""大成"。高丽文宗亲临国子监，称孔子为"百王之师"。1267年又将颜渊、曾子、子思、孟子的画像改为塑像，供奉于文庙。同时，民间也开展了祀孔活动。历代国王多有亲临国子监听讲儒学。

由于朝廷的大力提倡和儒学教育的发达，儒学思想在高丽广泛传播，产生了深刻的社会影响，同时也促进了高丽学术文化的发展。当时"所研究的学术，几乎全部是儒教经书和贯穿儒教名分思想的历史以及诗和文章技巧"[1]。高丽时代涌现出很多对此深有研究的著名儒学者。在高丽前期，有郑沆、郭舆、崔沆、崔冲、黄周亮、金富轼和金宽毅等人；在高丽后期，有安珦、白颐正、禹倬、权溥、李齐贤、李穑、郑梦周、郑传道等人。他们都是高丽时代著名的儒学大家，同时也均以文章著称于世。

李朝以儒学立国。在李氏朝鲜时期，"儒家思想在朝鲜达到鼎盛"，[2]被宣布为国家的正统思想。李朝五百年间，儒家思想在社会思想领域占据统治地位，孔子被称为"素王"，儒学无异于"国教"，儒家思想得到空前的普及。因此，李氏朝鲜有"儒教王朝"之称。李朝太宗九年（1409年），立于京畿道京城府崇三洞经学院的文庙碑，记述了孔子思想在朝鲜的作用，以及李朝君臣对孔子的尊崇。碑文中写道：

> 圣莫如夫子，师莫如夫子。大而国学以至术序皆有夫子庙。夫子巍然当坐，门人弟子列配左右，历代群贤从享两庑。天子以下，北面跪拜，礼视师生……自生民以来未有盛于夫子也，于是有三老五更之礼，于是有成均造士之法，学校之制始如大备，而君臣父子夫妇长幼朋友之大伦，修身齐家治国平天下之大经，皆有此出。夫子之道益尊于万世，夫子之

---

[1] 朝鲜科学院历史研究所：《朝鲜通史》上卷第2分册，吉林人民出版社1973年版，第403—404页。

[2] [美]费正清、赖肖尔和克雷格著，黎鸣等译：《东亚文明：传统与变革》，天津人民出版社1992年版，第303页。

泽益流于无穷，如天地之无不覆载，如日月之无不照临……

李朝统治者推崇儒学，主要目的是为了引进中国的"礼治秩序"，维护和加强他们的统治。由于他们在中国儒学中，找到了"兴一代之规模，以为万世之准则"。新王朝建立之始，司宪府便上疏提出"合行事宜"八条，包括"立纪纲""明赏罚""亲君子，远小人""纳谏净""杜谗言""戒逸欲""崇节俭""反宦官""汰僧民"，几乎都是根据儒家经典及中国历史或者儒家的历史观来议论的。主要的精神是每个人在他的位置之上，非礼勿言，非礼勿视，非礼勿听，非礼勿行，以形成社会等级的礼治秩序，便于王朝加强社会的有效控制。

因此，李朝特别注重用儒家伦理和礼仪进行礼俗教育。进行这种教育不仅是为了培养掌握儒家治术的官吏，同时也是要使社会上出现更多的忠臣孝子义夫节妇，从而以儒家思想来移风易俗，改造和稳定社会。朝鲜科学院历史研究所编撰的《朝鲜通史》中记载：李朝时代，"在礼俗教育中，《小学》是基本课程，还有《孝经》《明心宝鉴》等补充教材。除上述中国教材外，结合我国实际自编的有：《礼记浅见录》《国朝五礼仪》等，并且广泛使用借实际模范进行伦理教育的教材《三纲行实图》。李朝封建时期均实行这种礼俗教育，在这期间编著的礼书便有四五十种。"[1]

自1573年起，李朝在全国各地推行"乡约"，包括四条原则，即："一、德业相劝；二、过失相规；三、礼俗相交；四、患难相恤。"[2] 完全用儒家的伦理规范来约束、教化民众。因此，正如赖肖尔所说：朝鲜人"对儒家礼仪的崇拜达到狂热的程度。如提倡子女孝顺，为死去的双亲服丧三年被视为

---

[1] 朝鲜科学院历史研究所：《朝鲜通史》上卷第2分册，吉林人民出版社1973年版，第677页。

[2] 朝鲜科学院历史研究所：《朝鲜通史》上卷第3分册，吉林人民出版社1973年版，第710页。

本分，妻子必须从一而终，寡妇改嫁被指责为大逆不道等等。""实际上，李朝在诸多方面都成为了儒家社会的典型。"[1]

李朝历代国王都把学习儒家典籍作为重要一课，一方面是为了从中国儒家思想和中国历史中学习治国之术，一方面是作为提倡儒学的一种姿态。朝鲜史籍中多有关于国王学习儒学的记载。如说李成桂："太祖素重儒术，虽在军旅，每投戈之隙，引儒士刘德敏等商榷经史；尤乐观其德秀《大学衍义》，或至深夜不寐……"李朝第二代国王定宗即位伊始，即"御经筵"，试图读《四书点节》《论语》《大学》等书，"经明孔、曾、思、孟之学"。不过，太祖和定宗信佛远甚于信儒，且文化水平较低，他们对儒学的喜好只是一种政治姿态。到第三代国王太宗，李朝则开始全面展开"儒化政治"。太宗对中国儒学经史著作十分熟悉。早在年轻时便"惟日孜孜读书不倦"，及至即位，更是坚决地推行"儒化政治"。

太宗之后，世宗国王也大力崇儒，对学习儒学经典十分用心，常与儒臣"视事轮对"或"受朝轮对"。世宗八年（1426年），明朝向李朝赐赠经史。世宗在《谢赐书籍表》中，表示要用中国的经史"修己化民""昼诵夜思，心益坚于忠孝"。由于"崇儒重道"，使世宗成功地加强了太宗时代全面展开的儒化政治，巩固了王朝长治久安的局面。

---

[1] [美]费正清、赖肖尔和克雷格著，黎鸣等译：《东亚文明：传统与变革》，天津人民出版社1992年版，第304页。

第十七章 儒学在日本的传播和影响

一 孔子儒学在日本的传播

与在朝鲜的情况相似，中国思想文化在日本的早期传播，也与大陆的移民存在密切联系。秦末汉初，有徐福东渡的庞大移民集团，有泰伯后裔与秦人、汉人的移民集团，他们给日本带去大陆先进的生产技术的同时，也将在中国发展起来的学术思想一同带过去。据说徐福入海时，除携带五谷种子，还携带了一部分书籍，其中包括有《尚书》百篇在内。这些书由于被带出域外，所以在秦始皇"焚书坑儒"时竟得幸免，而残存在日本。日本江户时代学者林罗山也认为：徐福到达日本在"焚书坑儒"之前六七年，他为日本带来了"秦火"以前的古籍。

儒家思想还通过朝鲜半岛传播到日本。《日本书纪》载：应神天皇十五年（284年）八月，百济国王派遣阿直歧送来两匹良马。阿直歧能读中国经典，于是太子菟道稚郎子便拜他为师。应神天皇问阿直歧："还有没有比你高明的博士？"阿直歧答："有个叫王仁的人，很高明。"应神天皇随即派人去百济邀请王仁。应神天皇十六年（285年）二月，王仁来日，太子菟道稚郎子又拜王仁为师，学习中国典籍。

王仁对于汉籍和儒家思想东传日本，有首导之功。这位王仁博士，从他的姓名和教养上可以推知，可能是一位生活在朝鲜半岛的汉族移民，或者是一位汉族移民的后裔。王仁给日本传来儒学思想，而"对日本来说，儒学便是上古时代从域外传来的最早的一种西方思想"。[1]

　　与王仁同时期还有一位辰孙王，他们二人与阿直岐被日本人誉为"国初三儒"。在中华文化东传日本和日本的文化思想史上，王仁、阿直岐和辰孙王，特别是王仁是有着重大影响的人物，始终受到人们的推崇和纪念。《大日本史》卷二百十三论述得更为详细，认为正是从王仁到日本开始，才有了日本的文教事业："自应神受百济之贡，天智学周孔之道，风化大行，品物咸亨。庠序学校于州县，经史子集于府库。"

　　至6世纪初，中国儒家思想经过百济在日本传播后，有了进一步的扩大和深入。据《日本书纪》载，继体天皇七年（513年），百济国王派遣五经博士段杨尔来日本，以换取日本转让的它在朝鲜半岛南端的属地任那的四县土地。在段杨尔来日本之后3年，百济又派"五经博士汉高安茂，请代博士段杨尔"。这位高安茂的名字前加一个"汉"字，无疑是移居百济的中国人或其后裔。随后，百济似乎继续以轮换的方式派遣五经博士常住日本。由此可知日本知识阶层对五经讲义的追求，以及儒家思想的渗透和汉籍大量流入的情况。

　　大批从百济来的五经博士，虽然只是以个人传授的方式对少数皇室成员和贵族讲解中国儒家思想，传播的范围十分有限，但他们作为中国儒学东传的先驱者，做出了不可磨灭的历史性贡献。6世纪中叶，百济又派来了易博士、历博士、医博士、采药师等，说明儒学以外的历学、医学等也已经传到了日本。

　　中国儒家思想初传日本，即产生了很大的影响，日本学者石田一良指出："中国古代的儒教，作为日本氏族国家成立与维持的意识形态而被接受。"[2] 在大和朝廷统一日本列岛的过程中，中国的政治社会思想起到了重要的支持

---

　　[1] 严绍璗：《日本中国学史稿》，学苑出版社2009年版，第4—5页。
　　[2] ［日］石田一良著，许极燉译：《日本文化——历史的展开与特征》，上海外语教育出版社1989年版，第315页。

作用。为了使大和朝廷的权威合理化,"人们编造了神代传说,而其若无大陆思想的影响,也无法想象。"此外,"在政治上,吸取大陆文化上也起了重要的作用"。[1]

到中国唐代同期,日本多次派遣遣唐使和留学生到中国唐朝学习,开启了大规模的文化交流。在这个文化交流的高潮中,孔子的儒家思想也进一步广泛传播到日本。木宫泰彦指出:"遣唐留学生在唐朝不仅学得学术和宗教,并陆续传入了日本,在他们归国时,还带回了很多书籍和经卷,经常给予新鲜的刺激,对于促进日本文化发展做出了重大的贡献。"[2]

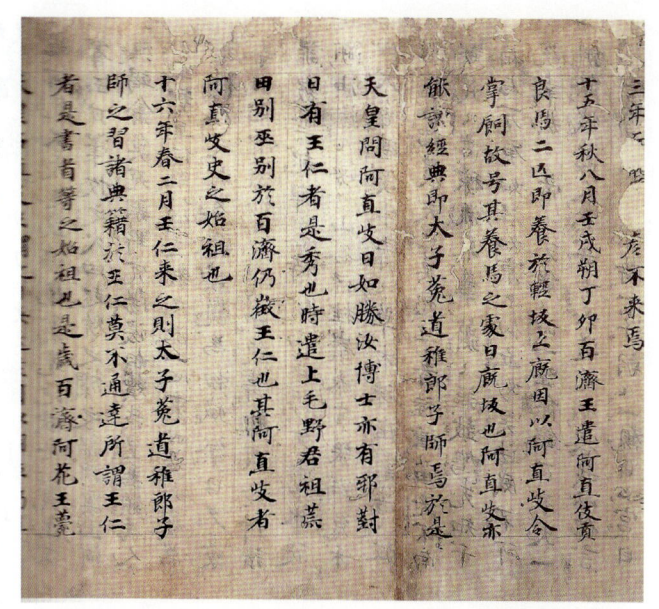

《日本书纪》第十卷残卷 平安时代(9世纪)
这一残卷包括有王仁博士来日本的记载

孔子儒学思想的传播,对当时日本文化的各个领域都有一定影响。例如对日本历史有重大影响的"推古朝改革"和"大化改新",就是以儒学为改革的指导思想,并以中国的政治机构为蓝本建立官僚制度,确立了以儒学为基调的律令政治。在大化改新期间,日本朝廷推行的改革措施和制定的律令,均以唐朝为样板,在改革的指导思想上,主要依据中国的儒家和法家思想及政治文化。石田一良指出:

[1] [日]家永三郎著,刘绩生译:《日本文化史》,商务印书馆1992年版,第17页。
[2] [日]木宫泰彦著,胡锡年译:《日中文化交流史》,商务印书馆1980年版,第187—188页。

儒教思想在奈良时代并不像在德川时代那样具有独立的思想体系的形式，承担或尽到意识形态的任务。而是，融于构成氏制律令国家的上层构造的政治的机构和行为之中，使其机能发挥作用。尤其在天皇的诏敕之中，儒教的色彩尤为明显……

律令的制定也是用儒教的王道思想作为其意识形态……律里原本也包含法家的思想，但是，主要的是依据儒教的思想……律乃在严格要求对于天皇尽忠，对于父母事孝。[1]

所以，日本学者坂本太郎指出："从学问应用于政治，对社会产生影响的视角来看，我认为这个时代的儒学可能已取得了卓越的成果。"[2]

日本政府非常重视儒学思想的传播和推广。天平宝字元年（757年），天皇曾下达一道敕令：百行以孝为先，全国家家户户都要置备《孝经》一本，精读勤诵。另外，日本从大宝元年（701年）开始，在每年的二月和八月月初的丁日举行祭祀孔子的释奠典礼。留学生吉备真备由唐回国时，携回弘文馆的孔子画像，并令画师加以临摹，安置于大学寮，并效唐制整顿礼节，释奠规模更大，仪礼也较为正规。释奠礼在大学寮举行，当时，以上卿为首的诸道博士和学生参加，如天皇出席，王卿也来参加。进入庙堂，按先后礼拜孔子及颜回、闵子骞、冉伯牛、冉仲弓、宰子我、端木子贡、冉子有、仲子路、言子游、卜子夏等孔门十哲的画像。祭坛上供酒和牲币，在乐曲声中举行献酬仪式。整个释奠仪礼十分隆重。后来，日本还仿效唐朝的做法，"敕号"孔子为"文宣王"。

---

[1] [日]石田一良著，许极燉译：《日本文化——历史的展开与特征》，上海外语教育出版社1989年版，第41—43页。

[2] [日]坂本太郎著，汪向荣等译：《日本史概说》，商务印书馆1992年版，第94页。

二　仿唐的教育制度

日本还移植了唐朝的教育制度，建立了以大学寮为主体、以学习儒家经典为主要内容的教育体制。

日本仿照唐制，在《大宝律令》中的"学令"部分，对大学做出种种规定。大学寮教授经书的教官有明经博士和助教，音博士、书博士和算博士，分别教授字音、书法和算术。大学寮明经道的教科书都是儒家经典，而且必须使用规定的注释。依"学令"规定，教科书有"九经"，即《周易》《尚书》《周礼》《仪礼》《礼记》《毛诗》《春秋左氏传》《孝经》《论语》。"九经"之中，又以《孝经》和《论语》为必修，另可选修其他两三种或五种经典。教授经典的方法是先"素读"后"讲义"。"素读"就是用汉音诵读经典原文；"讲义"就是以法定注释解说经文。所以学生入校学习，先跟随音博士学正确的中国语音，然后再学经义，还要学习书法。大学寮主要是面向贵族子弟的教育机构，五位以上官吏的子弟和东西吏部的子弟入学没有限制，对六、七、八位官吏的子弟入学也提出了明确的规定，而庶民子弟完全不得入学。

日本朝廷对大学寮等教育机构非常重视。孝谦天皇时，

日歌川国芳绘《唐土二十四孝》之一　1847年

曾为大学设置劝学田,以资助学生学习。因为"从儒教政治的理想来说,官吏应该是最高的知识分子,所以它们(大学寮等)自然代表了国内学问的最高水平"。"政府热衷于尊重学问,优待学者。历代屡次对各道学者赐予物品,以奖励其学业;有时对学者会因其学而免其罪。以上均表明:新兴国家认识到文化繁荣的根源在于学者的活动所施政策的完善。"[1]

除中央的教育机构外,在地方也设有称为"国学"的学校。9世纪后,"国"是日本地方行政区划,"国学"即是各地方设置的教育机构。学生以地方官员子弟为主,有时也允许庶民子弟中有才华的人入学。国学主要教授儒学和医学,教授儒学的教官称"国学士",教授医学的教官称"医师"。国学的学科和大学基本相同,只是要求水平较大学低。主要通过讲读经书,培养学生在天皇制、律令体制下的政治理想和道德观念。在中国古代,称地方所办的学校为"乡学"。日本的国学在许多方面都与中国的乡学相似。

从中央到地方的教育机构以及民间教育,均以儒学典籍为主要学习内容。所以,这一时期日本的学校教育体系,实际上就是早期日本儒学的传播体系。在这数百年间,有数以万计的日本青年在各类学校中诵读《论语》《孝经》以及其他儒学经典。儒学是他们知识教养和衣食荣禄之源。当时的日本上层社会一般视中国儒学为统治阶级必备的一种文化修养。这也促使儒学知识从宫廷传播到更多官宦之家,扩大了儒学文化在日本的传播和影响范围。

15 世纪日刻本《四经白文》

---

[1] [日]坂本太郎著,汪向荣等译:《日本史概说》,商务印书馆1992年版,第94页。

三　禅僧与宋学

宋代发展起来的理学，日本称为"宋学"。理学与同时期发展起来的佛教禅宗有许多相通之处。无论儒学与佛教之间如何尖锐对立，到禅宗与宋学时期却能够交互为用。中国的禅宗被人称为"士大夫的佛教"，即中国的儒学与禅学相辅相成，士大夫一面钻研宋学，一面参禅；禅僧则一面参禅，一面又同时钻研程朱之学。

因此，南宋以后，禅林中研习宋学之风颇为盛行，很多禅僧大多兼习禅儒。宋元明时代，中日两国禅僧往来频繁，历代来华的日本僧侣在游历圣迹、学法参禅的同时，也沐中国禅林中的宋学之风，在学禅之余，也兼学宋学，学习、了解和接受了程朱的义理之学。正如铃木大拙所说："为了学禅而前往中国的日本僧也是如此，他们的行囊，除了禅典之外，均被儒道两教的书籍填满。"渡日的中国僧侣中也有很多人深受宋学的浸染，掌握宋学要旨。他们东渡日本，在传禅之余也讲儒学。他们都为宋学在日本的传播做出了贡献。换言之，正是由于两国禅僧的往来交流，使宋学附着于禅宗的东传而传到日本。永田广志在论及禅僧在传播宋学的作用时指出：

> 禅宗五山的僧侣，由于没有局限在佛教本来的领域之内，非常重视汉学的教养，所以从中国回国的僧侣都是儒教，特别是宋学的传播者，不久就形成了儒教对抗佛教而兴起的开端。正像五山文学被看作是日本汉文学的典型一样，禅僧在儒教史上起了不可忽视的作用。[1]

关于宋学在日本的早期传播，一般认为入宋僧俊芿于1211年回国为其首传。俊芿在华12年，除求法学禅外，常涉外典之学，与当进南宋钱相公、史

---

[1]　[日]永田广志著，版本图书馆编译室译：《日本哲学思想史》，商务印书馆1978年版，第22页。

丞相、楼参政、杨中郎等一般博学俊颖之儒士相往来。他回国时携带了大量佛典和世俗典籍，据推测其中有一定数量的宋学著作。"同时我们还知道在那11年前，日本已经有了朱子的《中庸章句》的抄本，所以可以肯定宋学传入日本的历史开始于中国宋学形成之后不久。但是最初流传的有关宋学的书籍主要是朱子对《四书》的注释（《四书集注》）之类，至于叙述宋学思想体系的《近思录》《朱子语类》《朱子文集》等是很久后方着手研究。总之，起初是为了解读儒教的经典《四书》而受到欢迎。把《四书》作为经典这一观念本身也是朱子确立的。"[1] 在俊芿回国之后30年，日本出现了第一部复刻宋版朱熹的《论语集注》，这是日本开印中国宋学著作之始，也是宋学传入日本的最显著的标志。

日僧圆尔辨圆在宋学传入日本的过程中起过重要作用。圆尔辨圆归国之际，带回去内外典籍数千卷，其中有不少宋学著作，有《晦庵大学或问》《晦庵中庸或问》《论语精义》《孟子精义》《晦庵集注孟子》《五先生语录》等。圆尔辨圆回国后的讲学活动，为宋学在日本的流传起到了直接的推动作用，对日本朝廷、武士及禅宗界重视儒学及三教一致思想，产生了较大的影响。

在圆尔传播宋学的影响下，东福寺便成为后世五山文学的大本营，出现了一大批著名的专攻儒家典籍的禅僧，如虎关师炼、岐阳方秀、桂庵玄树、文之玄昌等，他们都是宋学的大家。在他们的努力下，有效扩大了宋学的传播范围，不仅在禅僧和武士阶层中传播，朝廷中的天皇、公卿和以儒学为业的明经博士家、广大知识阶层也受到较大的影响。

在日本入宋僧积极摄取宋学的同时，中国渡日的禅僧也努力将宋学介绍到日本。渡日禅僧中有许多兼修宋学的高僧，有较深厚的儒学修养。他们在弘传禅宗的同时，往往援儒入佛，阐发义理之学，从而促进了宋学在日本的

---

[1] [日]永田广志著，版本图书馆编译室译：《日本哲学思想史》，商务印书馆1978年版，第61页。

日冈田玉山等编绘《唐土名胜图绘》之《御经筵文华殿》 约刊于日本文化二年（1805年）

流传和普及。如渡日僧兰溪道隆不仅谙熟宋学的精髓《四书》，同时根据宋学家们的理论做解释和阐述，通过对僧侣参禅者说禅，将宋儒的哲学融入佛法之中。他讲学处处皆儒僧口吻，貌类禅林而神似宋学。

自兰溪道隆之后陆续赴日的宋元禅僧，大都具有较深厚的宋学修养，并在传播禅宗佛教的同时也为传播宋学做出了贡献。

由于中日两国禅僧还有其他中国渡日学者的共同努力，宋学在日本迅速传播，为日本思想界带来了新的因素和新的刺激，构成日本思想文化的新内容。此前，传入日本的儒学是汉唐时期注释的儒学经典，以明经训诂为主。宋学的新风吹入，则使以道学为主的新儒学兴起并取旧儒学的地位而代之，成为日本思想文化史上十分重要的转折点。

随着禅宗的兴盛和发展，日本全面移植了中国的禅林制度，模仿中国，设置"五山十刹"。从13世纪50年代起到16世纪70年代止,"五山十刹",不仅是禅宗佛教传播和活动的中心,而且由于许多禅僧兼修宋学,从而也成为日本学术活动的中心,同时也是文学、艺术等的文化中心。此时,"寺庙的地位明显提高,汉籍传入、开版、讲学、收藏等,有关汉籍的文化与传播的主要活动主要在寺庙中举行"。[1]

宋学的早期传播与禅僧们具有密切的关系,随后,宋学的影响逐渐超出禅林的范围,传播到世俗社会。特别是室町时代后期,京都为战乱所困扰,五山禅僧们不得不纷纷下山他去,于是在地方上出现了新的宋学教学与研究中心,形成了新的研究宋学的学派。此时,宋学主要依附于禅宗而传播和发展。禅僧是宋学在日本流传的主体。随后,宋学的影响所及已经逐渐超出禅林的范围,逐渐成为主流的学术思想文化,为江户时代儒学的鼎盛奠定了基础。

四　德川幕府的礼教政治

中国儒学很早就传入了日本,并且长期以来成为日本贵族和知识分子在文化教养方面不可或缺的因素,对日本思想文化产生了重大影响。不过,在中世以前,儒学是作为伦理和政治理想而被日本人接受的,而在世界观乃至哲学思想的范围内差不多主要是由佛教所支配。宋学传入日本,更是依附于禅宗,作为从属于佛教的一种教养而传播受到重视。直到江户时代,日本儒学才实现了独立发展。

所谓日本儒学的独立发展,主要有两层含义:一层含义是指从对佛教的从属地位、从作为僧侣的一种文化教养的地位独立出来的意识形态和思想学派发展起来。在这个独立的过程中贯穿着对佛教的出世主义的理论性批判。

---

[1] 高桥智:《日本流传中国古籍简述》,《文史知识》2010年第3期,第85页。

这种儒学的独立发展，"初步地确立了理性对于信仰的自主性"。"在儒教独立出来的同时，也开始出现了初步脱离了宗教的独立的哲学思想。"[1]另一层含义是从对中国学术的依附下独立出来，"脱离对中国学说的单纯移植和祖述，开始有了真正的深刻理解，"[2]即按照日本人的社会生活方式和文化观念理解和解释、阐述儒学思想，即儒学的"日本化"。正如坂本太郎所说，在江户时代，"特别是出色地完成了从中国的学问中独立出来，使人认识到近世的儒学完全是日本的儒学，此时，儒学才开始渗入到日本人的血肉之中。"[3]

日本儒学在江户时代获得独立发展，与德川幕府推行礼教文化政治有很大关系。江户时期，幕府将军是掌握实权的最高统治者，因此，幕府将军对中国的态度直接影响了日本对中国文化的接受度。在江户时代260年的历史中，15位幕府将军均十分推崇中国文化。日本江户时代，儒学不但被定为正统的官学，部分幕府将军甚至亲自主持刊行汉文书籍，以此作为政治统治及对庶民进行教化的标准。

德川幕府初期的三代将军实行武力统治和集权政治，建立了牢固的封建体制。但是，德川家康也是一位热心提倡学术的统治者。在有关文武官吏的法度中，首先便规定要钻研学问。元和元年（1615年），德川家康颁布幕府政治法典，在禁中、公家、武家等多种法令中均设有奖励学术、倡导学问的内容。如禁中法令的第一条说："天子所习，在于学问所，若不学，则不明古今之道。"公家法令的第一条是："公家与众家须勤学好问。"武家法令的第

---

[1] [日] 永田广志著, 版本图书馆编译室译：《日本哲学思想史》，商务印书馆1978年版，第12、23页。

[2] [日] 尾藤正英著, 王家骅译：《日中文化比较论》，浙江人民出版社1992年版，第183页。

[3] [日] 坂本太郎著, 汪向荣等译：《日本史概说》，商务印书馆1992年版，第307页。

日本江户时代《汤岛圣堂图》 最高处建筑为大圣殿

一条是:"文武弓马之道,应专心学习,文事武备,须兼筹并顾。"家康还亲自搜集和刊行汉文典籍。他的主张对儒学的复兴和繁荣发挥了重要的推动作用。第四代将军时便开启了德川幕府的礼教文化政治的时代。

第四代将军德川家纲幼年继承家业,辅佐他的保科正之对山崎闇斋的朱子学和吉川惟足的神道颇有造诣,因此,他极重视伦理道德,奖励文教。将军纲吉尤为好学，为了进一步推行儒学，在幕府中特设儒官，并亲自讲解经书，让老中以及大名、旗本、僧侣以至陪臣都来听讲。他用8年的时间，讲了240次才讲完。他命林罗山的孙子林凤冈由僧还俗，蓄发穿儒服任"大学头"职，并在元禄四年（1691年）建汤岛圣堂（即孔庙），亲笔书写"大成殿"匾额悬挂殿内，祭祀孔子，将林氏私塾迁于此。纲吉的宰臣如大老掘田正俊和林泽吉保等人都勤于学习。尤其吉保精通佛教和儒学，擅长诗歌，笃信忠信伦理之道。此时，礼教文化政治也达到了鼎盛时期。

礼教文化政治的内容首先表现在健全幕府制度和制定礼仪，如在武家法规里增加文治思想，整备法典，对司法行政制度进行某种改革，制定服制和礼仪规制等。"实行礼教文化政治的目的是，按照儒教的政治思想教化人民，以保持社会秩序的稳定。"[1] 幕府的政治社会体制是一种完备的封建制度。在人与人方面，以将军和大名、直属武士的关系为中心，武士与武士之间都有牢固的主从关系，这种关系不仅限于武士，而且也适用于其他不同身份的人。士农工商都有固定的身份，属于不同的社会阶级，在每一种身份中，还会再细分为各种阶层。主从的关系和阶层的秩序构成了幕府封建统治的社会基础。因此，对于幕府统治者而言："必然要求扶植有助于维持该阶位制社会结构的意识形态。"[2] 正如永田广志所说：

> 为了维持作为幕藩体制特征的严密的士农工商的身份制和武士团内部的阶层结构，儒教特别是朱子学派最为适合。而幕府、诸侯则是为了教育士人而积极地利用它，并采取了培养完全独立于公家和僧侣之外的

---

[1] ［日］坂本太郎著，汪向荣等译：《日本史概说》，商务印书馆1992年版，第295页。

[2] ［日］永田广志著，版本图书馆编译室译：《日本哲学思想史》，商务印书馆1978年版，第33、35页。

大批儒者的政策。[1]

幕府统治者推行了一系列鼓励儒学、实行礼教文化政治的措施。例如纲吉不但亲自做忠孝的模范，同时还在全国的布告牌上贴出五道布告，让人们都知道忠孝、仁恕、节俭、勤勉等道理，对孝子、节妇的善行一一进行表彰。1719年，顺治时颁布的《六谕》[2]从琉球传入日本，八代将军吉宗对此尤为重视，命荻生徂徕附以训点、室鸠巢译成日语，以《六谕衍义》书名刊刻发行，迅速流传全国，甚至在明治维新前夕再版发行。坂本太郎曾评论德川幕府提倡儒学的政策说："近世的封建制，便是在渗透着儒学思想的基础上得以维持……封建制能在漫长的260年中持续下来，完全是由于这种思想基础巩固的缘故。"[3]同时，日本儒学也自觉地担当起维护封建制的意识形态的责任。正如永田广志所说：日本儒学的"主要任务是将《大学》中作为儒教纲领所规定的修身齐家治国平天下的道理教给诸侯士大夫；是教给他们持身之道和礼仪以期'明德'和'亲民'；是通过以《春秋》笔法对历史事例作出主观的道学的评价，以正'名分'，阐明君臣之分，以此为巩固和粉饰幕藩体制的意识形态铺平道路。"[4]

因此，在江户时代，儒家思想具有绝对的权威性，儒教被奉为普遍适宜的"圣教"，一切从儒教的价值标准来考虑问题的思维模式，风靡于知识分

---

[1] [日]永田广志著，版本图书馆编译室译：《日本哲学思想史》，商务印书馆1978年版，第33、35页。

[2] 顺治九年颁布的《六谕》，内容是：一、孝顺父母；二、尊敬长上；三、和睦乡里；四、教训子孙；五、各安生理；六、毋作非为。

[3] [日]坂本太郎著，汪向荣等译：《日本史概说》，商务印书馆1992年版，第307页。

[4] [日]永田广志著，版本图书馆编译室译：《日本哲学思想史》，商务印书馆1978年版，第35页。

子阶层。[1]例如当时颇为著名的学者太宰春台认为：自儒教的移植开始，日本才有道德生活准则。他指出：

> 考本朝远古之世，自神武天皇至三十代钦明天皇，本朝并无所谓道。日本无道之证据，在于仁义礼乐孝悌等字无训读。凡日本原有之事必有训读之法，无训读即日本无此事。盖因无礼仪之说，自神代至人皇四十代之世，虽为天子，兄弟叔侄皆可为夫妇。后通交异国，中华圣人之道行于我国，天下万事皆学中华。我国人始知礼仪，悟人伦之道，弃禽兽之行。今世虽寻常小事，如违礼仪，必视为畜类，圣人之教遂行。[2]

江户时代逐渐发展起来的教育机构也不断加强了儒家思想的意识形态功能。江户时代的日本教育机构有幕府的直辖学校、藩学和民众教育所三等。著名的幕府直辖学校有昌平坂学问所、和学讲习所、开成所和医学所等。昌平坂学问所是最主要的儒学教育中心，在昌平坂设有祭祀孔子的圣堂。昌平坂学问所除在本所传授儒学外，还为设在长崎的明伦堂、甲府的徽典馆、横滨的修文馆等幕府直辖学校派遣儒学教官。藩学一般设在大名的领地上，以教育各藩武士为主，部分藩学也准许平民子弟入学。设在日本全国的藩学有300余所，教育内容以汉籍为主，也习武艺。民众教育包括乡学、私塾、寺子屋、心学与实学讲习所等多种的学校。阳明学家中江藤树创办藤树书院，提倡知行合一说。古学家伊藤仁斋开办古义塾，前后收弟子达3000人。吉田松阴的松下村塾、广濑淡窗主持的咸宜园等也十分著名。上述教育机构均将传播儒

---

[1] [日]家永三郎著，靳丛林、陈泓译：《外来文化摄取史论》，吉林教育出版社1990年版，第28页。

[2] [日]家永三郎著，靳丛林、陈泓译：《外来文化摄取史论》，吉林教育出版社1990年版，第28—29页。

学作为主要功能,成为幕府礼教文化政策的一部分。

坂本太郎指出:江户时代日本"儒学之所以呈现盛况,是幕府文教政策的作用,也是儒学作为普通教育中的基础科目而据有巍然不动的巩固地位的缘故。即使是反对儒学,标新立异的人,其基础知识也毫无例外的是儒学。儒学已经渗透到近世知识分子的精神生活中,其威力巨大。尤其不容忽视的是,幕府和各藩开设的学校以及学者创办的私塾等,都曾为儒学的普及做出了巨大的贡献。"[1]

五 《论语》与算盘

明治维新初期,新政府倡导实业兴国,废除了旧的人身等级制度,资本主义经营方式迅速兴起,工业化进程由此展开。基于此,日本迫切需要变革经济伦理思想,即需要由传统的农本主义、"贵谷贱金"、权力主义、"重义轻利"等价值伦理,转向合乎资本主义经济发展的工商立国、"以金钱为贵""以营利为善"等价值伦理。然而,官尊民卑和贱商意识作为一种传统思想依然根深蒂固,西方功利主义和商业伦理毕竟是舶来品。对当时的日本而言,解决这个难题的有效途径,就是在传统儒教思想和资本主义精神之间找到合理的结合点,既要对以"重农贱商""重义轻利"为主的儒教传统进行反叛和扬弃,又要在传统伦理尚具有强大潜力的情况下,寻求向西方看齐、具有普世价值的"公性伦理"支持。在该时代背景下,涩泽荣一的"道德经济合一"学说应运而生。涩泽思想的主旨是力求改变"轻商贱利"的社会习气以及"权力本位"的社会意识形态,以建构适应资本主义发展需要的经济伦理观念。

---

[1] [日]坂本太郎著,汪向荣等译:《日本史概说》,商务印书馆1992年版,第334页。

涩泽荣一积极投身于兴办实业的活动，做出了重大贡献，以至于谈到日本明治时期的工业化，不可能不提到涩泽荣一。他一生的业绩宏伟非凡，仅参与创办的企业就多达 500 余家。他热衷于西方经济制度的引进和企业形态的创新，创办了日本第一家近代银行和股份制企业，并率先发起和创立近代经济团体组织。在实业思想上，他将来自中国的儒家精神与效仿欧美的经济伦理合为一体，奠定了日本经营思想的基础。他不仅是日本人公认的近代产业先驱，也是近代日本工商业的精神领袖。

涩泽将自己的经营思想著述起名为《〈论语〉与算盘》，从《论语》的有关语句为起点，论证了道德与经济的关系。他指出：道德与经济并非互不相容，而是互为条件不可分离。不存在脱离经济的道德，也不可设想背离道德的经济造福社会。他说："抛弃利益的道德，不是真正的道德；而完全的财富，正当的殖利必须伴随道德。"

两千多年前的"孔子之教"如何摇身一变，成为可以建构资本主义经济伦理的新基础呢？从涩泽的《〈论语〉与算盘》一书中可以看出，这是涩泽基于自己对《论语》的体认而进行的再诠释。涩泽是这样理解的：孔子之教是以"经世济民"为根本前提的，主张"博施济众"。而要"博施济众"，就不能不讲货殖经济。要讲货殖经济，就不能不讲功利和人欲。因此，讲求"仁义道德"的孔教与追求利润的资本主义实现了深度融合。与此相同，涩泽对孔子的财富观的解释也是如此。例如他列举了一般人对《论语》中"富与贵，是人之所欲也，不以其道得之，不处也"的理解，说："由此便认为孔子一味厌恶富贵，是荒谬的"，同时举出"富而可求也，虽执鞭之士，吾亦为之"等孔子的言论，说明孔子重视富贵的价值取向。涩泽之所以着重强调道德经济两者缺一不可，其目的就是要破除日本传统的"轻商"价值观，伸张"殖产兴业"的资本主义价值取向，鼓励日本民众兴业致富，从而达到立国兴国之目的。

涩泽将"利"分为公益和私利两种形式。他对于公益的定义是："超越私利私欲观念，出于为国家尽力之诚意而得之利。"涩泽认为：公益就是国家和社会的利益，而从国家和社会的利益出发从事工商活动就是他所提倡的道德。

涩泽在关于公益和私利的关系上，也主张二者合一。他首先强调树立国家和社会利益的重要性，但同时他明确提出了公益和私利二者并非无法统一，反对将二者视为对立关系。涩泽认为："谋求社会利益，使国家富强，终究会给个人带来利益。"他以一个很形象的比喻来说明他的观点："譬如通过火车站的检票口，如果每个人都认为只要自己先通过那狭隘的出入口就好，那么结果便是谁也无法进入，大家会同样陷入困境。"涩泽对"公与私"的关系这样论道：所谓公益与私利本为一物。公益即私利，私利能生公，若非可为公益之私利，则不能称之为真正之私利。商业的真正意义也就在于此。因此，他主张从事商业的人都不应误解其意义，应专营可致公益之私利，因为这不仅可带来一身一家之繁荣，且同时可致国家之富裕、社会之和平。

在涩泽自己的解释中，虽然引用了很多《论语》中具有古典性的"仁、义、利、欲"等概念，但是其最大特点是导入了具有近代性的"公、私"概念，将传统的"义利之辨"提升到了"公私关系论"。这一点在涩泽的思想中最为闪光。涩泽的"公私关系论"，主旨是伸张商业经营及"私利私欲"的"公利性"和"公益性"，以及"公益即私利，私利能生公益"的价值伦理，树立了企业家作为近代国家主人翁的地位和伦理精神，这也是涩泽经营思想的本质目的。

涩泽认为：传统观念将义与利对立起来，这从中国古代到西方古代都有种种说法，如中国有"为富不仁"之说，古希腊也有"所有的商业皆是罪恶"之论。上述观念的形成，虽然与不法商人的不当牟利有关，但如果将这种观念绝对化，并不利于国家和社会的健康发展。

涩泽认为后儒对孔子学说最突出的误解是富贵观念和理财思想，他们错误地把"仁义道德"同"货殖富贵"完全对立。所以，涩泽对孔子的财富观做出自己独到的论证和说明。他通过对《论语》有关论述的分析表明，孔子并无鄙视富贵的观点，只是劝诫人们不要见利忘义，不要取不义之财。涩泽还补充道："孟子也主张谋利与仁义道德相结合，只是后来的学者将两者越拉越远，反说有仁义而远富贵，有富贵则远仁义。"在这里，涩泽完全否定了以往人们对于"仁则不富，富则不仁"的理解。同时，他指出这种理解的危害是"将被统治阶级的农工商阶层人置于道德的规范之外，同时农工商阶级也认为自己没有去受道义约束的必要""使得从事生产事业的实业家们的精神，几乎都变成了利己主义。在他们的心目中，既没有仁义，也没有道德，甚至想尽可能钻法律的空子去达到赚钱的目的"。因此，修身养性，提高道德是不能忽视的。另一方面，他又认为，空谈心性，鄙视实业，也是导致国弱民贫的重要原因。所以涩泽强调指出："仅仅是空理空论的仁义，也挫伤了国家的元气，减弱物质生产力，最后走向了亡国。"因此，他主张："谋利和重视仁义道德只有并行不悖，才能推动国家健康发展，个人也才能各行其所，发财致富。"他还以自己的经验说明了义和利可以并行不悖。

涩泽经营思想的提出，极大地改变了日本"轻商"的传统，很多青年人投身于实业界，推动了近代日本资本主义的生成与发展。涩泽荣一奠定了近代日本经济发展的基本路径和价值取向，《〈论语〉与算盘》，直至今日也依然是日本企业家阅读最多的管理经典著作之一。

第十八章 传教士对孔子儒学的发现与传播

一 利玛窦对孔子的传播

17世纪以后陆续来中国的欧洲传教士，在中国认识了孔子及其思想。他们把自己在中国的发现传播回欧洲，也使孔子及其思想进入了欧洲思想文化界的视野，为欧洲的思想文化提供了新的资源。

传教士利玛窦是最先注意到孔子的西方人。利玛窦在中国生活多年，熟练掌握中国语言，对中国文化十分了解，尤其是在与中国文人士大夫的交往中，他深入地认识了中华文化，也深入地了解了孔子儒家思想的内涵和在中华文化中的重要意义。可以说，他是西方第一位系统地认识和了解孔子及其儒家思想的学者，也是最早向欧洲介绍孔子及其儒家思想的学者。利玛窦直至暮年与欧洲的通信仍持续不断。

中国籍耶稣会士游文辉绘《利玛窦像》 这幅画后来由金尼阁带回罗马 现保存在罗马耶稣会总部

在众多的书信中,利玛窦未曾掩饰他对儒家的好感,他将孔子与古罗马哲学家塞内卡(Lucius Annaeus Seneca)并提,甚至认为孔子大大超过了欧洲的古代贤哲。

在西方人中,利玛窦最早认识到了孔子的重要地位。在《利玛窦中国札记》中,利玛窦以崇敬的心情提到中国儒家思想的创始者孔子:

> 中国哲学家之中最有名的叫做孔子……他既以著作和授徒也以自己的身教来激励他的人民追求道德。他的自制力和有节制的生活方式使他的同胞断言他远比世界各国过去所有被认为是德高望重的人更为神圣。的确,如果我们批判地研究他那些被载入史册中的言行,我们就不得不承认他可以与异教哲学家相媲美,而且能够超过他们中的大多数人。[1]

美国学者孟德卫(D.E.Mungelo)说:对于耶稣会士来说,"中国最杰出的人物是孔子。利玛窦最早认识到了孔子的重要地位,他将孔子看做中国和基督教相结合的关键。"[2] 利玛窦的这一发现具有极为重要的意义。"在1500—1800年期间,西方人对中国人的认识源于孔子的形象。"[3]

利玛窦把孔子和"四书""五经"介绍给欧洲人,认为"四书""五经"是为着国家未来的美好和发展而集道德教诫之大成。他说,中国有学问的人对孔子都非常尊敬,以致不敢对他说的任何一句话稍有异议。在该国有一条从古传下来并为习俗所肯定的法律,规定凡希望成为或被认为是学者的人,都必须从孔子的几部书中导引出自己的基本学说。利玛窦还注意到:不仅知

---

[1] [意]利玛窦、[比]金尼阁著,何高济等译,何兆武校:《利玛窦中国札记》,中华书局1983年版,第31页。

[2] [美]孟德卫著,陈怡译:《奇异的国度:耶稣会适应政策及汉学的起源》,大象出版社2010年版,第6页。

[3] [美]孟德卫著,江文君等译:《1500-1800中西方的伟大相遇》,新星出版社2007年版,第14页。

识阶层，统治者也给予孔子以最高敬意，他们感激地承认他们都受益于孔子遗留下来的学说。

利玛窦指出，中国唯一较高深的哲理科学就是道德哲学。儒学是一种主张理性的学说，在维持社会稳定和和谐上发挥了十分重要的作用。"儒家这一教派的最终目的和总的意图是国内的太平和秩序。他们也期待家庭的经济安全和个人的道德修养。他们所阐述的箴言确实都是指导人们达到上述目的，完全符合良心的光明和基督教的真理。"[1]

《利玛窦中国札记》（1615年）的扉页

利玛窦将孔子的儒家学说视为一种宗教。利玛窦说，中国人以儒教治国，有着大量的文献，远比其他教派更为著名。但是，利玛窦不承认儒教是正式的宗教。他以为儒教不过是一个学术团体，其目的是合理治理国家。所以他认为中国人可以同时是儒教成员和天主教教徒。他说，从开始我们的信仰就受到儒家的保护，原来儒家的道理没有任何与天主教相冲突的内容。这一结

---

[1] [意]利玛窦、[比]金尼阁著，何高济等译，何兆武校：《利玛窦中国札记》，中华书局1983年版，第104页。

论有助于利玛窦向士大夫、平民百姓传教,既不妨碍其生活方式和思想观念,亦成为其调和儒学与基督教的前提。为了进一步揭示天、儒相通,利玛窦还高度评价儒家的伦理观,同时指出这是中国人对先祖父辈的孝敬。

在中国典籍的研究方面,利玛窦在以天主教神学思想合儒、补儒、超儒方面做出诸多努力。利玛窦用天主教教义去附会儒家的学说,将先秦典籍中的"天""上帝"解释成天主教的"Deus",即"天主",从而证明天主教与儒家在这个根本问题上的立场接近。他还认为儒家经过宋明理学这一发展阶段后,其非人格的"天""理"已远离早期儒家的"天"或"上帝"的原旨,因而要士大夫反本归真,恢复对上帝其实也就是对天主教之"Deus"的信仰。

利玛窦和其他传教士们认识到儒家思想在中国具有深厚的历史基础和巨大的神圣权威。为了在中国成功地传播基督教义,必不能与儒家思想发生正面冲突。"如果天主教要想深入地进入中国的生活,它必须从儒家学说中寻找一些接触点。"利玛窦"采取与早年教会的神父们接受希腊式相同样的态度来面对孔子的思想:尽量保存它所包含的自然真理的全部基本观点,增加它所缺少的有关自然界的其他科学原理,介绍包含在天主教中的、由其教义所揭示的超自然真理的全部新秩序"。[1]他们以"合儒"的面目出现,用儒家经典来附会、论证基督教义,宣称儒家经典的"上帝"和"天"即基督教的"天主";主张基督教的敬天爱人即同于儒家忠孝廉节,基督教的"爱"即儒家的"仁"。同时,传教士们还身着儒服,头戴儒冠,在服饰上模仿当时的中国士大夫阶层。通过一系列"合儒"的方式,逐渐破除在文化上和心理上的传教的障碍,逐渐争取中国人对他们的好感和信任。法国汉学家谢和耐(Jacques Gernet)曾说:在利玛窦看来,"赢得中国人同情和兴趣的最

---

[1] [美]邓恩著,余三乐、石蓉译:《从利玛窦到汤若望——晚明的耶稣会传教士》,上海古籍出版社2003年版,第19页。

佳方法，就是使基督教义附会儒家思想的同时实现科学讲授。"[1]

传教士们还在礼仪问题上迎合儒家思想，允许入教者维持传统的祭祖祀孔习俗，认为这些礼仪与基督教宗教仪式不相妨碍，不必视作异端而禁止。利玛窦在中国传教的过程中，适应中国国情，分别将"敬孔"和"祭祖"解释为"敬其（孔子）为人师范""尽孝思之诚"的非宗教礼仪。在这种解释的基础上，尊重士大夫和平民的祭祀习俗。进而使当时的中国教徒，特别是具有一定政治、社会地位的天主教徒，在需要参加"敬孔"和"祭祖"仪式时不致产生宗教上的冲突。

所谓传教的适应策略，实质上是"在华耶稣会士试图寻找一种能包含中国和欧洲两种文化的综合体，来赢得中国人思想上的认同，从而促使他们信仰基督教。而这种适应的第二个方面，是将主要由来华耶稣会士提供的关于中国的信息融入欧洲文化之中。"[2]

利玛窦在中国度过了他的后半生，并且死后葬在中国。但他的札记却漂洋过海地传回欧洲，让西方对中国孔子有了初印象。他将孔子介绍给欧洲，将哥白尼和欧几里德介绍给中国，开创了中国与欧洲文化交流的新纪元。

二　儒学是传教士的必修课

利玛窦不但自己研究孔子的儒学经典，还要求后来的传教士把读儒家的书作为必读。1593年12月，利玛窦在向耶稣会总会长的报告中说："今年一年，我们都用功读书，我给我的同伴们讲完了一门功课。这门功课称为'四书'，是四位优秀的哲学家所写。书中有很多合理的伦理思想，中国的学者

---

[1]　[法]谢和耐著，耿昇译：《中国与基督教——中西文化的首次撞击》（增补本），上海古籍出版社2003年版，第8页。

[2]　[美]孟德卫著，陈怡译：《奇异的国度：耶稣会适应政策及汉学的起源》，大象出版社2010年版，第8页。

都读这部'四书'。"

1594年,利玛窦将"四书"译成拉丁文,并略加注释。利玛窦说,他翻译"四书"是为了给日后的传教士所用,因为在他看来,传教士来华若不精通儒家经典,绝不会有什么收获。同时,他也希望"四书"受到欧洲人的重视。利玛窦为"四书"的第一个欧洲文字的翻译者。他的译本成为初来华传教士必须研习的读本,也成为后来传教士翻译的蓝本。艾儒略(Gulius Aleni)在所著利玛窦传记中记载利玛窦译书一事说:"利子此时尝将中国四书译以西文,寄回本国,国人读而悦之,以为中邦经书,其能识大原不迷其主者乎?至今孔孟之训,远播遐方者,皆利子力也。"

随后,利玛窦又向总会长报告说:"在过去几年中,我让一些优秀的先生讲解了'四书'之外的'六经'。我在这些书中都做了长段摘录,这是为了支持我们的信仰,如上帝的独一性、灵魂之不死性以及真福者的荣耀性等。"

利玛窦开启了天主教在中国的传教事业。在他之后,陆续有传教士来华,一直到清代康乾时期,持续200多年,先后有数百人抵达中国。这些传教士来自欧洲许多国家,包括意大利、葡萄牙、西班牙、法国、德国还有捷克等国。其中不少人都和利玛窦一样,是学有专长的专家学者,是当时的饱学之士。这些来华的传教士都和利玛窦一样,努力学习中国传统文化,特别是研读儒家经典,对中国的传统礼俗、儒家思想均建立了全面的认识,深受中华文化氛围的熏染。中华文化的博大精深、中国典籍的智慧灵气、中国民情的奇异风采,都给他们留下了深刻的印象。正是这些来华的传教士,在中国发现了孔子的儒学思想在中国学术思想史上的重要地位以及在中国社会文化中的重要影响。他们是第一批向欧洲介绍孔子及其思想的人。

从利玛窦起,入华耶稣会士都刻苦研习中国儒家文化,将学习儒家古典文献"四书""五经"作为重要任务。法国传教士马若瑟曾向康熙皇帝报告说:"于十三经、二十一史、先儒雅集、百家杂书,无所不购,废食忘寝,诵读不辍，已数十载，今须发交白，老子冉冉将至而不知，果为何哉？有能度吾之心者，必知其故也。"

传教士们注意到孔子和儒家思想在中国重要的地位，便热心于对中国典籍的翻译和对于儒家思想的研究，并取得了突出的成就，也在欧洲思想界产生了深远影响。

葡萄牙耶稣会士曾德昭的《大中国志》中说到孔子在中国具有很高的地位，"孔夫子这位伟人受到中国人极大的崇敬，他撰写的书及他身后留下的格言教导，也极受重视，以致人们不仅将其视为圣人，同时也把他当作先师和博士，他的话被视为是神谕圣言，而且在全国所有城镇修建了纪念他的庙宇，定期在此地举行隆重仪式以表示对他的尊崇。"[1]他还说：儒家的经典"四书""五经"，"这9部书在他们当中可说是神圣的。有关的注释需要他们努力学习，背下来，竭力了解困难之处，使其获得辨识力，以此节制其行为，制定治国之方。上述内容都是根据从其中找到的格言警句落实。"[2]

西班牙多明我会传教士闵明我所著的《中华帝国纵览》中介绍了孔子的学说，并引用了100多句孔子和其他典籍的格言。在启蒙运动时期，这本书尤其受到学术界的高度重视。莱布尼茨、洛克、狄德罗、卢梭、伏尔泰、孟德斯鸠、魁奈、傅尔蒙等人都曾提到过这本书，认为它对于了解中国大有裨益。

1688年安文思在巴黎出版的《中国新史》，是一部全面概述中国和中国文化的著作，其中也谈到孔子，有一章的题目就是"孔子的崇高地位和巨大影响"。

---

[1] [葡]曾德昭著，何高济译：《大中国志》，上海古籍出版社1998年版，第59页。

[2] [葡]曾德昭著，何高济译：《大中国志》，上海古籍出版社1998年版，第60页。

法国耶稣会士李明的《中国近事报道》对孔子和"四书""五经"作了详细的介绍。李明撰写了孔子的小传,还辑录了孔子的一部分箴言。他指出:"孔子是中国文学的主要光辉所在……这正是他们理论最清纯的源泉,他们的哲学,他们的立法者,他们的权威人物。尽管孔子从未当过皇帝,却称得上曾经统治了中国大部分疆土,而死后,以他生前宣扬的箴言,以及他所做出的光辉榜样,他在治理国家中所占的位置谁也无法胜过,他依然是君子中的典范。"[1]李明还介绍了"五经"中每部经典的主要内容,然后指出:"这五本书十分古老,所有其他在王朝有一定威望的书不过是这五本书的抄本或评注本。在不计其数的曾为这著名的原著付出劳动的作者中,没有任何人比孔子更杰出。人们尤其看重他所收集成'四书'的有关古代法律的书,并视其为完美政治的准则。书中论述了治理政府的伟大艺术、道德和不道德的中庸思想、事物的本性以及共同的义务。"[2]

三 传教士对儒家典籍的翻译

传教士们不仅热情地向欧洲介绍孔子的儒家学说,还动手将儒家的经典翻译成欧洲文字,直接介绍给欧洲读者。

最早将中国典籍翻译成欧洲文字的是西班牙传教士高母羡(Juan Cobo)。高母羡是西班牙多明我会传教士,1588年抵达菲律宾,在当地的华人社区进行传教活动。1590年,他在当地华人的帮助下,将《明心宝鉴》译成西班牙文。这是第一部从中文翻译成欧洲文字的著述。

《明心宝鉴》是一本用于儿童启蒙的读物,明洪武二十六年(1393年)

---

[1] [法]李明著,郭强、龙云、李伟译:《中国近事报道(1687—1692)》,大象出版社2004年版,第177页。

[2] [法]李明著,郭强、龙云、李伟译:《中国近事报道(1687—1692)》,大象出版社2004年版,第175页。

由范立本辑录而成，收录了中国圣贤和历代名家以及民间流传的有利于道德修养的700余条语录。高母羡认为很多传教士并不了解中国文化特征，所以看不到儒家学说与基督教教义有近似的地方。他翻译《明心宝鉴》就是为了使欧洲人了解中国，从而确立和平传教的信心。《明心宝鉴》后来由米格尔·德·贝纳维德斯（Miguel de Benavides）神父带回西班牙，并于1595年12月呈献给西班牙国王菲利普二世。

在来华传教士中，最早将儒家经典译为拉丁文的，是与利玛窦一起来到中国的罗明坚（Michele Ruggieri）。最初，他翻译"四书"，是为了教新的来华传教士学习中文。这些教材是逐字逐句翻译的，其中有中文原文、拉丁文对照，还有中文拼音告知读者如何发音。1588年，他奉命自澳门回欧洲向罗马教皇汇报期间，将"四书"中《大学》的部分内容翻译为拉丁文，由另一名耶稣会士波西维诺（Antonio Possevino）编入1593年出版的《历史、科学、救世研究丛书选编》。

1626年，金尼阁（Nicolas Trigault）将"五经"译为拉丁文，在杭州刊印，书名为

《中华帝国全志》1736年法文版孔子像 旧金山大学利玛窦中西文化历史研究所图书馆藏

《中国第一部神圣之书》，是中国经籍最早刊印的西文本，也是初来华传教士的读本。

意大利耶稣会士殷铎泽（Prosper Intorcetta）和葡萄牙耶稣会士郭纳爵（Ignace da Costa）于1662年在江西建昌府刊刻《中国的智慧》一书，内有一篇简短的孔子传记、《大学》的全部译文和《论语》的前部分译文。1667年，殷铎泽在广州刻印《中庸》译本，书名为《中国政治道德学说》，两年后又在印度果阿翻印此书，果阿这时已经是天主教在东方的传教基地。1672年，《中国政治道德学说》以法文在巴黎出版。

1687年，欧洲有一本意大利文的《中国杂记》出版，书末附有孔子传记和《中庸》的译文。作者是德籍传教士白乃心（Johann Grueber）。

"四书"的全译本出自比利时耶稣会士卫方济（Francois Noel）之手。卫方济以拉丁文译"四书"以及《孝经》和《幼学》。其特点是逐字翻译，书名亦不例外，如《大学》译为《成年人之学问》，《中庸》译为《不变之中道》，注释也较为详细。卫方济的译文于1711年以《中国六经》为题由布拉格大学图书馆印行。卫方济在序文中说道："亲爱的读者，今我以'六经'的拉丁文本贡献于左右，不但使西方人熟悉中国人的著作，而且也可将正确的思想付诸实践。"另外，卫方济还著有《中国哲学》一书，是他研究中国古典经籍之心得，也与《中国六经》同时在布拉格出版。

至卫方济的《中国六经》止，亦即到18世纪初，中国的"四书"已全部译成西文在欧洲刊行流传。

在后期来华传教士中，孙璋（Alexander de la Charme）、蒋友仁、钱德明、韩国英等人也在汉学上有较高造诣，并从事中国古典经籍的翻译工作。

孙璋对中国文献涉猎甚广，以拉丁文译《诗经》《礼记》。蒋友仁以拉丁文译《书经》和《孟子》，他的译文非常审慎准确，法国耶稣会传教士宋君荣见其《书经》译文初稿时大为惊奇，便鼓励蒋友仁将《书经》全译。法国传教士晁俊秀（Franciscus Bourgeois）说，其书虽未刊印，已为众人推许，其了解汉文之深与译文之忠实，远在以前各译本之上。

宋君荣也将《书经》翻译成法文。在宋君荣看来，《书经》是中国古代最好的书，在中国人的精神生活中具有无可否认的权威。他认为《书经》记述的是中国英雄时代的历史，与同时代的古希腊有着明显的不同。古希腊的英雄是一些凶狠、残暴、给人民带来巨大灾难的强盗，而中国的英雄则是一些秉性仁厚、作风民主、敬德保民的圣贤。《书经》所反映的是中国上古时期的英雄治国、安民、修身的圣贤之道。宋君荣于1739年将《书经》的译稿寄住欧洲，次年又寄回一副稿，但直到他死后12年的1770年，才由汉学家德经（Joseph de Guignes）刊印于巴黎。德经对宋君荣的译本倍加赞誉，谓《书经》文字为中国典籍中最难解者，而宋君荣的译本用字恰当及中国色彩之浓厚，俱极难得。其书卷首有宋君荣的自序，述《书经》之历史，并附伏生和孔安国的今古文，又对《书经》中的天文、星宿、日蚀等均加以讨论。此书除了译文和注释外，还有出版者添加的补注、插图和原文没有的中国上古三朝的帝王简史。

钱德明于1784年出版了《孔子传》，其书除参考各种史籍外，并及《论语》《史记》《家语》诸书，自诩为"孔子传记家之传记家"。他还著有《孔门弟子传略》，书中列颜子、曾子、子思、孟子、仲子等五子，是百余年来西方人研究中国经籍的必读之书。

韩国英译有《大学》《中庸》，还编著有《论中国人之孝道》。这部著作将中国古今关于孝道之说汇于一编，所译介的孝道文本，分为12大项，涵盖古代文献经典与当时的各种官方文本的译介，其中有节译《礼记》《孝经》和《大清律例》中有关孝道的法律，其他还有皇帝应有之孝道。社会表示孝道的风俗，古今孝子故事，劝孝之诗文、格言、俗语，等等。他称"孝"为"中国人的国家美德"。"孝"在中国，犹如"国王之爱"在法国。因此，任何意图攻击这个伦理道德规范者，将引发全体中国人的反击。

四 《中国哲学家孔子》的流传与影响

当时由传教士翻译的中国典籍中，柏应理的《中国哲学家孔子》最为重要且影响最大。

柏应理在中国生活了 20 多年，与江南文人交往甚密，对中国古典经籍多有领悟和研究。1682 年柏应理回到欧洲后，向教皇献上 400 余卷由传教士们编纂的中国文献。柏应理在欧洲期间，为中华文化的西传做了大量的工作。

1687 年，柏应理在巴黎出版了《中国哲学家孔子》的拉丁文本，中文标题为《西文四书直解》。据丹麦学者龙伯格（Knud Lundbaek）考证，从此书序言原稿上的修改痕迹看，耶稣会在华教团早在此 20 年前就已经准备出版这部著作了。

清初天主教受到打击和迫害，在各地的 23 位传教士被集中到广州。在此期间，他们召开了"广州会议"。这是来华的各个天主教修会讨论关于中国礼仪的会议。会议期间，耶稣会士恩理格（Christian Herdtricht）、鲁日满（Francois de Rougemont）和柏应理开始在原先"四书"简单直译的基础上，重新进行了校对和注释。这项工作大概在 1670 至 1672 年完成。作为书中一部分的《中庸》，即殷铎泽的《中国政治道德学说》在此之前完成。柏应理回欧洲时，又在书稿中加上自己写的序言和《中国年表》，在巴黎出版。书的全名是《中国哲学家孔子，或者中国知识，用拉丁文表述，通过殷铎泽、恩理格、鲁日满和柏应理的努力》。

《中国哲学家孔子》一书首版共 522 页，分为 4 部分，即：

（1）柏应理给法国国王路易十四的献辞，表达了他对法王支持在华传教事业的敬意。

（2）导言。分别由殷铎泽和柏应理撰写。殷铎泽撰写的导言主要介绍了中国的儒家、道教、佛教以及宋明理学所重视的《易经》，对他们将翻译的"四书"从思想文化上做了总体性介绍和铺垫，帮助欧洲学者来理解这部书。柏应理的导言开宗明义地说明耶稣会士之所以编著此

柏应理《中国哲学家孔子》。张国刚：《中西文化关系通史》下册，北京大学出版社2019年版，第697页。

书，并不是为了满足欧洲人对中国的兴趣，而是希望此书能为到中国去传教的教士们提供一种可用的工具，并指明哪些是中国的经典著作，这些著作有哪些重要的注疏书籍。认为"四书""五经"是中国最古老的经典著作，其中"经"的地位要高于"书"。"五经"之首是《尚书》，在重要性方面，《诗经》居第二，《易经》居第三，《春秋》居第四，《礼记》居第五。导言还介绍了宋代理学家朱熹的理学和易学以及朱注的《五经大全》《四书大全》和《性理大全》等书目以及"太极""理"等新儒学的范畴。

（3）殷铎泽所撰写的孔子传记，开卷是孔子的全身像，图中孔子身穿儒服，头戴儒冠，手持象笏，站在一座庙宇式的书馆之前。书馆上端写有"国学"二字，附拉丁注音和解释，书馆柱子上写有"天下先师"字样。孔子身后的两旁是装满经书的大书架，书架上的书籍均标出书名，自上而下，一边是《书经》《春秋》《大学》《中庸》《论语》，另一边是《礼》《易经》《系辞》《诗经》《孟子》，都附以拉丁文注音。书架的下面还有孔子弟子们的牌位，上写颜回、子思、子路等，共18名。这是最早传到欧洲的孔子画像。这幅肖像将孔子描

绘成在图书馆内的学术贤哲而非在庙宇中的神祇先知。这种描绘体现了耶稣会士是如何强调孔子的理性一面，这正是欧洲人推崇孔子的重要原因。

（4）《大学》《中庸》《论语》的译文，并皆附译注疏，总题目为《中国之智慧》。译文的最大特点，是力图证明中国先儒的经典著作中，早就有和天主教义一致的地方了。

另外，在书后还有一附录，即《中国古代帝王年表》，还有中国现状概要，包括行政和军事区划、城镇、户籍、丁男、山川、河流、湖泊的统计数字，学校、藏书楼以及秀才、举人、进士的数字，释道两教的寺庙、道观和僧人、道士的数目以及天主教教堂和教徒数目，税收情况。

全书的最后是一幅中国地图，图上标出中国的115座大城市和耶稣会士们建立的近200处教堂的所在地。

《中国哲学家孔子》是耶稣会士提供的第一部论述中国人思想的专著，是欧洲17世纪对孔子形象及其著述介绍得最为完备的书籍。该书给《论语》所译的拉丁文标题为"Ratiocinantium Sermones"（富有理性者的谈话），书中将孔子描绘成基督教先知式的人物。他们认为《大学》全书"表现出崇尚理性的精神"。"当欧洲和亚洲还处在迷信状态时，中国人中间已经形成了完美的道德。他们的居室和国王的宫廷已经成为道德的圣殿。"该书将孔子比拟古希腊哲学家爱比克泰德（Epictetus）："在欧洲，当苏格拉底、柏拉图、塞内卡和普鲁塔克（Plutarchus）几乎已经尽人皆知之时，难道我们不可以希望我们的中国爱比克泰德受到重视，至少听到赞赏声吗？"

《中国哲学家孔子》是第一部比较完整的向西方介绍中国传统思想文化的书籍，对中国文化的西传具有启蒙意义和先驱作用。它第一次把中国、孔子、政治道德三个名词联在一起，孔子在欧洲因此被称为道德与政治哲学上最伟大的学者与预言家。欧洲的学者们欢呼这位被拉丁化了的孔子是人类最伟大的英雄人物之一，是中国的苏格拉底。由此孔子的伦理观风靡欧洲社会。

《中国哲学家孔子》一经出版，立即在欧洲思想界引起轰动和反响，各种译本纷纷问世，各家杂志纷纷撰写文章加以介绍。《中国哲学家孔子》由于原文是拉丁文，不能满足公众的需求，于是在第二年便有若干改写本、节译本问世。

柏应理传播的孔子儒家学说对启蒙时代发生了直接影响。法国哲学家培尔（Pierre Bayle）最早是通过阅读柏应理的著作而洞悉中国的宗教，特别是佛教，进而获知中国存在有唯物主义思想与无神论。法国思想家弗雷烈（Nicolas Fréret）在阅读柏应理的著作时，也同培尔一样得出了古代中国人存在无神论的看法。弗雷烈在评述孔子时说孔子的教义涉及哲学的四个部分：伦理、逻辑、政治和雄辩术。但他既不接受玄学，又不接受博物学和神学，所以他本人也讲一名贤士不应该对所有的事感到不安，因此，其教理主要是伦理性的，风俗学在中国人中是所有科学中"最高和最受器重的一门科学"。因此，他从来既不讲天主，又不讲灵魂的不死性，更不讲彼世。"他鼓励道德是为了道德本身以及它由于自然后果而必然会导致的功利。"

在《中国哲学家孔子》中，孔子被描绘成为一个贤明学者的形象。这一形象在当时的欧洲广为流传，代表了17-18世纪欧洲对中国的积极印象。

法国启蒙思想家也大都读过《中国哲学家孔子》，如伏尔泰在《风俗论》中介绍孔子学说时，就提到了柏应理的这本书。孟德斯鸠（Charles Louis de Secondat Montesquieu）怀着巨大的兴趣，认真阅读了这部用艰涩的拉丁文撰写的书，并作了详细的笔记。在笔记中，他写下了一些自己的观点，并将书中的许多段落译成法文。

"《中国哲学家孔子》是欧洲历史上第一次最为系统的对儒家经典的翻译，它标志着对儒家思想的解释，已经开始在更广阔的范围内展开。"[1] 龙伯格在谈到这本书在欧洲的影响时说："孔子的形象第一次被传到欧洲。此书把孔子描述成了一位全面的伦理学家，认为他的伦理和自然神学统治着中华帝国，从而支持了耶稣会士们在近期内归化中国人的希望。"[2] 龙伯格还说："正是《中国哲学家孔子》和书中的翻译、孔子生平以及对中国古典文学和儒家'学派'的描述，为欧洲开辟了一个了解中国的新时代，让欧洲人认识到儒家思想是中国文化的基石。"[3] 孟德卫也指出："《中国哲学家孔子》代表了17世纪耶稣会士对研究中国的学术成就公开传播的高潮。"[4]

---

[1] 张西平：《儒学西传欧洲研究导论——16—18世纪中学西传的轨迹与影响》，北京大学出版社2016年版，第131页。

[2] [法]龙伯格：《理学在欧洲的传播过程》，《中国史动态》1988年第7期。

[3] 张西平：《儒学西传欧洲研究导论——16—18世纪中学西传的轨迹与影响》，北京大学出版社2016年版，第212页。

[4] [美]孟德卫著，陈怡译：《奇异的国度：耶稣会适应政策及汉学的起源》，大象出版社2010年版，第328页。

第十九章 中华思想与启蒙运动

一 启蒙运动的"守护神"

一位西方学者说:"自中国的经典翻译集出现在欧洲的那一刻起,孔子儒家哲学就变成了一根火把,点燃了欧洲大陆有识之士思索的火焰。"[1]

美国学者孟德卫也说:"耶稣会成功地把儒家以一种哲学姿态呈现在欧洲人面前,充分满足了17、18世纪欧洲人的文化需求。尽管儒学缺乏基督教的神圣启示,却可以以其他方面补充基督教,并可以如希腊哲学对早期教会般详细描述和丰富基督教的教义。中国人的博爱完全可以和基督教的博爱相媲美。事实上,文艺复兴时期的人文主义者调和了异己的希腊罗马权威和基督教,这也为17世纪基督教与中国哲学相调和提供了先例。随后,在18世纪的法国,没有神圣启示的儒学,作为一种令人赞赏的哲学被反基督教的启蒙思想家接受。信奉自然神论和开明专制的中国君主成了启蒙思想家向欧洲宣传的极好典范。"[2]

通过耶稣会士译介的儒家经典,特别是《中国哲学家孔子》的出版,让孔子走进了欧洲思想家们的视野。更为重要的是孔子及其儒家思想成为启蒙运动的重要思想来源。

---

[1] [韩]黄台渊、金钟禄著,卢珍译:《孔夫子与欧洲思想启蒙》,人民日报出版社2020年版,第10页。

[2] [美]孟德卫著,江文君等译:《1500—1800中西方的伟大相遇》,新星出版社2007年版,第118页。

孔子走进欧洲哲学的视野，恰逢其时，正好与欧洲轰轰烈烈的启蒙运动相遇。这是一次伟大的文化相遇，是世界文化史上一个重大的文化事件。美国汉学家顾立雅（Herrlee Glessner Creel）指出："启蒙运动开始时，孔子成为欧洲的名人。一大批哲学家，包括莱布尼茨、沃尔夫、伏尔泰以及一些政治家和文人，都用孔子的名字和思想来传播他们的主张，而在此过程中，他们本人亦受到了影响……在欧洲，在以法国大革命为背景的民主思想的发展中，孔子哲学起到了尤为重要的作用。通过法国思想，它间接影响了美国民主的发展。"[1]

中华文化在欧洲的大规模传播，给欧洲思想界以强烈的刺激和震动，引起了各国思想家对中华文化广泛而热烈的兴趣。他们对中华文化，特别是西传的中国孔子儒家思想予以深入了解和研究，发表了许多关于中华文化的议论和评论。这些议论和评论，是他们对过去并不了解、不熟悉的而又属于完全异质性的文化所做的"诠释"和"解读"，是对从远方传来的中国精神和中国思想的"理解"和"接受"，也是对中华文化大规模冲击的"回应"。

发生在18世纪以法国为中心并几乎波及全西欧的启蒙运动，是人类历史上一次伟大的文化革命，是一场波澜壮阔的思想解放运动。启蒙运动的主题是以理性主义为旗帜，对基督教神学世界观以及整个封建专制主义意识形态进行无情的、摧毁性的批判，为行将到来的法国大革命做了思想上和理论上的准备。启蒙运动几乎延续了一个世纪，涌现出一大批启蒙思想家，创造了法国历史上一个光辉灿烂的时代，即"启蒙时代"。

启蒙思想家首先是一批社会批判家和改革者。在批判旧制度的同时，他们也在探索建立新制度的模式和途径，提出了种种社会改造的方案，憧憬建立理性和永恒正义的王国。此时，遥远的中国成为他们一个理想的典范。在

---

[1] [美]顾立雅著，高专诚译：《孔子与中国之道——现代欧美人士看孔子》，山西人民出版社1992年版，第7页。

传教士、商人和旅行家们大量的报道中，对中国的描述多为：在这个国家中，一片繁荣富庶，安定和平，人民安居乐业，讲究道德，彬彬有礼，充满智慧、文明和和谐的气氛。他们特别赞美中国的制度，认为它是稳定与经久不衰的保证。

当时关于中国的报道中，中国几乎成为一个"天堂般的地方"，与破败凋零、危机四伏的欧洲形成了鲜明的对照。法国汉学家安田朴（René Etiemble）指出："中国思想的发现为欧洲，尤其是为法国的任何梦寐以求地想使其国家摆脱暴政和修道院生活的人都提供了一些论据。因为，中国确实存在着一种丰富多彩的、最为兴旺发达和最为精美雅致的文明。"[1] 于是，中国成了启蒙思想家们心目中的"理想王国"。李约瑟说："18世纪时，欧洲人对于中国文明虽然了解得并不全面，但却常常把它当作典范。"[2] 对当时的欧洲人来说，中国就是他们向往的理想之乡、乌托邦。启蒙思想家们相信"一种更宽广的视野和一种对欧洲之外的社会更多、更彻底的了解将有助于他们了解自身及其生存的世界"，而"中国正好给启蒙时期的哲学家以他们需要的'更宽广的视野'"。[3]

中国的典范还对启蒙思想家的社会改革方案发挥了示范作用。例如伏尔泰和魁奈都大力赞赏中国的专制制度，认为这是一种"开明君主"制度，主张以中国为榜样，在法国也实行开明君主制。中国的重农主义经济政策，单一农业税制，教育和科举制度，设置谏官，兴修水利，德治主义等，都受到启蒙思想家们的赞扬和推崇，并希望从中国的政治文化中吸取实际的经验和

---

[1] [法]安田朴著，耿昇译：《中国文化西传欧洲史》，商务印书馆2000年版，第470页。

[2] [英]李约瑟著，袁翰青等译：《中国科学技术史》第1卷《导论》，科学出版社、上海古籍出版社1990年版，第2页。

[3] [美]J.J.克拉克著，于闽梅、曾祥波译：《东方启蒙：东西方思想的遭遇》，上海人民出版社2011年版，第39页。

智慧。英国人约翰·韦伯（J.Webb）的论文《论中华帝国之语言可能即为原初语言之历史论文》中认为：中国君主政治是"依据正确性的政治原理形成的、世界上唯一的君主政治"，并主张"英国君主应该模仿中国古代皇帝"。[1] 韦伯在另一部著作中盛赞孔子为"中国的柏拉图"。他说：

> 时至今日，存在于公元前500年的孔子仍然深受爱戴，这在除了中国以外的任何国家和任何民族群体中都是闻所未闻的。如果世上的某个君主根据正确、理性的命令与政治原理执政，那一定是中国的君主政治。[2]

理性主义是启蒙思想家们的一面旗帜。能够区分"理性"与"信仰"，同时，用理性主义批判蒙昧主义和信仰主义，是18世纪启蒙思想家的主要特征。不仅如此，"理性"还成了他们的基本思想原则，成了他们检验和衡量一切的真理标准和价值尺度。启蒙运动崇尚理性的精神，很多研究人员认为有一部分源于中国。当然，古希腊的哲学传统以及近代自然科学的发展，都是启蒙运动的思想源泉。至于中国文化的影响，主要由中国儒家思想学说被启蒙思想家作了诸种理性主义的理解和解释，并从中选择了某些成分，充作理性主义的思想材料。不论是上述何种情况，在启蒙思想家大力张扬的理性主义旗帜上，确实带有明显的中国儒家文化的印记。英国学者霍布森指出："欧洲启蒙运动和中国思想之间的联系，最终通过人的理性是万物的中心这一共同信念实现联合。理性至关重要，因为它能够推动发现'运动规律'，这种规律渗透在社会、政治和'自然'生活的诸多方面。"[3]

---

[1] [韩]黄台渊、金钟禄著，卢珍译：《孔夫子与欧洲思想启蒙》，人民日报出版社2020年版，第21页。

[2] [韩]黄台渊、金钟禄著，卢珍译：《孔夫子与欧洲思想启蒙》，人民日报出版社2020年版，第62页。

[3] [英]约翰·霍布森著，孙建党译：《西方文明的东方起源》，山东画报出版社2009年版，第174页。

以儒家思想为核心的中国传统精神文化，是一种非宗教性的以人为本位的伦理型文化。儒家学派对中国宗法制度下的人际关系进行了理论上的概括与总结，形成了一套完整的伦理道德观念和理论体系，构成中华文化意识形态系统的核心。中国传统伦理学是世界诸文化体系中最完备的伦理学之一。当中国文化传入以基督教神学为统治意识形态的、神本主义的欧洲时，欧洲人在宗教神学的权威之外看到了另外一种权威的存在，即伦理道德的权威。他们发现，中国文化中的伦理道德权威，不是来自"上帝"的启示，而是来自一个人自身的"良知"与"良能"的启示。其使启蒙思想家们从传入欧洲的中国文化中，似乎看到了批判基督教神学的理性之光，找到了摧毁基督教神学权威的思想武器。

澳大利亚政治学家帕斯莫尔（J.A.Passmore）把17世纪至18世纪欧洲思想界的变化称为欧洲哲学的"孔子化"（Confucianisation）。欧洲哲学家或者将孔子的教诲视为一种真正的自然宗教，认为它足以成为市民道德生活的基础，或是将它视为一个可靠的哲学盟友。[1]

德国学者利奇温在分析中国儒家思想在启蒙运动中的影响时指出："孔子成为18世纪启蒙时代的保护神……18世纪的前期，孔子又成为欧洲的兴趣中心。"[2]

对启蒙思想家而言，"孔夫子是18世纪启蒙运动的守护神，他的教导是启蒙运动朴实无华的福音，将东方时尚带到西方"。[3] 在中西文化交流史上，启蒙时代是十分重要的时期。历史提供了一个难得的机遇，使中华文化

---

[1] [韩]黄台渊、金钟禄著，卢珍译：《孔夫子与欧洲思想启蒙》，人民日报出版社2020年版，第20页。

[2] [德]利奇温著，朱杰勤译：《18世纪中国与欧洲文化的接触》，商务印书馆1962年版，第68页。

[3] [美]Th.H.康：《西方儒学研究文献的回顾与展望》，《国外社会科学》1990年第10期，第55页。

走进西方文化转型的关键时刻,从而为启蒙思想家们的理智活动,对西方新文化的创造和发展发挥了重要的影响。由于启蒙运动在世界文化史上的重要作用和地位,因此,中华民族的文化创造、孔子的儒家思想学说,也通过启蒙运动间接地参与了世界文化历史的进程。

二 勒瓦耶:孔子是中国的苏格拉底

法国哲学家拉莫特·勒瓦耶(La Mothe le Vayer,1588—1672)在1641年出版了《论异教徒的美德》一书。这部著作是受当时的法国宫廷首席大臣黎塞留(Richelieu,1585—1642)之托,为捍卫耶稣会的利益,反对其敌手冉森派而写作的。在提到孔子的内容中,充分利用了金尼阁提供的资料,认为金尼阁的著作是当时有关中国的"最佳记述"。他认为中国人"仅仅对唯一的一尊神表示极其虔诚的崇拜,敬仰人世间所发生的一切的保护主。虽然他们也为某些低级神祇运用某些崇拜仪轨,他们的想象力使他们觉得这些神祇如同天使或神灵一般"。[1] 只有在给予儒教和孔夫子本人如同中国人赋予他的那种尊重和崇拜时才能使中国人皈依基督教。勒瓦耶以此来支持耶稣会的适应性传教策略。但是,作者的目的虽然起初是为了支持耶稣会在礼仪之争中的立场,但实际上要更加深远。他虽然主要利用金尼阁的著作所提供的资料,但却得出了比金尼阁更为深刻的结论。正如法国汉学家安田朴所说:"拉莫特·勒瓦耶首先是为其圣人工作,但这位圣人肯定不是伊纳爵·罗耀拉,他同时又是为其教堂工作,但该教堂可能不是圣彼得大教堂。"[2]

勒瓦耶的"圣人"就是孔子。他大力颂扬孔子及其思想。他说中国人都

---

[1] [法]安田朴著,耿昇译:《中国文化西传欧洲史》,商务印书馆2000年版,第279页。

[2] [法]安田朴著,耿昇译:《中国文化西传欧洲史》,商务印书馆2000年版,第281页。

是"以这样的崇拜方式"来纪念孔子,"他们在庙中建造了孔夫子的像,与其弟子中某些人的像建在一起。"他介绍了"四书""五经",说孔子"将他以前的哲学家们的所有最漂亮的至理名言共精炼成四部大书",并"根据他自己的思想写出了第五部"。他强调中国的文官制度的重要性,指出:

> 当然,把皇权置于哲学家之手和使武力和平地服从理智,并不是使孔夫子得到一种微不足道的荣耀。当看到国王像哲学家一样行事或由哲学家来执政时,那该是大家希望的一种什么样的荣幸啊!这位举世罕见的思想家懂得把这两种幸福都集中在中国了,他的道德在那里使得君主本人也不强迫去做与他的格言(孔子的道义)不相吻合的任何事,那里的各级官府以及朝廷中的文武百官都必然属于其弟子之列,大家甚至可以说那里仅由哲学家们治理着一个如此庞大的帝国。[1]

其中,勒瓦耶通过孔子和中国表达了当时的政治理想。在西方思想传统中,从柏拉图开始,"理想国"和"哲学王"就一直是哲学家们梦寐以求的理想世界,认为一个国家或者由哲学家当"王",或者国王成为哲学家,因此,这将是世界上最好的统治。柏拉图游说叙拉古国王,亚里士多德给亚历山大大帝当老师,以及近代笛卡尔、狄德罗和伏尔泰等人出入欧洲各国宫廷,与那些"开明"的统治者交朋友,都隐含着实现该理想的愿望。勒瓦耶本人也曾在路易十四的宫廷中担任过家庭教师。而在启蒙运动中对中国开明专制制度的颂扬,对中国君主特别是康熙皇帝的颂扬,对中国科举制和文官制度的推崇,以及更重要的对孔子和儒家学说的倾情赞美,都是这种政治理想的一种反映。我们将看到,在启蒙运动中,勒瓦耶所表达的这个意思会以各种

---

[1] [法]安田朴著,耿昇译:《中国文化西传欧洲史》,商务印书馆2000年版,第282页。

形式不断地表现出来。

勒瓦耶还著有《对于君主有益的科学》，其中引进了孔子的儒家思想，治理国家与管理家庭联系起来。他认为道德是有关生活行为的科学，分为三个部分：第一部分成为伦理或纯粹意义上的道德，陛下已经修养道德了，其中，我们学习的是用理性的规则来自我管理；另两个部分自然紧随其后，一个是家政学，另一个是政治。这个秩序是自然的，因为一个人在命令和管理其他人之前学会自我管理是必要的，无论是作为家庭里的父亲——也就是说家政学，还是作为国家的统治者、法官或大臣，这与政治相关。在经历道德学习的前两个阶段，也就是说自我管理，并成为好的家政管理者后，换言之，按照合理的方式管理家庭，第三个部分就是政治，或称良好治理的科学。

勒瓦耶在向欧洲推介孔子时，最重要的一点是他把孔子与苏格拉底相比较。这是他所读的金尼阁的著作中所没有表达出来的。勒瓦耶说孔子和苏格拉底几乎是同时代人，他们在世界上的两大古老民族都备受尊重，特别是由于"孔子与苏格拉底一样都使伦理道德具有了威望、使哲学从天上降至人间"，所以人们完全可以将孔子视为"中国的苏格拉底"。勒瓦耶说：在孔子"一生的多种情节中，有二三种会使我们感到大家完全可以称他为中国的苏格拉底"，"孔夫子也和苏格拉底一样，通过他们二人对伦理产生的权威，使哲学从天上降到了人间"。他相信，孔子和苏格拉底是"所有异教徒中道德最为高尚的人"。所有最伟大的有德之士中的这两个人，完全如同出于偶然，均是将伦理和神学简化为几点节制行为的人。能听懂的人当然会知其好处。他说道：

因此，我认为，如果我们不如同纪念我们已经提到的所有伟大哲学家一样崇拜他,如果我们对他的拯救感到失望,认为他未完成如同苏格拉底和毕达哥拉斯(他们似乎还不如孔夫子的道德高尚)那样的拯救事业,那样完全是不公正的和非常冒昧的。由于他在识别非常强大的和非常正确的宇宙最早起源论的统一方面并不比其他人逊色,所以他只能在对此也表现出了浓厚兴趣时才会这样做。在形成教义第二种组成部分的对邻居的仁慈问题上,利玛窦神父的回忆录向我们断言,在出自这位哲学家的全部中国伦理中,再没有比"己所不欲,勿施于人"的格言更为明确具体的了。[1]

勒瓦耶对于孔子和苏格拉底的比较的意义主要体现在自他开始,将孔子及其儒家思想作为一种哲学,引入欧洲的哲学界,使孔子走进欧洲的哲学思想视野,开展了东西方的哲学对话,使孔子及其儒家思想成为世界哲学发展的重要节点。

三 莱布尼茨:中华民族使我们觉醒了

自17世纪中期起,经由入华耶稣会士们的媒介,中国文化进入了欧洲思想家的视野,成为时常谈到的话题。他们以哲人的睿智和敏感,发表了至今看来仍然有启发价值的对中国文化的种种评论。但是,从笛卡尔到马勒伯朗士再到培尔,可能接触到的资料并不十分充分,他们对中国的认识依然有限,而且这种有关中国的信息及其影响并未在欧洲开展,因而他们还没有充分认识到中国文化的西传对于欧洲思想和文化发展将会产生怎样的影响,具有怎样的深远意义。"认识中国文化对于西方文化发展的重要性,莱布尼茨实为

---

[1] [法]安田朴著,耿昇译:《中国文化西传欧洲史》,商务印书馆2000年版,第281—284页。

第四篇　思想的魅力

莱布尼茨像

第一人"。[1]或者说,在当时的欧洲知识界,他是"以最大的顽强精神持之以恒地关心中国的人"。[2]

莱布尼茨(Gottfried Wilhelm Leibniz)是17世纪末18世纪初德国最重要的哲学家,也是历史上少有的渊博学者和科学巨匠。莱布尼茨年轻时就接触过中国文化,此后的一生中他似乎与中国和中国文化结下了不解之缘。1669年,他起草了《关于奖励艺术及科学——德国应设立学士院制度论》一文,在其中,他建议把对中国和中国文化的研究,列入德国学士院之中。这是欧洲学术界提出把"汉学"列为研究学科、进入国家研究院的第一次建议。同年,他倡议创办"德意志艺术和科学促进会",随后,他又于1670年建议创办"费拉德尔菲亚协会",该会以耶稣会为榜样成为一个国际性的科学家团体,并在远东设立科学联络处,以与中国交流科学信息。1676年他在汉诺威图书馆任职期间,就已经开始研究孔子的学说。

1687年,柏应理的《中国哲学家孔子》一书出版不久,莱布尼茨便仔细地阅读过。莱布尼茨在该书出版的当年12月,于一封信中表达了他长期怀有的想看到《中国哲学家孔子》的愿望。莱布尼茨在评论此书时说:

> 这部著作并非由孔子亲手著成,而是由他的弟子将其言论加以收集、编辑而成。这位哲学家超越了我们所知道的几乎全部希腊哲学家的时代,他总有着熠熠闪光的思想和格言。

莱布尼茨对《中国哲学家孔子》一书非常重视。他在这部书出版前就得知了有关消息。他指出:该译本研究的是孔子的道德哲学,并将展示中文原

---

[1] [德]利奇温著,朱杰勤译:《18世纪中国与欧洲文化的接触》,商务印书馆1962年版,第69页。

[2] [法]毕诺著,耿昇译:《中国对法国哲学思想形成的影响》,商务印书馆2000年版,第385页。

文的样本。1687 年 12 月 9 日，莱布尼茨在给冯·黑森 – 莱因菲尔伯爵（the Landgrave，Ernst von Hessen-Rheinfels）的一封信中说，他很久以来一直期望见到一本《中国哲学家孔子》的愿望终于通过法兰克福的书商仲纳尔（Johann David Zunner）实现了。莱布尼茨对这部著作的评价说：

> 这本书并非孔子本人所著，而是由其弟子编纂，其中一部分选自孔子自己的言论。这位哲学家的寿命超过了几乎所有希腊哲学家的寿命。书中处处都有接触的思想和格言。他常常使用比喻。例如，他说只有到了冬天才能知道哪些树木能保持常青。同样，人在安宁与幸福时可能看起来都差不多，但是在危险和混乱时，才能发现英勇和有功劳的人。[1]

莱布尼茨在得到并阅读《中国哲学家孔子》后，于 1689 年访问罗马时，遇见了当时正从中国回来的耶稣会士闵明我（Pilippus Maria Gramaldi），这对他以后关于中国的兴趣和研究产生了决定性的作用。除了与闵明我的往来之外，莱布尼茨终其一生与许多耶稣会士保持经常的接触，其中包括著名的与白晋的通信。莱布尼茨熟悉他们发自中国的报导和研究、介绍中国的著作。莱布尼茨非常珍视与耶稣会士们的通信联系，迫切地希望获得更多有关中国的知识和材料。

1697 年，莱布尼茨编纂出版了《中国近事》一书。这部著作分为七部分，第一部分是莱布尼茨撰写的序言，集中表达了他对中国文化的看法，充分论证了中国文化对于激励和促进欧洲文化发展的重要意义。另外有 6 个附录，收录了在华耶稣会士关于当时中国以及关于中国与俄国之间关系的报告和信件，是当时欧洲人了解中国的具有较高参考价值的文献。

---

[1] ［美］孟德卫著，陈怡译：《奇异的国度：耶稣会适应政策及汉学的起源》，大象出版社 2010 年版，第 314 页。

在莱布尼茨关于中国的评论中，充满了激情的赞誉和仰慕。他在中国发现了一片崭新的文化天地，他漫游于其中并且常常流连忘返，情不自禁。莱布尼茨在欧洲文化和他所了解的中国文化之间进行比较，认为欧洲与中国在许多方面的发展水平不相上下。他说，中国这一文明古国在人口数量上早已超过欧洲，在众多方面，他们与欧洲各有千秋，在几乎对等的竞争中，二者各有所长。他在晚年写的关于中国哲学的通信中又这样介绍中国说："中国是一个大国，它在版图上不次于文明的欧洲，并且在人数上和国家的治理上远远胜于文明的欧洲。在中国，有一个极其令人赞佩的道德，再加上有一个哲学学说，或者一个自然神论，因其古老而受到尊敬。这种哲学学说或自然神论是从约三千年前建立的，并且富有权威，远在希腊人的哲学很久很久以前……"[1]他在《中国近事》中说，在日常生活以及经验地应付自然的技能方面，我们与他们不分伯仲；在思考的缜密和理性的思辨方面，显然我们要略胜一筹，在数学方面也优于他们，但中国人的天文学可以和我们的相媲美。然而，在道德修养方面，中国人则远远高于欧洲人。莱布尼茨写道：

  然而，昔日有谁相信，地球上还有这么一个民族存在着，他比我们这个自以为在各方面都有教养的民族过着更具有道德的公民生活呢？但自从我们对中国人的了解加深以后，我们却在他们身上发现了这一点。如果说我们在手工技能上与他们不分上下、在理论科学方面超过他们，则在实践哲学方面，即在人类生活及日常风俗的伦理道德和政治学说方面，我不得不汗颜地承认他们远胜于我们。[2]

---

  [1]　[德]莱布尼茨，《致德雷蒙先生的信：论中国哲学》，清华大学思想文化研究所编：《世界名人论中国文化》，湖北人民出版社1991年版，第139—140页。

  [2]　[德]莱布尼茨著，杨保筠译：《中国近事——为了照亮我们这个时代的历史》，大象出版社2005年版，第2页。

莱布尼茨分析了中国是如何"完美地致力于谋求社会的和平与监理人与人相处的秩序"的。他指出，中国人较之其他国民是具有良好规范的民族，他们对公共安全以及共同生活的准则考虑得非常周到。他们极为尊长，尊重老人，彼此之间也都互相尊重，礼貌周全，相敬如宾。在中国，不论邻里之间，还是自家人内部，人们都恪守习惯，保持着礼貌的态度。莱布尼茨特别提到了康熙皇帝，说他尽管高高地踞于万人之上，却极为遵守道德规范，礼贤下士，具有言行公正、对人民仁爱备至、生活节俭自制等美德。"有谁不对这样一个帝国的君主感到惊讶呢？他的伟大几乎超越了人的可能，他被人们视为人间的上帝，人们对他的旨意奉行无违。尽管如此，他却习惯于如此地培养自身的道德与智慧；位居人极，却认为遵纪守法、礼贤下士方面超过臣民才是自己的本职。"[1]

莱布尼茨对中国人的道德生活极为推崇，认为中国人可以对其他民族起到典范作用。"毋庸置疑的是中华帝国之大，本身决定了它的重要性；作为东方最有智慧的民族，中华帝国的声望是卓越的，其影响被其他民族视为表率。"[2] 他说："我觉得鉴于我们目前面对的空前的道德没落状况，似乎有必要请中国的传教士到欧洲给我们传授如何应用与实践自然神学，犹如我们的传教士向他们传授启示神学。"

> 如果推举一位智者来评判哪个民族最杰出，而不是评判哪个女神最美貌，那么他将会把金苹果交给中国人。[3]

---

[1] [德] 莱布尼茨著，杨保筠译：《中国近事——为了照亮我们这个时代的历史》，大象出版社2005年版，第3—4页。

[2] [德] 莱布尼茨著，杨保筠译：《中国近事——为了照亮我们这个时代的历史》，大象出版社2005年版，第13页。

[3] [德] 莱布尼茨著，杨保筠译：《中国近事——为了照亮我们这个时代的历史》，大象出版社2005年版，第6页。

莱布尼茨充分认识到中华文化的传入对于欧洲文化发展的重大意义。因此，他主张大力加强与中国文化的交流。1692年3月21日，莱布尼茨给闵明我的信中说："相隔遥远的民族，相互之间应建立一种交流认识的新型关系""交流我们各自的才能，共同点燃我们智慧之灯"。[1]因此，他主张欧洲人对中国文字应该建立系统的认知，并且希望来华传教士们多做向欧洲介绍中国的工作。莱布尼茨认为"东方和西方的关系是具有统一世界的重要性的媒介"。[2]他也许已经意识到中国和欧洲两大文明的接触、交流和互相吸收、融合，将对整个世界文化格局的变迁和发展、对全人类文明的历史性进步，都会产生意义深远的重大影响。

莱布尼茨说：我们发现了中华民族，它使我们觉醒。

四　沃尔夫与孔子道德学说

莱布尼茨的学生沃尔夫（Christian wolff）是莱布尼茨理性主义哲学的继承者。沃尔夫也继承了莱布尼茨对中国文化和中国哲学的浓厚兴趣，并对中国哲学建立了更加深入和全面的认识。他在《关于人类社会生活的理性观念》的序言中就写道："从最古远的时代开始，中国人就对统治的艺术倾注巨大精力。然而，我通过偶尔审验他们的作品而设法确定的是他们的学说与我自己的和谐一致……也许我某天应该找个机会将中国人的道德和政治学说组织成一个科学的形式，这将清晰地展现他们的学说与我的学说间的一致性。"[3]

1721年7月12日，沃尔夫在哈雷大学发表了《关于中国人道德学的演

---

[1]　[德]莱布尼茨：《致闵明我的两封信》，[德]夏瑞春编，陈爱政等译：《德国思想家论中国》，江苏人民出版社1989年版，第21—22页。

[2]　[德]利奇温著，朱杰勤译：《18世纪中国与欧洲文化的接触》，商务印书馆1962年版，第74页。

[3]　张国刚、吴莉苇：《启蒙时代欧洲的中国观——一个历史的巡礼与反思》，上海古籍出版社2006年版，第260页。

讲》，盛赞孔子的道德学说，认为孔子的学说与基督教的道德并无冲突。这种看法并非独创，因为当时很多耶稣会士都持相同或相似的看法。不过，沃尔夫所在的哈雷大学在当时是新教的势力范围，还不能接受和容忍他的这种观点。于是，在沃尔夫发表演讲之后，哈雷大学神学部的教授们立即开会，对沃尔夫的演讲指出27条谬误之处，并当面质询。学校当局还报告给普鲁士国王腓特烈·威廉一世。1723年11月8日，国王下令解除沃尔夫的哈雷大学教授职务，并勒令他在48小时之内离开哈雷和普鲁士。

然而，迫害和放逐反而使沃尔夫声誉鹊起，名声大振，一跃成为"启蒙的宠儿"，引起轩然大波的演讲稿甚至被印成盗版广为流行。1726年，这篇演讲稿正式印刷出版，到1750年还出现了英译本。欧洲学术界一时沸沸扬扬，出版了200多种著作讨论沃尔夫的学说，争论竟然持续了20年之久。

当时，瑞典国王、俄国沙皇等纷纷向沃尔夫发来邀请，法国的启蒙思想家们则把他作为与孔子及基督同列的殉道者。沃尔夫离开哈雷大学之后，即被聘为马堡大学教授，在这里工作了17年。这17年，被认为是马堡大学的"最光荣的时代"。1740年，腓特烈大帝即位后，立即将沃尔夫召回普鲁士，恢复了他在哈雷大学的教授职务，并另委以宫中顾问和柏林学士院的职务。腓特烈大帝称沃尔夫为"国中真理持有者""当代一位新型的哲学家"。

在沃尔夫的哲学体系中，道德问题占据重要位置。他从理性主义的立场出发，提出一种所谓"完全论"，主张人生的目的在于奋勉精进，成为完人。沃尔夫曾经仔细研读过传教士卫方济于1711年在布拉格印行的《中国六经》一书。卫方济的这本书全译"四书"以及《孝经》和《幼学》，其特点是逐字直译，注释也较为详细。沃尔夫说："在这本书里，我们可以发现中国哲学的真正基础。"[1] 因此，沃尔夫的这篇著名演讲，主要以上述两个方面为基

---

[1] [德]沃尔夫，《关于中国道德学的演讲》，[德]夏瑞春编，陈爱政等译：《德国思想家论中国》，江苏人民出版社1989年版，第38页。

础展开：他主要是通过卫方济的中国经书译本而了解的中国儒家学说；他本人的哲学，为他理解儒家的学说作了准备。利奇温指出："沃尔夫的演词，除了作为宗教史上的一种文献外，还有一个特殊的功绩：即根据卫方济的中国经书译本，对于中国儒家哲学第一次给予了充分的评价。沃尔夫采取真正的'启蒙'原则的立场，也是古代中国所根据的立场，认为品德的知识本身就导致道德的行为。"[1]

沃尔夫首先论述了中国的政治道德，认为中国人具有令人钦佩的智慧和治国才智，柏拉图理想国中所设想的"哲学王"在中国上古社会已经出现。中国古代帝王本身就都是智者，而智者当道的国家，世道必盛。孔子的学说即发端于古代的君主。沃尔夫盛赞孔子说：

> 即使不能把孔子看作是中国智慧的创始者，那么也应当把他视为中国智慧的复兴者。孔子的所作所为并非为了沽名钓誉，而是出于希望百姓幸福安康的爱……他以其深邃的哲理自古至今都享有崇高的威望……如果我们把他看作是上帝派给我们的一位先知和先生的话，那么中国人崇尚他的程度不亚于犹太人之于摩西，土耳其人之于穆罕默德，我们之于耶稣基督。[2]

沃尔夫进一步探讨了中国道德学说的基础。他认为哲学的真正基础就是与人类理性的自然性相统一的学科。从这种观点来看，中国哲学便具有真实的基础，因为中国人认为对于培养道德风尚，至关重要的因素是与人的理性相吻合，他们所做的每一件事情，其根据都在人的自然性中。中国人总是注意理性的完善的一面，以此更好地认识自身自然的力量，从而达到自然力

---

[1] [德]利奇温著，朱杰勤译：《18世纪中国与欧洲文化的接触》，商务印书馆1962年版，第76页。

[2] [德]沃尔夫，《关于中国道德学的演讲》，[德]夏瑞春编，陈爱政等译：《德国思想家论中国》，江苏人民出版社1989年版，第31页。

量所能使其达到的高度。他们效法以理智为本的大彻大悟的前师，前师们很少过问如何避免偏见，而是崇尚理性的力量，研究如何将这种力量运用到对真理的探求上。"圣人的主要任务在于使理性日趋完善"。而一个人"出于他个人的自由意志，乐意致力于道德，那么他首先必须从改善自己的理性入手"。[1]

沃尔夫认为：中国人是一个永远追求道德完善的民族。中国人时刻铭记着，在改造自身和他人的过程中，不达到至高的完善决不停步，可是最高的完善却又是一个永远不可抵达的目标。因此，人永远不应当停下脚步。要坚持不懈地努力奋进，只有这样，才能不断向理想迈进。"中国人所有的行为都以自身的和他人的最高的完善为最终目的"。沃尔夫指出：

> 人类最崇高的善，在于坚持不懈地朝着更高一级的完善奋进。中国人清楚地认识到，在道德的大路上，人应当不断奋进，不达到最高的完善决不停步，可是最高的完善又是一个永远不可抵达的境地。因此，我认为，中国哲学家的看法也是如此，如果不坚持不懈地天天向上地追求更高的完善，人就没有幸福可言。[2]

沃尔夫还注意到中国人有一种激励人、促进人以日益高涨的热情不懈地追求崇高目标的方法，即做好事能带来荣誉——强烈的荣誉感能激励人们不断地努力进取。

沃尔夫认为，中国人心中，品德的知识本身就引发道德的行为，道德的学习和道德的实践高度一致。学习道德的人可以通过努力学习道德来克服恶习，因为恶习是不道德的东西，二者不可能同生共存。"中国人还有一个值

---

[1] [德]沃尔夫，《关于中国道德学的演讲》，[德]夏瑞春编，陈爱政等译：《德国思想家论中国》，江苏人民出版社1989年版，第39、40页。

[2] [德]沃尔夫，《关于中国道德学的演讲》，[德]夏瑞春编，陈爱政等译：《德国思想家论中国》，江苏人民出版社1989年版，第42—43、39页。

得称赞的地方是：他们不仅仅是制定道德规范，他们还培养学生养成道德习惯，使他们的品德合乎规范"。[1] 因此，沃尔夫赞扬中国的教育制度。他说，中国实行一种分级教育，小学收 8 岁到 15 岁的儿童，因为他们还不能运用自己的理性，必须由感性的观念引导和管理；大学只收经过挑选的天资优异的学子，教以治国治民的方法。在沃尔夫看来，这是理想的教育制度，因为它本于人类精神的自然规律，也因为按照这种制度，理性的一切活动，都可以建立确定的目标。凡所研求的，无一不是以智慧——即快乐幸福为目标。

沃尔夫还在演讲中比较了中国人的道德和基督教的道德，认为基督教的道德得自神灵的启示，归于上帝恩惠的力量，而中国人的道德只是出于自然理性的力量。但他认为这二者并不相冲突，却可以互相调和。沃尔夫认为中国道德学说中的理性主义与他的哲学主张是一致的。他在这篇演讲的最后说：

> 亲爱的听众，我已经把古代中国人的哲学基础展现在你们眼前。不论是在其他的公开场合，还是在这个庄严的会场上，我都要讲，中国人的哲学基础同我个人的哲学基础是完全一致的。[2]

1730 年，沃尔夫在马堡大学作了有关中国哲学的第二个讲演，题目是《论哲学王与治国哲人》，将中国描述为一个开明君主专制的杰出实例。这篇演讲当年就被译成英文在伦敦出版，题目为《一个生活于哲人国王统治下的民族的真正的快乐》。沃尔夫在这篇演讲中，将中国古圣王们视为历史人物，认为他们创造出来的教育制度酷似柏拉图《理想国》中的内容，并进一步分析了君主应有的资格与哲学思考对于行政管理的价值。沃尔夫像柏拉图断言道：当一个团体"或者被哲学家所统治，或者所统治的是哲学家"，

---

[1] [德]沃尔夫，《关于中国道德学的演讲》，[德]夏瑞春编，陈爱政等译：《德国思想家论中国》，江苏人民出版社 1989 年版，第 42—43、39 页。

[2] [德]沃尔夫，《关于中国道德学的演讲》，[德]夏瑞春编，陈爱政等译：《德国思想家论中国》，江苏人民出版社 1989 年版，第 45 页。

这个团体将迎来幸福快乐。

沃尔夫在讲演中表示了对中国的道德学和政治学的钦佩，他认为中国是关于哲学化政府的最具说服力的例子，中国最接近于他的理想。

五 伏尔泰发现了"新世界"

法国是欧洲启蒙运动的中心。在法国启蒙思想家的阵营中，伏尔泰（François-Marie Arouet）是一位居于核心位置的最有影响的领袖人物。伏尔泰一直关注来自中国的文化信息，研读有关中国的著作，与许多耶稣会士保持着接触和联系。和他所处时代的许多知识分子一样，他掌握了较多的关于中国的知识，并且对于远方的中国抱有极大的热情。在伏尔泰的一生中，有近80部作品、200余封书信论及中国。在这些作品中，涉及中国的政治、历史、宗教、哲学、科技、文艺、习俗等各个方面。伏尔泰将中国视为"世界上最明智和最开化的文明民族"。伏尔泰有一段著名的话：

> 欧洲王公及商人们发现东方，追求的只是财富，而哲学家在东方发现了一个新的精神和物质的世界。[1]

伏尔泰在中国发现了一个"新世界"，这个"新世界"具有的新的精神和新的文明，成为他致力于改造法国社会的政治理想，成为一个他极力赞赏和追捧的文化榜样。

伏尔泰称赞中国古代文化取得的优秀成果，说中国是世界上最优美、最古老、最广大、人口最多和治理最好的国家。在伏尔泰对中国的"发现"中，他最为注重的是儒家礼治秩序，是中国人的道德和法律。伏尔泰和启蒙思想

---

[1] [德]利奇温著，朱杰勤译：《18世纪中国与欧洲文化的接触》，商务印书馆1962年版，第84、79页。

家们认为他们从中发现了一个新的道德世界。

伏尔泰曾认真研读过各种儒家经典和孔子思想论著的译本，对孔子称赞备至。他说："我钻研过他的著作，我还作了摘要。我在书中只发现他最纯朴的道德思想，丝毫不染江湖色彩。"[1] 他还在一封信中称"孔子为天地之灵气所钟，他分辨真理与迷信，再站在真理一边；他不媚帝王，不好淫色，实为天下唯一的师表"。他对孔子极为推崇和赞颂，指出：

> 这个庞大的帝国的法律和安宁建筑在既最合乎自然而又最神圣的法则即后辈对长辈的尊敬之上。后辈还把这种尊敬同他们对最早的伦理大师应有的尊敬，特别是对孔夫子应有的尊敬，合为一体。这位孔夫子，我们称为 Confucius，是一位在基督教创立之前约六百年教导后辈谨守美德的先贤古哲。[2]

在另外一封书简中，伏尔泰写道："这位孔夫子事实上是一个非常高尚的人。他是理性之友，狂热之敌，他仁慈且安详，一点都不将真理与谎言相混。"

伏尔泰将中国皇帝与孔子相提并论，一个是只关心人民幸福的国王，一个是布道者。"我钦佩他们两人，我简直对他们着了迷。"他还指出："他们的孔子不创新说，不立新礼；他不做受神启者，也不做先知。他是传授古代法律的贤明官吏。我们有时不恰当地把他的学说称为'儒教'，其实他并没有宗教，他的宗教就是所有皇帝和大臣的宗教，就是先贤的宗教。孔子只是以道德谆谆告诫人，而不是宣扬晦涩的奥义。在他的第一部书中，他说为政

---

[1] [法]伏尔泰著，王燕生译：《哲学辞典》上册，商务印书馆1991年版，第322页。

[2] [法]伏尔泰著，王晓东译：《路易十四时代》，商务印书馆1982年版，第594页。

之道，在日日新。在第二部书中，他证明上帝亲自把道德铭刻在人的心中；他说人非生而性恶，恶乃由过错所致。第三部书是纯粹的格言集，其中找不到任何鄙俗的言辞、可笑的譬喻。"[1]

伏尔泰此处提及的孔子的书，应该是柏应理的《中国哲学家孔子》，其中所说的三部书，分别是《大学》《中庸》和《论语》。伏尔泰还说道，我认识一位哲学家，在他的书房里间悬挂了一幅孔子画像，他在这幅画像下面提了四句诗：

唯理才能益智能，但凭诚信照人心。
圣人言论非先觉，彼土人皆奉大成。

伏尔泰认为，孔子的哲学乃是一整套完整的伦理学说，教人以德，使普遍的理性抑制人们利己的欲望，从而建立起和平与幸福的社会。伏尔泰从中国的历史发展中看到孔子儒家伦理精神的力量。孔子一整套的伦理道德规范指导着中国人修身治国，使中国两千余年来得以国泰民安。

伏尔泰非常推崇中国的道德和法律制度。在他看来，中国在伦理道德和治国理政方面，堪称首屈一指。伏尔泰说中国人具有完备的道德哲学，它居于各科学问的首位。中国人的道德源于中国文化的理性原则。他赞赏中国人的道德与人心、人生相结合的主张，认为中国儒学的"性善"说与基督教的"性恶"说有本质的区别。人类的"性善"，才使他们在"爱神"之外，能够"以深厚的感情，去爱其祖国及其父母妻子"。他说：西方民族的任何格言和教理都无法与此"纯粹道德"相比，孔子常说仁义，若使人们实行此种道德，世上就不会存在人们互相攻伐。伏尔泰还称赞孔子的"己所不欲，勿施于人"的说教，认为其犹如爱比克泰德的道德观一样纯正、严肃和人道。此外，他

---

[1] [法]伏尔泰著，梁守锵译：《风俗论》上册，商务印书馆1997年版，第77页。

还指出：所有中国文化的优越和美好，都可以活生生地实体化，这就是孔子的思想和言行，孔子是中国文化的理性原则衍化为"纯粹道德"的最好体现者。"世界上曾有过的最幸福、最可敬的时代，就是奉行孔子的律法的时代。"[1]他还援引传教士李明的话说："中国遵循最纯洁的道德教训时，欧洲正陷于谬误和腐化堕落之中。"[2]

伏尔泰在政治上主张开明君主制度或君主立宪制度，认为这是最佳的政府形式。他认为中国的政治制度不是专制政体，而是在法律限制下的君主政体。伏尔泰认为中国道德与政治、法律的结合即为中国式的德治主义，是公正与仁爱的典范。他主张法国和欧洲应该引进中国的优良法律和道德。既然法国能从中国学习制造瓷器，为什么不从中国学习其他优点呢？伏尔泰推崇中国文化，推崇直接的现实意义。

伏尔泰塑像

---

[1] [法]伏尔泰著，梁守锵译：《风俗论》上册，商务印书馆1997年版，第219页。

[2] [法]伏尔泰著，王晓东译：《路易十四时代》，商务印务馆1982年版，第595页。

他以中国为榜样,针砭时弊,要为法国的社会改造提供一条可行的道路。

伏尔泰对中国文化的推崇和宣扬,他对中国哲学家孔子的敬仰与赞扬,为中国文化在法国乃至欧洲的传播起到了很大的推动作用,与此同时,人们也将其视为当时体现中国文化精神的一个符号性人物。1767年,有一位叫理查德(Reichard)的德国青年写信给伏尔泰,尊称他为"欧洲的孔夫子",信中说道:

> 先生,请允许一位素昧平生的人从德国中部向您致意!您是欧洲的孔夫子,是世界上最伟大的哲学家。您的热情和天才,以及您的人道主义的行为,使您赢得了任何世人都不敢企盼的地位:您堪与古代最著名的伟人并列齐名……

六　魁奈:可敬的欧洲孔子

重农学派的创立人和主要代表魁奈(Francois Quesnay)可能早已对中国文化产生了兴趣。1749年,魁奈以御医身份住进凡尔赛宫,曾劝说路易十五模仿中国古代举行籍田典礼,又用中国皇帝亲耕这种形象劝说皇太子,也就是后来的路易十六,促成皇太子在1768年举行的一次宫廷典礼上,亲手拿着用丝带装饰的耕犁模型在众人面前炫示。这个举动是想用来证明他对法国农民的同情以及他对农民为国家做出的贡献的重视。该举动当时得到了画家和诗人们的赞颂,被称为"对重农主义的流行性疯狂的一个贡献"。

魁奈读过许多有关中国的文献,对中国有着丰富的知识和了解。魁奈把中国视为他心目中的理想王国。魁奈推崇古代中国的统治方式,同时也把孔子作为他心目中的偶像,景仰备至,钦慕不已。他称述"中国人把孔子看作是所有学者中最伟大的人物,是他们国家从其光辉的古代所流传下来的诸多

辉耀四海 ——影响世界的中华文明

魁奈像

法律、道德和宗教的最伟大的革新者";孔子是一位"坚贞不渝,忍受着各种非难和压制的著名哲学家",是一位具有崇高声望,立法明智,要求在人民中树立起公正、坦诚和一切文明风尚的"贤明大师";中国人对这位哲学家表达了"最崇高的敬意",他被尊为帝国的"第一位教育家和学者",他的著述"超凡拔俗",具有极高的权威性;甚至蒙古皇帝亦"对孔子表达了犹如对国君一般的敬意"。魁奈还将孔子学说与古希腊圣贤加以对比,认为《论语》"充满了格言和道德原理,胜过希腊七贤之语。"魁奈对孔子的推崇景仰之情,溢于言表。

魁奈晚年出版的关于中国的专论《中华帝国的专制制度》一书。这部著作被称为当时欧洲"崇尚中国运动的顶峰之作","是这场运动达到高潮的标志"。魁奈在这部著作中详细考察了中国的经济、政治和法律制度,并对这种制度给予了高度的赞扬。他以"专制"来总结中国的政治体制,并不是要批评中国。相反,他以西方法律传统中的自然法思想为出发点,认为中国的专制合乎法律,中国的法律是自古便逐步完善的,它以法律、道德、宗教、政权相结合为特点。中国的皇帝是按照自然秩序治国的典范,只有在中国才把自然规律作为立法的基础和人们行为的最高准则,因而中国"由于遵守自然规律而得以年代绵长",是"一个稳定而持久不变的政府范例"。

魁奈如此热烈承认信仰中国,有一个明确的政治目标。他企图将分崩离析的法国帝制置于新而健全的(即自然的)基础之上,并且希望这样的自承,在一个崇拜中国时代里得到更大的重视。魁奈的政治理想,是主张建立一种"开明君主制",要求君主受"自然规律"的约束,遵循"自然秩序",以保证君主利益和人民利益高度一致。他提供给法国社会的改良药方,就是依靠"开明君主",实行自上而下的经济改革,将封建君主专制政体同资本主义生产方式的经济秩序融于一体。

魁奈从他的这种政治理想和自然秩序论出发而特别瞩目于中国,特别瞩目于中国的君主专制制度。在魁奈看来,中国"完全可以作为一切国家的范例",因为"广大的中华帝国的政治制度和道德制度是建立在对于自然法则的认识的基础上,而这种制度也就是认识自然法则的结果"。[1]中国的法律制度以自然法为基础,而自然法的存在使君主不敢违法作恶,能够保证他合法地行使职权,保证最高权力人物积德行善。如果君主偏离了正确的道路,忠实的大臣们会立即指出来,使其及时纠正自己的行为。这就是魁奈理解的中国的"开明的"专制统治。他指出"用专制一词来称呼中国政府,是因为中国的君主独掌国家大权"。但是,"中国的制度系建立于明智和坚定不移的法律之上,皇帝执行法律条文,而他自身也要遵守法律"。[2]这样的统治形式,在魁奈看来,对于统治者而言是一个福音,对于臣民来说也是一个受到崇拜的力量。

魁奈对中国的教育制度高度赞扬,称中国的官吏,甚至远在穷乡僻壤,都是每月两次召集所属人民讲学。中国的学校教育,不仅是教学生读书写字,而且同时给予学生获取知识的教育。他认为如果没有自然法则的知识,便不明辨是非,而良好的教育使中国成为一个完全符合自然法则的模范国家。

魁奈对孔子的学说和中国的文化制度极为推崇,而魁奈本人则被他的弟子们视为孔子事业的直接继承人,称他为"欧洲的孔子"。重农学派的成员博多(Abbé Baudau)在谈到魁奈的《经济表》时指出:这位"欧洲的孔子"已经发现了法国的基本秩序。他的学生米拉波(Victor de Riquetti, marquis de Mirabeau)在给卢梭的信中说:纯产品的发现,即我们应该归功于"可敬的欧洲孔子"的这一发现,将有一天会改变世界的面貌。米拉波在他去世时发表的葬礼演说中,将魁奈与孔子直接联系起来。他说:

---

[1] [法]魁奈著,谈敏译:《中华帝国的专制制度》,商务印书馆1992年版,第111页。

[2] [法]魁奈著,谈敏译:《中华帝国的专制制度》,商务印书馆1992年版,第24、72页。

孔子的整个教义，在于恢复人受之于天，而为无知和私欲所掩蔽的本性的光辉和美丽。因此他劝国人信事上帝，存敬奉戒惧之心，爱邻如己，克己复礼，以理制欲。非理勿为，非理勿念，非理勿言。对这种宗教道德的伟大教言，似乎不可能再有所增补。但最主要的部分还未做到，即行之于大地。这就是我们老师的工作，他以特别聪睿的耳朵，亲从我们共同的大自然母亲的口中，听到了"纯产品"的秘理。[1]

米拉波的魁奈葬礼演说，以信奉孔子学说作为魁奈的盖棺之论，反映了魁奈理论与中国古代学术思想之间的密切关系，而这一点正是魁奈以及整个重农学派的重要理论特征。

七　启蒙思想家与孔子思想

伏尔泰、魁奈对中国文化的兴趣和热情代表了法国启蒙运动中一种基本的文化态度。许多启蒙思想家都不同程度地热心于有关中国的知识，并对中华文化的传入和引起的冲击做出积极的回应。

在法国启蒙运动中，狄德罗（Dini Diderot）是一位具有渊博学识和真知灼见的伟大思想家。和伏尔泰等人一样，狄德罗也具有比较多的关于中国的知识。在他为《百科全书》撰写的"中国"和"中国人的哲学"等条目中，表达了他对中国文化的看法。他说：

举世公认，中国人历史悠久，智力发达，艺术上卓有成就，而且讲道理，善政治，酷爱哲学。因而，他们比亚洲其他各民族都优秀。依

---

[1]　[德]利奇温著，朱杰勤译：《18世纪中国与欧洲文化的接触》，商务印书馆1962年版，第92—93页。

某些著作家的看法，他们甚至可以同欧洲那些最文明的国家争辉……[1]

狄德罗对中国的古老表示敬意，认为这是一个举世公认的优点。他毫不怀疑中国人的智慧，一再说到中国人"智力发达""富有才智"，创造了很多十分精美的织品和瓷器。他讲到"中国人的优越"时说："我们是大诗人、大哲学家、大辩士、大建筑家、大地理学者，胜过这善良的人民，却是他们比我们更懂得善意与道德的科学。如果有一天发现这种科学是居一切科学的第一位，那么他们将可以确定地说，他们有两只眼，我们只有一只眼，而全世界其余的人都是盲者。"[2]

狄德罗还研究了中国哲学的发展历史。他认为中国君主的哲学就是道德哲学、政治哲学，古代君主可以认为是哲人帝王，"五经"是中国最初的并且是最神圣的读物，"四书"则是"五经"的注释。他对孔子也给予较高的评价，认为孔子更为潜心研究的是人和风俗，而不是自然及起因，孔子哲学是承上启下的正统的中国哲学。他说："很难断定孔子是否为中国的苏格拉底或阿那克萨戈拉。这个问题和中国语言的造诣有关，依据前章对于孔子作品的介绍，孔子谓自然及其原因之研究者，不如谓其努力于人世及其习俗的研究。"[3] 狄德罗还专门介绍了35条孔子的"道德警句"。他还详尽地介绍了《易经》，谈到了《易经》中包含的探求人类思维奥秘的努力和莱布尼茨发明二进制的关系。

霍尔巴赫（Paul Heinrich Dietrich d'Holbach）是启蒙运动的中心人物之一，他的沙龙是当时巴黎最活跃的沙龙之一，是"百科全书派"的重要活动中心。霍尔巴赫也对中国文化进行了深入且细致的研究，他在《社会的体系》一书中提出了一份研究中国的阅读书目，其中包括：《耶稣会士书简集》、

---

[1] 《读书》杂志1992年第6期，第128页。
[2] 朱谦之：《中国哲学对欧洲的影响》，上海人民出版社2006年版，第298页。
[3] 朱谦之：《中国哲学对欧洲的影响》，上海人民出版社2006年版，第299页。

杜赫德（Jean Baptiste Du Halde）的《中华帝国全志》、李明的《中国近事报道》等。

霍尔巴赫非常推崇孔子以德治国的主张。他自造了一个法文的"德治"新词，并写了《德治或以道德为基础的政府》一书，认为建立于真理之永久基础上的圣人孔子的道德，具有不可思议的力量，能使中国的征服者被其所征服。霍尔巴赫认为，国家的繁荣，必须依靠道德，而中国正是政治与伦理道德结合的典范。所以，"欧洲政府必须以中国为榜样"。他认为：人们感到，在这个幅员辽阔的国家，伦理道德是一切具有理性的人的唯一宗教。"因对道德科学的进一步的研究，遂成为获得职位或立身致仕的唯一法门"。中国是世界上唯一将政治和伦理道德相结合的国家。这个帝国的悠久历史使一切统治者都明确了要使国家繁荣，必须仰赖道德的核心观点。

霍尔巴赫认为中国人都具有信仰自由，因而享受着幸福和安宁。他在《健全的思想》一书中写道：

> 亚洲东部有一个幅员辽阔、经济繁荣、物产丰富的国家，这里的人口十分稠密，这里行使的法律是如此英明，连最野蛮的侵略者也恭恭敬敬地效法他们。这个国家就是中国。除了被当做极其危险的宗教教理而从中国驱逐出去的基督教外，住在这个国家里的所有民族都可以信奉他们所选择的任何一种宗教；早已不再相信民间宗教教理的满大人及其吏佐只是注意不让佛教和尚或神甫们利用宗教来破坏社会安宁。在这种情况下我们不能说，上帝没有把自己的恩典给予其统治者不大关心于崇拜着上帝的人民。恰恰相反，中国人享受的是值得其他许多四分五裂、备受精神痛苦，并且常常为宗教问题而诉诸武力的民族羡慕的。[1]

---

[1] [法]霍尔巴赫著，王荫庭译：《健全的思想》，商务印书馆1966年版，第140页。

辉耀四海——影响世界的中华文明

法国启蒙哲学家比埃尔·波维尔（Pierre Poivre）也是"百科全书派"的成员，他曾经到东方旅行，到过中国广东。1763—1764年，他两次写文章寄给里昂学院，期间做了演说，后来以《哲学家游记》为题出版，讲述了亚洲和非洲一些民族的地理、历史、物产、人口以及风情、习俗等，其中介绍了中国的概况。由于资料翔实，叙述精炼，所以受到读者的欢迎。他在中国的所见所闻给他留下了极佳的印象，对中国的一切都给予了极高的评价。由于他对农业和植物多有研究，每到一地总要察访当地特有的植物品种，所以有关中国农业的评述在他的著述中占有大量篇幅。他说中国政府的职责首先在于保护农业，而他认为农业发达是衡量人民幸福、政治合理甚至是合乎人性的标志。他指出："中国农业的繁荣胜过世界各国，这与特别勤劳无关，与耕作的方式和播种的方法也无关，这是快乐国家的必然结果。这成为特质，最重要的应推源于政府的政策，那不变的基础根深蒂固地只放在理性的一边。在同时代的人类之中，历史一开始，中国就第一个按照各种法则在自然的指导下，且不可侵犯地维持着从一代传到一代。"[1] 波维尔十分推崇中国的政治法律制度，他热情洋溢地说："如果中国的法律变为各国的法律，中国就可以为世界

巴黎咖啡馆里的哲学家们

---

[1] 忻剑飞：《世界的中国观》，学林出版社1991年版，第223页。

提供一个作为归向的美妙境界。到北京去！瞻仰着人生中最伟大的人，他是上天的真正而完全的楷模。"[1]

法国启蒙运动中的重要人物爱尔维修也曾对中国文化给出了较高的评价。在他的《精神论》中曾对中国的历史文化表达热烈的赞美；在另一部著作中，他还借中国学者之口表述了他的宗教观，说宗教信仰产生于无知，神的产生只不过是把人的愚昧无知奉为神圣而已。

启蒙时代法国自由思想家阿尔让侯爵是当时与伏尔泰、孟德斯鸠等人齐名的作家，他曾仿孟德斯鸠《波斯人信札》的模式，撰写了一部《中国人信札》。《中国人信札》中虚拟的几位中国文人，由于不同的际遇在全球游历，他们在旅行期间的书信往来，即为这部作品的主要内容。书中的中国人不仅仅是传统意义上的中国文人，同时也掌握了西方的古典语言和现代科学，对各地的风俗、信仰、精神和人民性格均作了详细的介绍、分析，更重要的是他们类似人类学家的精神探险，其中包括对儒、释、道思想的反思及其与欧洲思想的比较。书中采用中国人的观点，来揭露作为18世纪欧洲君主国之通病的政治与宗教的不宽容性。他极力向欧洲推荐具有尧舜道德的中国君主之楷模，认为欧洲依然缺乏这样的君主。他比较了中国的儒释道三教与法国诸教派，批判了欧洲各国的有害教义、不公正的司法机构和行为劣迹的君主。与此形成鲜明对比的是中国的儒教智慧、中国人的道德、中国哲学等优秀的内容。

---

[1] [德]利奇温著，朱杰勤译：《18世纪中国与欧洲文化的接触》，商务印书馆1962年版，第82—83页。